明远教育基金

MING YUAN EDUCATION FOUNDATION

"四有"好老师系列丛书

顾明远 总主编

做有道德情操的好老师

道德情操是立德树人的重要条件

班建武 等 著

北京师范大学出版集团
BEIJING NORMAL UNIVERSITY PUBLISHING GROUP
北京师范大学出版社

特别感谢顾明远教育研究发展基金

对丛书的大力支持！

总序："四有"好老师引领教师成长

2024年是习近平总书记提出"四有"好老师10周年。10年前的教师节前夕，习近平总书记来到北京师范大学考察，与师生代表座谈。会上，他勉励师生从事教师这一崇高的职业，论述了教师的作用："教师是人类历史上最古老的职业之一，也是最伟大、最神圣的职业之一。"①习近平总书记引用人们常说的一句话："教师是太阳底下最崇高的职业。"并提到，自古以来，中华民族就有尊师重教、崇智尚学的优良传统，"国将兴，必贵师而重傅；贵师而重傅，则法度存"。中华民族5000多年文明发展史上，英雄辈出，大师荟萃，是与一代又一代教师的辛勤耕耘分不开的。教师之所以重要，是因为教师的工作是塑造灵魂、塑造生命、塑造人的工作。习近平总书记说："一个人遇到好老师是人生的幸运，一个学校拥有好老师是学校的光荣，一个民族源源不断涌现出一批又一批好老师则是民族的希望。"继而，他希望教师在科技进步日新月异、国际竞争日趋激烈的形势下，认

---

① 习近平：《做党和人民满意的好老师——同北京师范大学师生代表座谈时的讲话》，载《人民日报》，2014年9月10日。

清肩负实现"两个一百年"奋斗目标、中华民族伟大复兴中国梦的使命和责任，努力为发展具有中国特色、世界水平的现代教育，培养社会主义事业建设者和接班人作出更大的贡献。

怎样才能成为好老师呢？习近平总书记提出了四条标准。

第一，做好老师，要有理想信念。习近平总书记从我国历史上对教师的理解一直谈到今天对教师的要求，提出教师应是"经师"和"人师"的统一。他说，正确的理想信念是教书育人、播种未来的指路明灯。教师要始终同党和人民站在一起，自觉做中国特色社会主义的坚定信仰者和忠实实践者，忠诚于党和人民的教育事业，自觉把党的教育方针贯彻到教学管理工作全过程，严肃认真地对待自己的职责。

第二，做好老师，要有道德情操。习近平总书记说："老师的人格力量和人格魅力是成功教育的重要条件。"合格的老师首先应该是道德上的合格者，好老师首先应该是以德施教、以德立身的楷模。他希望老师把正确的道德观传授给学生。好老师的道德情操还包括师德。习近平总书记说，师德是深厚的知识修养和文化品位的体现，师德需要教育培养，更需要老师自我修养。习近平总书记非常关心教师，他说："现在，很多地方做老师还比较清苦，特别是农村基层小学老师很辛苦，收入不高，物质生活不是很宽裕，有些家庭负担较重的老师生活还比较困难。"他要求各级党委和政府都要关心广大老师的生活。同时，教师要有"衣带渐宽终不悔，为伊消得人憔悴"的精神，兢兢业业做好工作。做老师最好的回报是学生成人成才，桃李满天下。

第三，做好老师，要有扎实学识。习近平总书记说，扎实的知识功底、过硬的教学能力、勤勉的教学态度、科学的教学方法是老师的基本素质，其中知识是根本基础。所谓学识，不仅要有学问，还要有见识。习近平总书记认为，在信息时代做好老师，不仅要有胜任教学的专业知识，还要有广博的通用知识和宽阔的胸怀视野。他要求老师始终处于学习状态，站在知识发展前沿，刻苦钻研、严谨笃学，不断充实、扩展、提高自己。

第四，做好老师，要有仁爱之心。习近平总书记说："教育是一门'仁而爱人'的事业，爱是教育的灵魂，没有爱就没有教育。"他说，教育风格可以各显身手，但爱是永恒的主题。爱心是学生打开知识之门、启迪心智的开始，爱心能够滋润浇开学生美丽的心灵之花。他特别强调，老师要有尊重学生、理解学生、宽容学生的品质。老师要热爱每个学生，不能因为有的学生不讨自己喜欢、不对自己胃口就冷淡、排斥，更不能把学生分为三六九等。他说，老师在学生心目中具有重要地位，老师无意间的一句话，可能造就一个天才，也可能毁灭一个天才。这些讲话都具有很强的针对性，值得老师们认真思考。

习近平总书记所述好老师的标准，既有理论的论述、历史经验的解释，又有对现状的分析和具体的要求，具有很强的针对性和现实性。"四有"好老师一直引领着我国教师队伍的建设。

这十年来，习近平总书记到学校考察时，都要提到教师，提出对教师的要求。2016 年 9 月 9 日，习近平总书记在与北京市八一学校师生座谈时，再一次提到教师的重要，他鼓励教师做学生锤炼品格的引路人、学习知识的引路人、创新思维的引路人、奉献祖国的引路人。① 同年 12 月，习

---

① 《全面贯彻落实党的教育方针　努力把我国基础教育越办越好》，载《人民日报》，2016 年 9 月 10 日。

近平总书记在全国高校思想政治工作会议上强调，教师是人类灵魂的工程师，承担着神圣使命。① 2021 年，习近平总书记在视察清华大学时提出教师要做"大先生"。在党的二十大报告中，习近平总书记进一步强调："加强师德师风建设，培养高素质教师队伍，弘扬尊师重教社会风尚。"上述讲话为教师的培养和专业成长指明了方向。2022 年 9 月 8 日，习近平总书记给北京师范大学"优师计划"师范生回信，希望他们努力学习，毕业以后到祖国和人民最需要的地方去，努力成为党和人民满意的"四有"好老师。2023 年 9 月 9 日，在第三十九个教师节到来之际，习近平总书记致信教师代表时又提出了"教育家精神"。

从"四有"好老师、"四个引路人"、大先生，再到教育家精神，习近平总书记关于教师的一系列论述，形成了对广大教师思想、道德、学识、能力、作风、纪律等方面全方位的系统要求，赋予了人民教师崇高的地位和神圣的职责使命，是新时代进一步打造高素质教师队伍，推进教育高质量发展的行动指南。学习好、领会好、贯彻好、落实好习近平总书记关于教师队伍建设的重要论述精神，对于全面提升教师队伍质量和水平、加快推进教育现代化、建设教育强国具有重大而深远的现实意义。

顾明远

2024 年 6 月

---

① 《把思想政治工作贯穿教育教学全过程　开创我国高等教育事业发展新局面》，载《人民日报》，2016 年 12 月 9 日。

目　录

第一章

教师道德情操的概念分析

2014 年 9 月，习近平总书记在同北京师范大学师生代表座谈时强调，广大教师要做有理想信念、有道德情操、有扎实学识、有仁爱之心的"四有"好老师，为发展具有中国特色、世界水平的现代教育，培养社会主义事业建设者和接班人作出更大贡献。作为"四有"好老师的重要组成部分，"有道德情操"无疑对师德师风建设提出了新的要求与新的期待。深刻理解与落实总书记"有道德情操"的重要论述，则必然需要厘清教师道德情操的基本意涵、关键结构与功能。

第一节　教师道德情操的本质

教师道德情操的本质，即教师道德情操是其所是的最基本的范畴，不仅影响着教师道德情操的概念界定，也从根本上影响着教师道德情操的现实性。为此，本章在对教师道德情操的基本内涵进行说明的基础上，进一步对教师道德情操的伦理基础作出分析。

一、教师道德情操的基本意涵

在分析教师道德情操的概念前，首先需要讨论教师道德情操的本质。对教师道德情操本质的讨论，需要厘清几个关键性概念。其一，何谓道德，其与伦理有何异同？其二，何谓情操，情操与一般意义上的情绪与情感有何异同？其三，何谓教师道德情操，其与道德情操之间有何异同？

(一)道德的基本意涵

在最一般的意义上，教师道德情操是一种道德意义上的情操，即教师道德情操是一种道德形态或道德要素。对教师道德情操的理解，也需要从根本上回应"教师道德情操的道德是什么"这一问题。

何谓道德？道德与伦理是一个概念，还是完全不同的两个概念或范畴？

1. 道德

"道德"概念在中国文化中往往被分开使用。"道"的原义为路，正所谓"履道坦坦"，"道，所行道也"。"道"后来被引申为事物发展或社会运行发展的规则、规律。《老子》第二十五章说："有物混成，先天地生……可以为天下母。吾不知其名，字之曰道。"《韩非子》论道曰："道者，万物之所以然也……万物之所以成也。"古代"德"字有一种写法是"惪"，即"直心为德"，具有名词与动词的双重含义。作为名词，它指的是人的德性、节操。中国儒家传统中的"五常""五伦"即为此意。作为动词，它则是指践行。《礼记·乐记》云："礼乐皆得，谓之有德；德者，得也。"此处的"德""得"均为践履意义上的"得"，即习得、获得，是根据客观规律或社会规范而行动的实践活动。

就此而言，在中国文化的语境中，道德，即"循道而得"。正所谓"道者人之所蹈，德者人之所得"。抑或者说，道为德的依据，德为道的践行。恰如朱熹所言，"得其道于心而不失之谓也"。在此种意义上可以说，中国文化中的道德主要是指个体在心性上对宇宙人生奥妙的领悟和把握及由此而形成的德行、德性等。① 需要说明的是，道德这个概念虽然更加侧重于个体心性意义上的德性及由此导向的德行，但却并不否认客观性的道德规则或伦理原则。

"道德"一词的英文是 morality，指的是有关美德和美德行为的标准、原则。其形容词是 moral，意思是有关对错的标准和品行端正。就 morality 与

———————————

① 檀传宝：《教师职业道德》，10 页，北京，北京师范大学出版社，2023。

moral 的起源而言，其均来源于拉丁文的 mores，指的是习俗、个性。

就此而言，西方文化语境中的道德所指的主要是社会生活中通过社会舆论与个体良心而起作用的调整人与人之间利益关系的行为规范或行为原则。这种行为规范或行为原则，在社会层面上，表现为相对稳定的、客观的、为群体所认同的习俗或规范；在个体层面上，又可以表现为相对稳定的、一贯的德性与人格表征。前者具有客观性与社会性，而后者则是客观见之于主观。但总体而言，道德这一概念更加侧重于主体的德性与德行。[①]

2. 伦理

"伦""理"，二字在中国古代很早就已经出现。《尚书·舜典》中说："八音克谐，无相夺伦。"此处的"伦"指音乐的次序或节奏的适当安排。《孟子》有言，"察于人伦"，"学则三代共之，皆所以明人伦也"。"伦"字也因此具有人伦关系的意蕴。东汉的郑玄在注《小戴礼记》时说："伦，亲疏之比也。"赵岐在解释孟子思想中的伦的观念时则说："伦，序……识人事之序。"也有解释说："伦者，轮也。"另一种解说为："伦者，纶也。"但无论是何种解释，中国古典语境中的人伦主要指的是人际关系。

"理"也是中国古代哲学的核心概念之一。庄子说："天地有大美而不言，四时有明法而不议，万物有成理而不说。""理"乃万物运行的成法。受到中国文化传统的影响，理的内涵自然也包括人际关系领域。所以孟子以

---

① 檀传宝、张宁娟、吕卫华：《教师专业伦理基础与实践》，4 页，上海，华东师范大学出版社，2016。

"心之所同然者"为理，朱熹以"主宰心者"为理。《吕氏春秋》则说："理也者，是非之宗也。"在这个意义上，理即伦理，是道德的当然之理论。当然，中国古代文化中也有"伦""理"二字合用的情况。这一合用情况最早可以追溯到《礼记·乐记》："乐者，通伦理者也。"伦理在这里当然是人伦之理。在这个意义上，伦理是指人际关系及其调整的客观规则。

"伦理"一词的英文是 ethic。其基本含义是社会伦理规范系统，也可以指行为的准绳及道德原则的合理性、可靠性。就此而言，西方语境中的 ethic 往往具有某种规范性，即用作调整行为的道德原则及其合理性依据。

总而言之，中、英文在伦理概念理解上的共性是，"伦理"指道德的客观法则，具有某种客观讨论的规律性。[①] 与之相比，道德更加强调主体的德性，侧重于个人的道德修养及其结果。

(二)情操的基本意涵

在中国文化语境中，"情""操"往往是分开使用的。

"情"一作"感情"。《礼记·礼运》中"何谓人情？喜、怒、哀、惧、爱、恶、欲，七者弗学而能"便是此意。"情"亦作"本性"，《孟子·告子上》中便有"乃若其情，则可以为善矣，乃所谓善也"。此外，"情"还有"情理，道理""情况，实情"等解释。如《孟子·离娄下》中"故声闻过情，君子耻之"，便是取实情之义。《礼记·乐记》中"礼乐之情同，故明王以相沿也"

---

① 檀传宝、张宁娟、吕卫华：《教师专业伦理基础与实践》，4 页，上海，华东师范大学出版社，2016。

则是取情理之义。作为一个伦理道德概念，"情"的定位与地位始终在变化与发展中。在儒家文化中，"情"往往是与"道"相关的概念。《郭店楚墓竹简·性自命出》有云："道始于情，情生于性。"《战国楚竹书·孔子诗论》将孔子的"诗言志"中的"志"与"情"的历代阐释壁垒打通，还原为"情志"（"诗亡隐志，乐亡隐情"）。① 在道家文化中，情与道的关系更加密切。《老子》中便有"幽呵！冥呵！中有情（请）呵！其情（请）甚真，其中有信。自今及古，其名不去，以顺众父"。《庄子·大宗师》云："夫道，有情有信，无为无形……自本自根，未有天地，自古以固存。"或许是秦代焚书坑儒与汉代独尊儒术的原因，汉代之后逐渐形成了"性善情恶"的观点。② 宋明理学使得与儒家伦理相关的"性"与"天理"被更多地联系起来，"情"则更多地与"人欲"联系在一起，"以情从理""以理节情"的观点基本形成。

"操"在汉语语境中的基本含义是"把持""把握""驾驭"。例如，"犹未能操刀而使割也"中的"操"便是把握、把持的意思。《列子·黄帝》中"津人操舟若神"一句中的"操"便是取驾驭、掌握之义。此外，"操"又作操守、节操，《汉书·张汤传》中便有"虽贾人，有贤操"。作为一个伦理道德概念，"操"实际上与仁、义、礼、智、信、忠、恕、孝、廉、节等概念密切相关，而与"理"直接相通，如朱熹说的"操存涵养无须臾离，无毫发问，则天理长存，人欲消去，其庶几哉"。

---

① 陈天庆：《论"情操"及"情—操"——一种存在论意义的探讨（论纲）》，载《江苏社会科学》，2005(2)。

② 汤一介：《"道始于情"的哲学诠释：五论创建中国解释学问题》，载《学术月刊》，2001(7)。

"情操"(sentiment)一词是西方近代心理学研究的产物。sentiment 有作为情绪、情感、感受等意义的理解，它与其他感情词，诸如 emotion、feeling、affection、mood 等词虽有差别，但意义大致相通。近代心理学根据近代理性主义哲学和伦理学对人的"知、意、情"的研究，将人的超越性感情现象规定为 sentiment，它区别于人的较多具有生理需求性的情绪(e-motion)和较多具有社会对象性的情感(feeling)，乃是"更高级"的感情形态。情操具有理性等超越性感情的特征，是多种情感(affection)成分以某种观念为中心而形成的较为稳定的系统。① 这种被"理"所规定的"情"，便在西学东渐的过程中与传统文化对"操"的理解结合起来，从而译为"情操"。

纵观中西方对于情操的理解，其共同指向一种与"道"与"理"所规定的"情"，即情操具有相对的稳定性、超越性。一方面，这意味着情操本身是由某种超越性的存在所规定的，即情操并不是某种纯粹的、任意性的情感或情绪。另一方面，这意味着情操在某种意义上具有相对稳定的特性，即情操并不是随时随地发生变化的情绪或情感。

(三)道德情操的基本意涵

道德情操由"道德"与"情操"组合而成。道德主要指向个体的道德修养，而情操则表现为个体稳定且连续的超越性情感。因此，我们可以说，

---

① 陈天庆：《论"情操"及"情—操"——一种存在论意义的探讨(论纲)》，载《江苏社会科学》，2005(2)。

道德情操包含着道德与情操的双重要求。

道德情操是个体在道德生活中所形成的情操，即它是个体在内化伦理法则或道德规范的基础上，通过自我道德修养逐渐形成的。任何一个社会或集体都会对社会成员或个体提出一些客观的伦理要求或道德规范，这些伦理要求或道德规范对于个体而言，表现出某种客观性与外在性。一方面，这要求个体遵循并满足这些客观的伦理要求或道德规范。一个违反社会所提出的伦理要求或道德规范的人，其个体形象与社会生活会因违反社会生活的认同机制而受到损害。另一方面，这些伦理要求或道德规范虽然是外在于个体的，但最终需要转化为个体道德生活的一部分才能真正起作用。也就是说，外在的伦理要求或道德规范最终会为个体所内化。

和道德情感相比，道德情操具有持久性与稳定性，是以强烈的感情倾向和坚定不移的行为方式追求理想人格所表现出的精神价值。它是在深刻认识某种道德要求的基础上表现出来的炽热的道德情感与坚定的行为方式的统一，是人们在道德行为整体中表现出的精神状态和道德境界。就此而言，一个人一旦形成某种道德情操，就会对某种道德原则和规范产生强烈的感性倾向和坚定不移的道德信念，并以稳定持久的行为来体现这种道德原则和规范的要求。

就此而言，道德情操是一种坚定而稳定的道德情感与道德品质。它既是社会伦理要求与道德规范对个体要求的结果，也是个体对社会伦理要求与道德规范进行内化与个体化的结果。它既是个体面向社会伦理原则与道德规范所表现出的道德上的他律，更是个体面对社会伦理原则与道德规范所表现出的道德上的自律。

(四)教师道德情操的基本意涵

那么，我们又该如何理解"教师道德情操"呢？很显然，教师道德情操是人之诸多道德情操中的一种，它既是道德情操的下位概念，也是刻画与描述教师这一特殊职业的道德品质与道德境界的专门概念。可以说，教师道德情操是指教师依据其社会角色所给定的伦理规范与道德原则内化而形成的精神特质、道德境界与精神风貌，表现为教师对教育职业的敬畏感、崇高感、认同感及在教育实践过程中严格的道德意识与自我控制力。① 对于教师道德情操的内涵，我们可以从以下两个方面加以理解。

1. 教师道德情操是道德情操的下位概念

教师道德情操是道德情操的下位概念，即教师道德情操是个体一种稳定且连续的超越性的道德情感。对教师道德情操的这一理解，至少蕴含着两种基础性认识。

一是，教师道德情操是一种稳定且持久的精神价值，能够促使个体以强烈的感情倾向与坚定的行为表现出对理想人格与理想道德生活的坚定追求。一方面，这意味着教师道德情操不是随意变化的，它不是教师无意识的道德情感，或者是被任意激发的道德情绪。另一方面，这意味着教师道德情操具有强大的助推力。也就是说，教师道德情操不仅是一种道德的意图或态度，而且能够对行为起到助推作用。教师道德情操与教师的动机与

---

① 冯永刚、赵丹丹：《文化自信涵养师德师风：意蕴、方向与路径》，载《天津市教科院学报》，2021(4)。

意图有关，但又不仅仅是动机和意图，它还包括某些特定的行为。

　　显然，在教师日常的教育实践中，人们一般不会不考虑其动机而把一个只是表现出正当行为的教师称为有道德的，即使我们称这位教师是有道德的，也要加上诸多限制性的话语，"从完成正当行为的意义上讲，他是有道德的"，或者是"他的行为是符合规则的，但我们并不清楚这种行为的动机和意图"。同样，我们也不会只是因为某位教师有好的动机而不管其行为如何，就说他是有道德的。事实上，我们确实时常听到"某人用意是好的、动机是正当的"等说法，但这并不意味着把他视为有道德的而不计较其外显行为。同样，如果要把类似的教师说成是有道德的，同样要加上一些限定，"这位老师的用意是好的，但是其行为……"，或者是"这位教师的意图是好的，但是并未见诸行动"。可以说，教师道德情操至少与某种态度、动机及行为有关系。毫无疑问，既然意图和行为乃是构成教师道德情操的最基本条件，那么任何只有良好意愿而不能付诸实践，或者是在不道德的动机下作出符合道德规范的行为都不是真正道德的。

　　二是，教师道德情操是教师内在的道德自律。虽然教师道德情操的形成无法脱离教师所面临的伦理要求与道德规范，但这并不意味着教师道德情操是一种外在伦理要求与道德规范的投射或复演。相反，教师道德情操是教师将外在规范内化为自身道德素养的结果。这样一种对道德情操的理解的重要性在于，它反对那些片面的道德观念。教师道德情操有其社会的一面或者说是对社会规则和行为的内化，但如果把教师道德情操完全看成一个社会规则和行为系统的产物，或者说将教师道德情操只是看成对规则或规范的服从，则是片面的、肤浅的。将教师道德情操视为教师对道德规范或道德原则的服从或顺从，便把个体的自主、自觉从道德中抽离了。

应当承认的是，教师的教育教学活动与教师道德情操的形成无法脱离社会道德规则、教师伦理等，而且这些规则深刻影响着个体行为。但是，这并不能否认这样一个事实，即教师道德情操是教师道德生活的一个重要的方面。从最终的意义上来说，道德乃是人们探索、认识、肯定和发展自己的一种积极手段，而不是一种消极的防范力量。教师道德情操是在教师教育生活之中并且为了教师教育生活而产生的，就此而言，教师道德情操不仅是教师适应特定社会所认可的教育生活的规则而产生的，更是教师在面临不同的原则和具体的行为时所作出的选择，并且这些选择不仅仅局限于特定的社会价值系统。所以说，教师道德情操虽然受到外在规范的影响，但在根本上仍是人们根据需要选择的产物。单纯服从并不是道德的，道德不只是盲目地接受习俗和传统。① 任何一个道德主体，无论来自什么社会传统，都是在自由选择规则和行为的过程中显示自己的道德境界，不代表主体意志的行为无法参与真正道德意义上的评价。

2. 教师道德情操是一个专门概念

教师道德情操是刻画教师道德品质与道德境界的专门概念。教师道德情操是教师的道德情操，即教师道德情操是教师这一特殊职业从业者所具有的道德品质与道德素养，它具有作为一种职业道德情操的特殊性。对教

---

① 唐汉卫、戚万学：《现代学校道德教育的问题与思索》，5～6，济南，山东教育出版社，2008。

师道德情操的这一理解，至少蕴含着两种基础性认识。

一是，教师道德情操是教师在专业生活中逐渐形成的，它根植于教师专业生活的伦理。抑或者说，教师道德情操正是教师在专业生活中逐渐形成的特殊的道德情操，如果缺乏教师专业生活的特定语境，就无法形成一种真正的教师道德情操。教师职业是众多职业中的一种，与其他职业相比，教师这一职业具有其自身的独特性。教师在专业生活中所面临的伦理关系，主要包括教师与学生的关系、教师与集体的关系，以及教师与社会的关系。[①]教师依据专业伦理规范，引导这些关系，应对教育工作中的特殊问题，逐渐形成了教师道德情操。例如，当教师面对同侪的竞争时，教师专业伦理要求教师正确看待同侪间的竞争关系，而教师在此过程中，也在逐渐形成正确处理同侪之间关系的道德立场与道德观念。

二是，教师道德情操所关注的重点是教师专业生活中的伦理关系。教师道德情操的作用便在于调节、规范与引导教师自觉地以道德的方式处理人际关系，并在此基础上展开其专业生活。例如，当教师发现学生学习成绩不理想，一位真正有道德情操的教师是不会随意辱骂学生、伤害学生身体和心理健康的。相反，有道德情操的教师能够尊重学生的人格与主体性身份，并且在这个基础上依据因材施教的原则，帮助学生解决学业上的问题。

---

①　檀传宝：《教师职业道德》，13 页，北京，北京师范大学出版社，2023。

二、教师道德情操的伦理基础

教师道德情操是教师依据教师这一特定社会角色所给定的伦理规范与道德原则内化而形成的精神特质、道德境界与精神风貌。它深深根植于中华优秀传统文化与中国教育事业的实践。

(一)文化依据：中华优秀传统文化的创造性转化

教师道德情操固然根植于教师的专业生活实践，但其文化根脉与精神土壤却始终是中华优秀传统文化。中华优秀传统文化的理念与价值取向深刻影响着教师道德情操的形成，构成了教师道德情操最深刻的文化根脉。中华优秀传统文化的理念与价值取向也为教师道德情操的建设提供了丰沛的文化滋养。只有植根本国、本民族历史文化沃土，才能够理解教师道德情操，也才能够使教师道德情操获得持久的生命力。

中国自古以来就有尊师重道的文化传统，教师在中国古代享有独特且崇高的社会地位。自给自足的小农经济与家国一体的社会结构孕育了中国宗法制的伦理道德基础。"家庭是国家的模板，国家是家庭的放大；父是家君，君是国父；家国同构，家国一体。"①这样一种文化特征也从根本上决定了教师的伦理化倾向，即师生关系是极为重要的人伦关系。《国语》中便有记载："民生于三，事之如一。父生之，师教之，君食之。"《荀子·礼

---

① 徐廷福：《论我国教师专业伦理的建构》，载《教育研究》，2006(7)。

论》也强调："礼有三本：天地者，生之本也；先祖者，类之本也；君师者，治之本也。……故礼上事天，下事地，尊先祖而隆君师，是礼之三本也。"①正是由于"师"的特殊身份，师道也表现出其崇高性。也正是由于教师身份的特殊性与崇高性，"国将兴，必贵师而重傅"的思想逐渐成为中华传统文脉中的重要构成。作为"道"的代言人，在中国传统文化中，教师甚至具有一种超越性。荀子《臣道》篇讲为臣之道时，强调"从道不从君"②。抑或者说，道的本质是对权力的超越。

中国传统文化强调教师是"经师""人师"的统一。由于教师在中国传统文化中的崇高地位，教师所承担的不仅仅是知识传授者的身份，其本身往往作为一种超越"学缘"的"类血缘"的存在，承担着传授知识之外的诸多功能与价值，如人生导引、生活指导、关系协调等。"经师"侧重于知识的传授，而"人师"则侧重于人生的导引。"人师"概念最早可溯及荀子的《儒效篇》："近者歌讴而乐之，远者竭蹶而趋之，四海之内若一家，通达之属莫不从服，夫是之谓人师。"《礼记·文王世子》中也有"师也者，教之以事而喻诸德也"。《后汉纪·炎帝证》中出现"经师易遇，人师难遭"的记载。将"经师"与"人师"相统一始终是中国传统文化对教师的期待与要求。正如韩愈在《师说》中强调的，"师者，所以传道受业解惑也"。习近平总书记在论及新时代教师道德建设时，也曾经反复提及传统文化中"经师"与"人师"的辩证关系：一个老师，如果只知道"授业""解惑"而不"传道"，不能说这个

① 王先谦：《荀子集解：下》，349 页，北京，中华书局，1988。
② 王先谦：《荀子集解：上》，250 页，北京，中华书局，1988。

老师是完全称职的，充其量只能是"经师""句读之师"，而非"人师"了。古人云："经师易求，人师难得。"一个优秀的老师，应该是"经师"和"人师"的统一，既要精于"授业""解惑"，更要以"传道"为责任和使命。①

中国传统文化强调教师要立德修身，将言教与身教相统一。中国传统文化对教师崇高地位的强调，以及对实现"经师"与"人师"相统一的目标的期待，决定了中国传统文化对教师道德上的高期待。荀子在《致士》中对教师的信仰、道德与能力等方面进行了综合性的论述。"师术有四，而博习不与焉；尊严而惮，可以为师；耆艾而信，可以为师；诵说而不陵不犯，可以为师；知微而论，可以为师。"②扬雄有云："师者，人之模范也。"在黄宗羲看来，教师道德是一个人能否成为教师的关键问题，"苟无其德，宁虚其位，以待后之学者，不可使师道自我而坏也"。可以说，中国传统文化对教师的道德给予了足够的重视，甚至给教师道德情操赋予绵延精神文明的历史责任。

中国传统文化对教师及其道德的关注，也成为教师道德情操构成的历史文化传统。历代为人师表者在主体文化创造和道德实践过程中，出色地完成了历史赋予的教化职责，并以此传承和践行了中华优秀传统文化的精神内核。中国传统文化中的刚健有为、修己安人、立己达人、教学相长等精神内核在教师道德情操的形成与践行的过程中获得充分彰显与生发。教师道德情操在保证传承传统文化与伦理道德的过程中，也实现了对传统文

---

① 习近平：《做党和人民满意的好老师：同北京师范大学师生代表座谈时的讲话》，载《人民日报》，2014-09-10。

② 王先谦：《荀子集解：上》，263～264页，北京，中华书局，1988。

化与伦理道德的超越式发展。教师在自我成长过程中，不断汲取传统文化精华，并通过文化再生产推动了文明的代际传承。

(二)实践依据：社会主义道德规范的要求

中华优秀传统文化是滋养教师道德情操的文化土壤，是塑造教师道德情操的精神血脉，教师道德情操的形成也始终无法脱离中国特色社会主义的伟大实践而抽象存在。

党的十九大报告指出，中国特色社会主义文化，源自于中华民族五千多年文明历史所孕育的中华优秀传统文化，熔铸于党领导人民在革命、建设、改革中创造的革命文化和社会主义先进文化，根植于中国特色社会主义伟大实践。

革命文化是以中国共产党为主导，以五四运动、新文化运动为时间节点，由党带领中国人民在为谋发展、为中华民族谋复兴的过程中高度凝聚出的文化体系，具有浓重的红色基因，彰显着坚定的革命理想、不屈不挠的民族气节，表征着不忘初心、忠诚为民的奋斗信念，体现着中国人民敢为人先、团结合作、顽强不屈、愈战愈勇的"红色精神"。[①] 革命文化是党和国家应对艰难困苦时披荆斩棘的精神力量，革命奋斗中所产生的服务人民、艰苦奋斗等革命精神与家国情怀也构成了教师道德情操的重要因子，是教师道德情操的底色，也是教师不畏困难、坚守教育初心的底气之所在。

---

① 冯永刚、赵丹丹：《文化自信涵养师德师风：意蕴、方向与路径》，载《天津市教科院学报》，2021(4)。

社会主义先进文化是党领导全国各族人民在新的历史条件下的精神追求，是当代中国人民最鲜明的精神标识。社会主义先进文化不是一个人或一个党派的独特文化，而是党和国家带领人民在艰苦奋斗中形成的，其扎根于人民群众的生产生活现实，服务于人民群众的物质文化与精神文化需求。作为一种重要的文化资源，社会主义先进文化润物细无声地增强教师的道德情操，引导教师生成正确的历史观、教育观、政治观、道德观等，激励教师将个人职业发展与学校教育、社会进步、民族复兴紧密联系在一起，为党和国家教育事业发展而不懈奋斗。

邓小平同志在 1978 年全国科学大会的开幕式上指出，人民教师是培养革命后代的园丁。他们的创造性劳动，应该受到党和人民的尊重。此外，邓小平同志还进一步强调，教师应该在思想政治上坚持四项基本原则，要有爱劳动、守纪律、求进步等好风气、好习惯，要成为学生的朋友，与学生的家庭联系，互相配合，共同做好教育学生的工作。着眼于新的历史时期教师队伍建设的新形势与新要求，江泽民同志在庆祝北京师范大学建校一百周年大会上，再次对教师提出了"志存高远、爱岗敬业""为人师表、教书育人""严谨笃学、与时俱进"的三点希望，指出教书者必先强己，育人者必先律己。教师的道德、品质和人格对学生具有重要的影响。教师要注重言传，更要注重身教。

进入 21 世纪以来，胡锦涛同志对广大教师提出了新的道德要求。2007 年在全国优秀教师代表座谈会上，胡锦涛同志指出，高尚的师德，是对学生最生动、最具体、最深远的教育，广大教师要自觉坚持社会主义核心价值体系，带头实践社会主义荣辱观，不断加强师德修养，把个人理想、本职工作与祖国发展、人民幸福紧密联系在一起，树立高尚的道德情操和精神追求，甘为人梯，乐于奉献，静下心来教书，潜下心来育人，努力做受学生爱戴、让人民满意的教师。广大教师要切实做到"爱岗敬业、关爱学生、刻苦钻研、严谨笃学、勇于创新、奋发进取、淡泊名利、志存高远"①。2011 年在庆祝清华大学建校 100 周年大会上的讲话中，胡锦涛同志再次指出，广大教师要切实肩负起立德树人、教书育人的光荣职责，关爱学生，严谨笃学，淡泊名利，自尊自律，以高尚师德、人格魅力、学识风范教育感染学生，做学生健康成长的指导者和引路人。

党的十八大以来，以习近平同志为核心的党中央着眼于社会主要矛盾深刻变化的实际，更加重视教育事业与教师队伍建设。2014 年在同北京师范大学师生座谈时，习近平总书记强调："广大教师必须率先垂范、以身作则，引导和帮助学生把握好人生方向，特别是引导和帮助青少年学生扣好人生的第一粒扣子。"②"我们的教育是为人民服务、为中国特色社会主义服务、为改革开放和社会主义现代化建设服务的"，"好老师的理想信念应该以这一要求为基准"。③ 在 2016 年全国高校思想政治教育工作会议上，习近平总书记强调，教师是人类灵魂的工程师，承担着神圣使命。传道者自己首先要明道、信道。教师不能只做传授书本知识的教书匠，而要成为

---

① 胡锦涛：《在全国优秀教师代表座谈会上的讲话》，载《人民日报》，2007-09-01。

② 习近平：《做党和人民满意的好老师：同北京师范大学师生代表座谈时的讲话》，载《人民日报》，2014-09-10。

③ 习近平：《做党和人民满意的好老师：同北京师范大学师生代表座谈时的讲话》，载《人民日报》，2014-09-10。

塑造学生品格、品行、品味的"大先生"。2023 年 9 月，习近平总书记致信全国优秀教师代表时指出："教师群体中涌现出一批教育家和优秀教师，他们具有心有大我、至诚报国的理想信念，言为士则、行为世范的道德情操，启智润心、因材施教的育人智慧，勤学笃行、求是创新的躬耕态度，乐教爱生、甘于奉献的仁爱之心，胸怀天下、以文化人的弘道追求，展现了中国特有的教育家精神。"①

为推进新时代教师队伍改革，2019 年 11 月，教育部等七部门印发了《关于加强和改进新时代师德师风建设的意见》，明确指出要引导教师带头践行社会主义核心价值观。社会主义核心价值观所表现出的引领性与解释力，引导教师以敏锐的价值判断力和洞察力强化自身的道德修养，不断建构起对教育事业的崇敬感与认同感，形成积极正向的道德情操与职业操守，抵制错误价值观与虚无历史观等负面影响，坚定奉献社会、服务人民与立德树人的责任担当，永葆高尚的教育初心。可以说，教师道德情操在现时代的重要表征便在于其将社会主义核心价值观作为根本性、共同性的价值追求，从国家、社会、公民三个层面增强对社会主义核心价值观的认同感、归属感。此外，教师道德情操还表现在教师将践行社会主义核心价值观贯穿教育教学的全过程，在教育教学中践行社会主义核心价值观的同时，引导学生积极探究和理解社会主义核心价值观。

可以说，教师既是社会主义先进文化的继承者与创造者，也是社会主

---

① 习近平：《大力弘扬教育家精神 为强国建设民族复兴伟业作出新的更大贡献》，载《人民日报》，2023-09-10。

义先进文化的传播者与弘扬者；教师道德情操既是在继承与创造社会主义先进文化的过程中形成的，也是在传播与弘扬社会主义先进文化的过程中形成的。

(三)专业依据：教师专业伦理的价值表征

教师道德情操无疑受到中华优秀传统文化与社会主义道德规范的影响，也同样受到教师专业伦理的影响。专业伦理，是指某一专业领域人员所应该遵循的道德规范和责任。教师专业伦理就是指学校教育人员表现其教育作为时，所参照之专业规范。它包括教育人员的专业素养、教育智慧、人格修为，以及对专业的认同与承诺。

教师专业伦理是伴随教师的职业化发展而逐渐形成的。近代以来，伴随学校教育制度的建立及班级授课制的出现，教师职业特性随着社会发展的要求而不断发生变化。与此同时，教师职业也逐渐呈现出一种专业化的取向。1966 年，国际劳工组织和联合国教科文组织在《关于教师地位的建议》中第一次以官方文件的形式提出，教育工作应被视为专业职业，这种职业是一种要求教师经过严格且持续不断的研究才能获得并维持专业知识及专门技能的公共业务。《中华人民共和国教师法》第三条规定，教师是履行教育教学职责的专业人员，承担教书育人，培养社会主义事业建设者和接班人、提高民族素质的使命。教师职业的专业化也对教师素质提出了新的要求，相应地，教师职业道德也逐渐向教师专业伦理转变。教师专业伦理体现为教师作为一种专业团体的伦理规范，其具有内在的标准，且这样一种标准是与教育教学实践活动自身的独特性相匹配的，即与教育教学的规律性之间密切相关。对此，陈桂生以"传统师德"与"新师德"区分了教师道德的不同要求：传统师德将职业环境所需要的道德与社会公德进行类比，认为教师职业道德应该像社会公德那样成为公共生活中不可或缺的行为准则；而新师德则强调，教师专业伦理与教师的职业精神和价值观念相关，即与教师应有的但不是非有不可的职业精神和价值观念相关，因而也是需要提倡的和值得个人追求的道德境。[①] 任何专业若没有系统合理的伦理规范，就会丧失其道德自主性，因此专业伦理规范也是防止专业人员出现严重过失、保护公共利益的重要举措。

吴清山认为，教师专业伦理系指教师专业领域中的一套行为规范，借以规范教师开展专业活动时对其个人、他人及社会的行为。[②] 这一定义暗含了两个重要概念：专业团体和专业关系。不同于其他学者强调的专业领域内部关系的准则，这一定义看到了教师伦理对专业团体或专业关系的调节作用。梁福镇认为，教师的伦理立场、行为与观念，除了受到专业领域的影响，也受到教师与同事和学生之间的互动、学校的日常生活、学校的传统、学校的改革发展和现代社会的要求等方面的影响。他指出，教师伦理内涵包括六个方面：教师的基本道德、教师的专业观念、教师的教育关系、教师的教学伦理、教师的辅导伦理、教师的校园伦理。

"教师专业伦理"或"教师专业道德"概念的提出是教师专业化发展到一定阶段的产物。檀传宝明确提出，教师专业化进程要实现从"职业道德"向

---

① 陈桂生：《聚焦教育价值》，116～118 页，北京：教育科学出版社，2011。

② 吴清山、黄旭钧：《教师的专业伦理守则的内涵与实践》，载《教育研究月刊》，2005(4)。

"专业道德"的观念转变①，并基于教师劳动的特点深入论证了确立"教师专业道德"的必要性。他明确提出，对于在教师职业道德规范制定和师德建设过程中面临的诸多问题，解决的出路只有一个，那就是在观念上实现由一般性的教师职业道德向教师专业道德的转移，在承认专业性存在的前提下从教师专业生活的需要出发、从专业发展的角度理解和建设教师专业道德。② 宋崔从多个角度出发，分析了完整理解教师专业伦理所涉及的辩证关系——教师专业需要专业伦理还是仅仅需要一般伦理？教师专业伦理究竟是他律还是自律？是关怀还是正义？③ 可以说，专业伦理体现了教师实践的现实需求，以及教师专业伦理研究者对实践的热切关注。

教师专业伦理最终体现为教师道德情操，成为教师进行教育教学实践活动的价值尺规与内在选择。教师专业伦理或专业规范也必须融入教师以学校为主要领域的专业生活之中，并且在专业生活之中逐渐转化为教师道德情操。作为伦理价值的精神与原则也只有真正转化为教师道德情操并显现于教师的专业生活实践中，才能真正得到全面的践行。

---

① 檀传宝：《论教师"职业道德"向"专业道德"的观念转移》，载《教育研究》，2005(1)。
② 檀传宝：《教育劳动的特点与教师专业道德的特性》，载《教育科学研究》，2007(3)。
③ 宋崔：《教师专业伦理之辩证》，载《湖南师范大学教育科学学报》，2009(6)。

第二节　教师道德情操的结构

　　教师道德情操是教师在教育生活中所形成的精神特质、道德境界与精神风貌的高度概括和升华。探析教师道德情操的构成要素、厘定教师道德情操的边界，有助于推动教师道德建设、落实立德树人根本任务。

一、教师道德情操的构成要素

　　教师道德情操是教师在内化职业伦理规范与道德原则的过程中，逐渐形成的精神特质、道德境界与精神风貌。从纵向层面来看，教师道德情操体现为从普遍到特殊、从共同到专业的层次。从横向层面来看，教师道德情操既表现为教师的道德品质与道德境界，也表现为教师的道德动机与道德行为。前者是教师道德情操的内容要素，而后者则是教师道德情操的结构要素。

（一）教师道德情操的内容要素

　　教师的身份包括教育者的自然身份及其在教育场景中的身份[①]，与之

---

　　①　马文静、胡艳：《成为教师教育者：基于大学教师教育者身份建构的质性研究》，载《教育学报》，2018(6)。

相对应的，教师的道德情操可以分为专业道德情操和一般道德情操。

教师的专业道德情操，主要体现于教师的专业生活领域。与之相对应的，教师的一般道德情操则主要体现在教师的个人生活或公共生活领域。有研究者曾对教师的一般道德情操进行归纳，将它具体分解为对自己的情感、对他人的情感及对集体与社会的情感。教师对自己的情感，包括自我悦纳、自我认知、自我适应、自我同一、自信自强等；对他人的情感，包括同情关怀、体贴仁慈、友好真诚、善解人意等；对集体与社会的情感，包括合作责任感、公平公正感、荣誉成就感、爱国使命感等。[①]

将教师的道德情操分为专业道德情操与一般道德情操，为我们提供了理解教师道德情操内容的基本视角，这并不意味着教师的专业道德情操与一般道德情操是相互分割的。相反，教师的专业道德情操与一般道德情操是紧密相关的。也就是说，教师的专业道德情操与一般道德情操是相互统一的。作为教师，"他不仅应当教育自己，使自己达到理想的境地，而且还应当教育别人。他选择了培养和教育的事业作为自己一生的使命"[②]。第斯多惠的上述论述十分准确地反映了教师道德情操的特点。教师的职业决定了教师道德情操也是教育的手段或最重要的影响因素之一。对于教师来说，一方面，自己的人格是本体价值的标志；另一方面，教师道德情操是教育活动的中介或工具，所以又具有工具价值。正所谓"善歌者使人继其声，善教者使人继其志"（《礼记·学记》），从教育事业的角度看，工具价

---

① 刘云芝、吴琼、韦洪涛：《何为"有道德情操"的好老师：基于高校优秀教师的质性研究》，载《苏州科技大学学报（社会科学版）》，2022(1)。

② 张焕庭：《西方资产阶级教育论著选》，340 页，北京，人民教育出版社，1964。

值是第一位的；从人格修养的角度来看，本体价值是根本性的。

所以，"有道德情操"至少可以从两个方面进行讨论：一是在广泛意义上有道德情操，即教师具有作为人的道德情操。因为，"正如没有人能把自己所没有的东西给予别人一样，谁要是自己还没有发展、培养和教育好，他就不能发展、培养和教育别人"①。二是将教师的一般道德情操内嵌于教师的专业道德情操之中。马卡连柯在谈到教师的语言时曾经这样说过："我们要善于这样说话：使孩子们在我们的话里感到我们的意志，感到我们的修养，感觉到我们的个性。"②教师除了要确立人格榜样，还要使自己的人格具有感化人的中介特性，否则就缺乏教师应有的教育自觉，其教育作用也只能是自发的、不确定的和打折扣的。

(二)教师道德情操的结构要素

教师道德情操既包括教师的道德情感，也包括教师的道德节操，既表现为教师对教育职业的敬畏感、认同感等，也包括教师在教育过程中严格的道德意识和自我控制力。③ 从这一角度来看，教师道德情操至少应该包括如下方面。

教师道德情操包括高尚的道德人格与道德情感。习近平总书记在论及

---

① 张焕庭：《西方资产阶级教育论著选》，340 页，北京，人民教育出版社，1964。

② ［苏联］马卡连柯：《论共产主义教育》，刘长松、杨幕之译，415 页，北京，人民教育出版社，1981。

③ 冯永刚、赵丹丹：《文化自信涵养师德师风：意蕴、方向与路径》，载《天津市教科院学报》，2021(4)。

好老师的道德情操时曾指出，"老师的人格力量和人格魅力是成功教育的重要条件"①。教师在不同的教育教学乃至更广阔的道德场景中有不同的选择或不同的表现，但道德情操总是相对稳定的。当然，这并不是说教师道德情操是固定的。习近平总书记指出，教师道德情操是需要教育培养的，更需要教师的自我修养。"做一个高尚的人、纯粹的人、脱离了低级趣味的人，应该是每一个老师的不懈追求和行为常态。"②教师的道德情操是教师在长期的教育教学生活中不断积累沉淀而形成的相对稳定的道德品质。教师道德人格与道德情感的形成，是教师将外在的道德规范、伦理要求内化为自己的道德修养的过程。这也意味着，教师在教育教学实践中需要始终坚持正确的价值观念，坚持以社会主义核心价值观统摄自己的言行，在是非、曲直、善恶、义利、得失等方面经得住诱惑、摆得正位置。

教师道德情操还必须包括必要的道德行为。教师道德情操与一定的道德行为联系在一起，人们总是通过听其言、观其行来了解、把握一个人的道德情操。教师道德情操最终需要将自己的道德修养外化为自己的言谈举止。习近平总书记指出，好老师的道德情操最终要体现到对所从事的职业的忠诚与热爱上来。教师对教育事业的忠诚与热爱最终需要落实为教师对教师事业的献身，即教师热爱自己的本职工作、热爱自己所

---

① 习近平：《做党和人民满意的好老师：同北京师范大学师生代表座谈时的讲话》，载《人民日报》，2014-09-10。

② 习近平：《做党和人民满意的好老师：同北京师范大学师生代表座谈时的讲话》，载《人民日报》，2014-09-10。

学的专业，并在职业生活中确立自己的专业抱负与专业自信。特别是在当下价值观念多元共存的时代语境中，不可避免裹挟一些利己主义、享乐主义、历史虚无主义等思想文化与价值观念，教师更应该坚定自己的道德情感与职业操守，通过其实际的教育教学活动来抵制错误价值观、历史虚无主义的负面诱惑，不断确立服务人民的初心与立德树人的责任担当。

教师道德情操意味着教师有较高的自我道德要求与高超的德育能力。习近平总书记从"合格"与"楷模"两个标准划定教师道德情操："合格"的老师首先应该是道德上的合格者，好老师首先应该是以德施教、以德立身的楷模。在中国历史上，也一直有"人师"和"经师"（或"业师"）之别，学有专长、专于一技，只是纯粹的教书匠、经师而已，而德才兼备尤其是人格足以为人楷模者才是人师，才是真正的"师"。所以荀子说"四海之内若一家，通达之属莫不从服，夫是之谓人师"。《礼记·学记》则云："记问之学，不足以为人师。"又说："能为师，然后能为长；能为长，然后能为君。故师也者，所以学为君也。是故择师不可不慎也。《记》曰：'三王四代唯其师。'其此之谓乎！"若教师道德情操只表现为对一般的教师专业伦理规范的遵从，那教师的道德情操只能分属为"合格"，此时的教师也只能是"经师"。唯有在道德情操上不断"取法乎上""见贤思齐"，教师才能够成为"人师"。就此而言，唯有当教师的道德情操高于社会职业道德的一般水平，学生才会在成长过程中受到精神的烛照和人格的洗礼，才会充分在教师身上感受到道德教育的获得感和满足感。新时代中国社会的主要矛盾发生了根本性转化，在社会生活领域也产生了许多新的道德现象、道德标准和道德观念。教师必须不断提高和完善自己的道德认识，既不被错误的道德思潮影响和干扰，又能够及时跟上时代步伐，不在道德观念上"落伍""掉队"。教师在自身拥有过硬的道德素质、先进的道德观念之外，还要有能力、有办法把新时代要求的道德观及时、准确、全面地传授给学生，争做先进思想文化的传播者、党执政的坚定支持者，为建设新时代培养更多有"时代新德"的宝贵人才。

二、教师道德情操的边界厘定

对教师道德情操的正确认识，不仅要对教师道德情操的结构与要素有正确的认识，也要对教师道德情操的边界有起码的自觉。

(一)教师道德情操的道德边界

教师道德情操是与道德概念有密切关系的范畴，抑或者说，教师道德情操是教育专业伦理的重要范畴。教师道德情操是对伦理与道德规范的内心体认，因此也具有主观的性质，是教师教育教学工作的重要动力与调节机制。教师道德情操所蕴含的道德要素与道德特质，也成为教师道德情操的道德边界所在。

一方面，教师道德情操的道德边界表现在教师道德情操至少具有三种基本的结构，即教师道德认知、教师道德情感与教师道德意向。缺少任何一种结构，教师道德情操都不是一种完整的或严格意义上的道德情操。

教师道德情操首先是教师对道德责任、专业伦理与道德义务的认知。

一个具有道德情操的教师对自己应当做什么、不应当做什么有着明确的认知与理解。教师道德情操其次表现为教师道德情感。教师道德情操的自我评价或自我调控之所以有效，就是因为其能够为教师带来相应的情感或情绪体验，这样一种情感或情绪体验能够为教师自我评价、自我校准提供必要的动力。当教师选择一种合乎其道德情操的行为时，便能够获得一种愉悦的情绪体验；相反，当教师的行为背离教师道德情操时，便会产生一种消极的情感体验。也正是由于道德情操能够对个体的道德情感或情绪发挥作用，它才能为良好的教学生活提供保障。教师道德情操最后还包括教师道德意向。即使教师有一定的道德认知与道德情感，我们也不能断言其有道德情操，关键在于，教师道德情操能够产生一种道德引导力或道德推动力，使教师超越必要的困难或者阻碍去践行一种有道德的教育生活。

另一方面，教师道德情操的道德边界体现在教师的道德情操是教师对道德义务与专业伦理的内心体悟，具有主体自由的特质。教师道德情操具有获得性或构成性。"无论谁想加入他的民族的理智生活，都必须说这一民族的语言和遵循这一民族的规则；谁想加入他的民族的道德生活，也必须遵守这一民族的风俗和听从他良心的指令。他必须这样做，因为这个民族的态度也就是他的良心……"①教师在其专业生活领域，根据专业伦理与道德规范的要求进行自我调整，并在此基础上形成了相对稳定的道德品质。教师道德情操的获得性或构成性也意味着教师道德情操是生成性的，

---

① ［德］包尔生：《伦理学体系》，何怀宏、廖申白译，93 页，北京，中国社会科学出版社，1988。

其表现为教师对社会生活方式及由社会生活方式所决定的专业生活的伦理规范的适应。

可以说，教师道德情操始终是个体化或主体性的道德情操和道德品质。教师道德情操是教师对社会生活的道德规范，以及专业生活的伦理规范的内化与转化，但这种转化却不是机械的、一一对应的，相反，这一转化或内化始终是教师个体选择的结果，教师的主体状况在内化或转化的过程中发挥着不可取代的作用。教师的道德情操固然反映着社会对教师的期待与要求，但道德情操能够起作用，其关键在于教师道德情操承担着一种主体完善道德生活的理想，并依靠这一理想进行道德上的自我核准与校正。道德情操从根源上说是客观道德在个人意识中的表现。它还拥有一种更为积极的功能，即反映完善生活的理想。教师对教师专业生活的理解及其理想性是教师道德情操能够发挥调控作用的内在源泉。就此而言，对教师道德情操的理解、对教师道德情操的培育不能忽视或脱离教师的主观意向性，唯有扎根教师专业生活并且反映教师的自主选择与自由意志，才能真正称其为教师道德情操。

(二)教师道德情操的教育边界

教师道德情操既具有作为人的一般的道德情操，也具有作为教师的专业道德情操的特征。而后者是教师道德情操有别于一般的道德情操的特殊性所在，也为教师道德情操划定了边界。

教师道德情操与一般的道德情操有共同性。首先，教师道德情操与一般的道德情操都具有继承性。个体的道德情操也好，教师道德情操也罢，都反映着社会宏观发展及其需要对个体所提出的期待与要求。其次，教师道德情操与一般的道德情操都具有一定的稳定性。无论是个体的道德情操，还是教师的道德情操，都是相对稳定的社会道德规范系统对个体所提出的要求，个体在内化这些相对稳定的社会道德规范系统的过程中，也逐渐形成其相对稳定的道德情操。最后，教师道德情操与一般的道德情操都具有一定的规范性。道德情操的形成是个体内化社会道德规范系统的结果，无论是个体，还是从事某一特定的职业或专业的群体，都要遵守相应的"规矩"。比如对个体而言的"孝顺"，对教师而言的"为人师表"等，都对个体或从业者提出了必要的规范要求。此外，教师道德情操与一般的职业道德规范还有一定的共通之处。一方面，两者在范围或调整对象上具有明显的专业性或特定性。职业道德规范是同人的专业生活相联系的，往往只对某些从事特定行业的人起调节作用。另一方面，两者在规范方式方法上具有一定的灵活性和多样性。各行业往往都从自己的实际出发制定反映专业生活与道德要求的具体规则，这些要求既体现为正式的规章制度，也体现为非正式的口号、标语等。

教师道德情操有别于一般的职业道德情操的特殊之处，便在于教师道德情操是教师在教育教学实践中长期形成的，是契合教师专业生活的。教师道德情操的特殊性构成了教师道德情操的教育边界。

首先，教师道德情操的教育边界体现在教师道德情操的互动性。任何一种道德规范或伦理规范都是在不同行动者双向互动的过程中形成的，而教师专业伦理的特殊性便在于其不可选择性，即教师专业伦理是生发于教师教学实践活动的，而教师的教学实践活动本身并不由教师随意选择，即教师无法依据自我偏好任意选择是否开展教学实践活动。教师如何对待自己的学生，学生就会如何评价与对待自己的教师，且教师与学生的互动关系并不能依据教师的自我偏好而确定。如果教师积极回应学生的需求与发展的需要，相应地，学生也可能积极地回应教师，如尊重教师、对教师所讲授内容产生学习热情等。需要说明的是，正因为教师无法选择其与学生的互动关系，教师若要建立与学生的互动关系，则必然需要回应学生的期待，若教师无法回应学生的需求，甚至受到学生的质疑或排斥，则必然导致师生互动的失败。教师与学生互动的无力，自然也将导致教师道德情操建构的失败。

其次，教师道德情操的教育边界体现在教师道德情操的教育性。教师道德情操虽然是教师内在的道德情感与节操，但教师道德情操最终影响教师的道德行为与精神面貌，而教师的道德行为与整体精神风貌不仅是教师个人形象的展示，也是重要的教育内容。例如，教师的道德观念与道德立场既可以显性地也可以隐性地影响教育内容。显性的影响是指教师会根据自己对价值问题的理解来处理教学内容，特别是强化教育内容中的某些因素或弱化某些因素。隐性的影响则是指教师所呈现的道德风貌，如对职业的热爱与忠诚，会不自觉地影响学生对职业的态度，教师与学生的互动方式本身也不可避免地呈现教师的道德情操。教师道德情操的教育性，更为显著地体现在教师对学生的影响。一方面，教师的道德人格会成为学生的榜样。班杜拉等人认为，儿童的行为方式常常是通过模仿其所相信和崇拜的榜样人物而逐步形成的。不管教师愿不愿意，有无知觉，教师都有成为这种"榜样"的最大可能性。中国自古就有"以身立教"的理论，也是同样的道理。另一方面，教师的人格特征也影响他对教育内容的加工处理。一位有诗人气质的教师，其教学会充满热情，富于想象；一位逻辑性较强的教师会以冷静睿智的思辨见长。情绪好的教师能够宽以待人，诲人不倦；心情欠佳者则容易苛求学生，草率行事。更为重要的是，教育对人的影响是深远持久且潜移默化的，教师的专业生活及其道德情操对学生的影响在时间上具有持续性与深远性，甚至在某种意义上具有终身性。就此而言，教师道德情操的形成具有非同寻常的重要性与严肃性。

最后，教师道德情操的教育边界还体现在教师道德情操影响的整体性。从影响性质这一角度来看，教师道德情操的影响具有一定的整体性。这一整体性主要体现在三个方面。第一，每一位教师对学生的影响是整体的；第二，教师对学生的影响具有集体性（面对的是学生集体）；第三，教育工作需要教师集体的通力合作才能完成。教师道德的影响与他的业务素质、人格特征等联系在一起。比如，一个主观上希望对学生公正的教师可能因为教育方式的失误而适得其反，一个心地仁爱的教师也可能因为其性格的内向而给学生冷漠的印象。所以，师德修养如同师德一样对学生的影响都是整体性的。通俗地说，教师实际上必须尽量做一个"完人"。此外，现代教师的劳动具有非常强的集体性。教师的影响只有形成合力，才能更有效地作用于学生。换言之，学生实际上是一种集体性劳作的成果。因此教师道德情操影响的实现就必然依赖教师之间的协调与配合。

第三节　教师道德情操的功能

对教师道德情操的理解影响到人们对教师道德情操的存在价值和意义的认识。正确地理解教师道德情操的功能，既有助于我们理解教师道德情操的重要性，也有助于我们理解教师道德情操的概念本身。

一、教师道德情操的个体意义

教师道德情操的个体意义是指个体通过教师道德情操的评价、激励与调控作用的发挥，培育主体的道德意识、行为与品质，不断提高自身的精神境界和水平，进而成为道德纯洁、品德高尚之人。

(一)教师道德情操对教师个体专业生活的现实意义

教育劳动关系的特点之一是，教师在劳动中一定会面临多种复杂的社会关系。[①] 这就要求教师专业伦理的存在，也决定着教师道德情操必然需要回应并调控教师专业生活所面临的诸多关系。

---

① 檀传宝：《教师伦理学专题：教育伦理范畴研究》，10 页，北京，北京师范大学出版社，2010。

教师道德情操的调控功能体现在它能够调整教师专业投入与产出的关系。任何一个有教育追求的教师都希望其专业生活能够有所收获，教师不仅有权利获得必要的经济回报，而且可以获得学生的信赖、同行的认可、社会的尊重等非经济的回报。但无论是经济回报，还是非经济的回报，在某种意义上都是有限的。这是因为教师及其专业生活必然需要受到一定的监督或制约，这些监督与制约在一定程度上发挥着调控教师专业生活的作用，但这些制约不可避免地存在一个共同的特点，即它们是外在于教师的，或者说，这些制约是外在性的。一方面，外在性的制约可能会导致教师产生抵触情绪；另一方面，外在性的制约不能时时刻刻发挥制约与监督的作用，教师的教育教学行为无法始终处于全景式的监控之中。就此而言，还需要内在约束机制起作用，而教师道德情操正是在此种意义上发挥监督与调控的功能。教师道德情操对其教育行为，以及教育关系的调控贯穿教育教学活动始终。在教育教学活动开始之前，教师道德情操有助于教师预审其行为的正当性，如教师会追问自己是否关注学生的发展，会考虑教学方法的选择是否能启发学生。在教育过程中，教师道德情操有助于监控教师的行为，如教师会不断审查自己的教育教学方法是否符合道德，如果违背某些道德原则，教师道德情操能引导教师进行必要的调整。在教育教学活动结束后，教师道德情操有助于评价教师的教学行为，并给予教师积极或消极的情感反馈。

教师道德情操的调控功能还体现在它能够调整教师集体的关系。教师的劳动从过程来看具有明显的个体性，但教育效果的取得却是集体性的。学生的人格成长、知识及心智水平的提高都是教师群体合作劳动的产物。

教育社会学研究表明，教师在任教学校的校长、同事之间形成的职业亚文化与教师职业社会化之间有密切的联系。① 教师道德情操的形成也是教师在工作环境中不知不觉获得的。这一方面表明，教师道德情操能够发挥教师个体与教师集体的调控作用，拥有教师道德情操在某种意义上便具有参与教师集体生活的可能性；另一方面也表明，教师道德情操的形成无法脱离教师集体的道德水平，教师个体道德情操的提升必然要求教师集体道德水平的整体性提升。

(二)教师道德情操对教师专业生活的精神意义

教师道德情操的调控作用不仅体现在对教师现实生活的调控，更体现在对教师专业生活的精神层面的调控。当然，这并不意味着教师专业生活不需要经济回报，而是说，教师道德情操使教师能够在基本生活水平与待遇得到保障的基础上，获得一种精神性的回报。学生的学业进步、道德成长，以及师生和谐友善的关系等，都是从其他职业中难以获得的成就。也正因为如此，教师往往具有崇高的社会地位。例如，中国人一直认为教师"有父之亲，有君之尊"。

在实际生活中，教师常常会遇到社会、学校甚至学生的不公正对待，会面临许多矛盾。教师的道德情操在此时便发挥着重要的调控作用。一方面，教师道德情操能够调节教师的心态及其行为，使其按照教师专业伦理的要求进行公正的判断，即教师道德情操在一定意义上使教师超越个体当

---

① 吴康宁：《教育社会学》，219～220 页，北京，人民教育出版社，1998。

下的情绪。另一方面，教师的道德情操能够给予教师相对公正的自我判断，即教师道德情操在一定意义上能够超越不公正的现实环境并提供一种正当的自我判断，避免教师因特定场景中的不公正而丧失理性的自我判断。就此而言，教师道德情操是教师精神人格的保护神，是教师积极耕耘的重要精神支柱之一。

教师道德情操的调控作用体现在对教师非专业生活的提升。由于教师及教育行业的崇高性，以及教师所表现出的专业素养与理性自觉，教师道德情操的境界在特定意义上超越了一般的职业道德情操。一方面，这是因为教师需要在继续教育中不断提升自己，这也意味着教师对专业伦理规范等有着较高的自觉性。另一方面，教育行业的特殊性及对教师的特殊要求，意味着教师需要有较高的文化与道德修养。例如，教师不仅需要具备作为一般社会成员的道德底线，在一定程度上还需要不断追求更高尚的道德，唯有这样，教师才能够成为学生的道德榜样。就此而言，教师的道德情操对个体道德修养具有重要的调控作用，即只有在道德情操上超越一般的主体，教师才能够具有示范意义上的正当性。正如第斯多惠所言："谁要是自己还没有发展、培养和教育好，他就不能发展、培养和教育别人。"①

二、教师道德情操的教育价值

教师道德情操不仅影响教师的专业生活，也直接影响学生发展。可以

① 张焕庭：《西方资产阶级教育论著选》，340 页，北京，人民教育出版社，1964。

说，教师道德情操具有重要的教育价值。

(一)教师道德情操影响学生道德人格的形成

教师道德情操影响学生道德人格的形成，具有良好道德情操的教师在其教育教学中所表现出的高尚道德情操、敬业精神等，有助于学生形成积极的学习与生活态度。

习近平总书记多次强调，教师在教书育人过程中要坚持将价值性和知识性相统一，寓价值观引导于知识传授之中。教师知识传授的过程不仅仅是学生科学文化素养提升的过程，同时也是学生世界观、人生观、价值观不断树立的过程。无论教师主观上是否有"育人"的动机和目的，其"教书"的行为必然带来"育人"的实际效果。如果教师兢兢业业，能够在知识传授中向学生灌输崇高的人生理想和价值追求，那么学生就会得到"价值性"和"知识性"的双丰收。相反，如果教师没有育人目的或只懂教书不懂育人，客观上就会给学生的成长带来负面影响。教师的"育人"不仅仅是教师通过自己的语言表达和教学技巧将所掌握的知识、信息和价值观等内容传递给学生，更重要的是教师躬身实践，用行动深切影响学生。特别是在学生道德和人格培养方面，教师不仅需要传递给学生相应的道德知识，更需要以身作则，向学生昭示一种道德信念、强化一种道德意志，并将这种道德信念和道德意志转化为学生的思想品德。"教师的身教或行教，是对其言教的验证和强化，如果缺少身教这一环，言教作用就大打折扣。"[1]而教师若

---

① 刘建军：《论师德师风建设的"四个统一"》，载《中国高校社会科学》，2017(2)。

要以身作则，则势必需要有道德情操，并且依据道德情操行动。

为此，各个国家或地区的教师伦理规范在内容与表达方式上虽然有很大差异，但大都把对学生的义务或责任放在首要位置。美国全国教育协会的《教育专业伦理规范》指出，不同时期的教师伦理规范主体发生了变化：初创时期的规范以教师为主体，注重陈述教师的"可为"及"不可为"，而成熟时期的规范则更多是以学生为主体，注重陈述为了学生发展的"应为"和"不应为"，这是一种伦理内涵的转变。上述规范第一条即规定了"教师对学生的义务"；新西兰《注册教师职业道德规范》首先阐述了"对学生的责任"，指出教师最主要的专业职责是"对学生负责"；俄罗斯的教师道德规范第二条规定了教师"在对待学生上"的各项要求，如"对学生的态度不单单带有正式的事务性质，而且带有人道的(友好的)性质"。当前，中国的《中小学教师职业道德规范》已经转向从以学生为本、服务学生的角度去规约教师伦理，如"保护学生安全，关心学生健康，维护学生权益"。

(二)教师道德情操影响教育教学氛围

教师对学生的热爱、期望等会形成较好的氛围，有利于学生的心智成长。一个成功的教师往往拥有良好的师生关系，即教师重视、关心学生并且学生积极回应教师——尊重教师的人格、尊重教师的指导。同样，不同的学生对教师往往有不同的心理期待，符合这一期待的教师往往容易获得较好的回应，不符合这一期待的教师往往无法有效构建良好的师生关系。教师道德情操的重要意义，便在于其有助于教师创设良好的教育教学氛围，构建良好的师生关系。

教师，首先是一种职业角色，社会不同主体对教师这一职业角色赋予了不同的期待。例如，一位教师可能会被要求满足地方和学校的升学要求、完成各级教学任务，但与此同时，教师也被期待关心并且引导学生成长。当然并不是说，行政指令、升学要求与学生成长相冲突。但不容否认的是，教师无论被给予何种期待，都始终要进行伦理性的实践活动，伦理角色是教师角色期待中最基础的维度。当教师对外部利益的关注超越了教师角色的内在要求，超越了学生本身的利益，就有可能离教育越来越远，教师的伦理角色就被推入新的困境之中。例如，教师面对非常顽皮的学生容易产生惩罚的念头。有的教师还会凭直觉采取体罚的方式，这看起来有立竿见影的效果，但是显然不利于教育对象的身心发展，也不利于产生真正的教育效果。可以说，教师伦理角色的缺位不仅会损害教师的职业幸福，也直接制约着学生发展，从而导致教育价值伦理的失范。

三、教师道德情操的社会作用

教师不但需要向学生阐释符合主流意识形态要求的价值理念、思想文化、道德规范和行为方式，而且必须成为这些理念和规范的执行者及示范者，才能发挥有效的引领与教化作用。教师道德情操不仅影响校园、师生之间的"小气候"，也深刻作用于社会整体道德风气、价值取向的"大气候"。

(一)教师道德情操影响社会精神文明建设

教师道德是社会道德的重要组成部分，它是"社会的良心"，带动社会道德水平的提升。教师道德建设是社会精神文明建设的重要组成部分。

　　教师承担着先进思想文化的传播者、党执政的坚定支持者、学生健康成长指导者和引路人的多重历史使命。新时代的新矛盾、新情况、新问题客观上也催生了对教师专业知识水平、信息化掌握程度、教育教学方法等业务能力的全新要求。但无论时代如何变幻，师德师风始终是决定教师队伍能否持续健康发展的根本前提。若没有过硬的思想政治素质和职业道德修养支撑，拥有再高深的专业知识、再先进的教学理念也无法成为一名符合新时代要求的合格教师。

　　和西方国家主要基于职业道德原则对教师行为作出具体规范不同，中国传统文化中的教师不仅具有一般职业分工的工具性意涵，还具有引导社会风气的道德性意涵。为师者在道德修为上躬身垂范，既展现了中国传统师道文化的精神底色，也符合中国特色社会主义教育的内在要求。《论语》有云："苟正其身，于从政乎何有？不能正其身，如正人何？"又云："其身正，不令而行，其身不正，虽令不从。"这都是在强调"正人先正己"的基本教育法则。教师队伍有着特殊的精神属性和道义责任，"在社会主义国家，'人民'是最神圣的存在，凡是带有'人民'的称呼，比如人民政府、人民领袖、人民军队、人民警察等，都具有这种神圣的属性"，因而"人民教师"的称呼本身"就体现了教师来源于人民和服务于人民的崇高职责和神圣使命"。①

(二)教师道德情操影响社会新人培育

　　教师肩负培育担当民族复兴大任时代新人的使命，育新人需要广大教

---

① 刘建军：《论师德师风建设的"四个统一"》，载《中国高校社会科学》，2017(2)。

师成为堪当民族复兴大任的大国良师。

习近平总书记在党的十九大报告中指出，建设教育强国是中华民族伟大复兴的基础工程，必须把教育事业放在优先位置，要以培养担当民族复兴大任的时代新人为着眼点，培育和践行社会主义核心价值观。青年是祖国的未来、民族的希望。"青年兴则国家兴，青年强则国家强。"青年是时代新人的中坚力量，承担着为中华民族伟大复兴的中国梦继续奋斗的历史责任。放眼全球，未来国与国之间的竞争是科技与教育的竞争，更是人才的竞争。

从逻辑顺序上看，"时代新人"不会自己成长起来，必然要在教师的指导和培育下养成。而能培养和教育出"时代新人"的教师也不会自己成长起来，必然要通过有目的、有意识的师德建设实践来锻炼打造。从保障条件上看，"时代新师"的产生和孕育，不可能"无土栽培"，必然要有硬件的支撑、政策环境的保障。教师是青年成长成才道路上的领航者和引路人，教师的思想政治素质和道德修养水平直接影响着"培养什么样的人、如何培养人、为谁培养人"这个根本问题。如果筑梦人理想信念坚定，道德情操高尚，就会为青年点燃希望的火焰、奋斗的梦想，反之，如果筑梦人理想信念崩塌、道德情操"缺钙"，梦之队就很难擎起中华民族伟大复兴的历史使命。时代新人之新，新在掌握时代所需之识，更新在拥有时代所需之德。而师德建设的重要意义就在于能够使学生濡染教师人格魅力，获得穿越时空的道德力量。正所谓"学高为师，身正为范"，"经师易求，人师难得"，教师不仅仅是解答学业问题、进行知识传播的"搬运工"，更是解答人生问题、雕刻人类灵魂的"工程师"。因而，始终涵养和保持良好的道德品质和职业素养既是新时代立德树人的基础性工程、"总开关"工程，也是培养有理想、有本领、有担当的"时代新人"的题中之义。

可以说，教师道德情操是教师依据特定社会角色的伦理规范与道德原则内化而形成的精神特质、道德境界与精神风貌。教师道德情操的形成，既无法脱离教师专业生活与伦理要求，又始终赓续中华优秀传统文化的血脉，而且深深根植于中国教育发展与教师队伍建设的实践。对于教师而言，教师道德情操是高度的道德意识与道德自觉，有助于教师自觉履行各种教育职责。对于教育而言，教师道德情操是教师教育生活的构成条件，有助于教育实践坚守价值。对于社会而言，教师道德情操不仅影响校园、师生之间的"小气候"，也深刻作用于社会整体道德风气、价值取向的"大气候"。在建设教育强国的时代语境下，探明教师道德情操的内涵与特征、边界与功能，既是落实立德树人根本任务的应然要求，也是夯实教育强国师资基础的必然选择。

第二章

教师道德情操的历史演变

　　教师道德情操是道德情感与道德操守的有机统一，是教师精神状态的重要构成，是教师在职业生活中的高级情感体验。培育高尚的教师道德情操是造就"四有"好老师的核心目标之一。在人类教育史上，学者对教师道德情感的认识经历了一个逐步成熟的过程，这些认识指导着教师的道德情操培养实践，成为教师道德情操教育的经验宝库。回顾教师道德情操的认识史与教育史，是深入理解习近平总书记提出的"四有"好老师形象、深刻认识"教师要有高尚道德情操"具体内涵的入手点。

第一节　教师道德情操的历史演变脉络

走进人类教育发展史，先哲始终将道德情操视为教师工作的一个重要研究与实践领域，提出了一系列有关教师道德情操的真知灼见，推动了人类对教师道德情操的认识深化，为教师锤炼道德情操提供了指南。

一、国内教师道德情操的演进

在我国教育史上，一批伟大的教育家都曾对教师道德情操作出过精辟论述，为中国教师撑起了精神脊梁。古代的孔孟之道、近代的康梁变革、当代的情感教育等，都将培育教师道德情操视为教师发展、教育变革的驱动器。

(一)古代：孔孟、韩愈的教师道德情操论

春秋战国时期是我国第一个文化大发展的轴心时期，诸子百家都将道德情操研究作为一个重要学术领域，为我国教师道德情操立论开辟了先河。其中，孔子、孟子的道德情操论最具示范性，他们将人的道德情操论与教师道德情操论融为一体，为我国教师道德情操研究提供了话语之基、实践之根。

孔子是道德情操论的首创者，他将仁爱精神视作教师道德情操的精神内核。"樊迟问仁，子曰：爱人。"(《论语·颜渊》)从仁爱精神出发，孔子编撰"五经"，首创私学，对所有学生一视同仁，践行有教无类的教育理念，打破了贵族和王室对教育的垄断，将文化知识下移于民间，为中国古代文明发展作出了历史性贡献。同时，孔子主张教师要"诲人不倦"。子曰："爱之，能勿劳乎？忠焉，能勿悔乎？"他主张对学生要无私无隐、大爱无疆，对学生施予无限的爱。不仅如此，孔子还倡导教师要热爱学习，正所谓"知之者不如好之者，好之者不如乐之者"(《论语·雍也》)，"好仁不好学，其蔽也愚"(《论语·阳货》)，希望教师给学生作出尚学、爱学、爱人的表率，将仁爱与好学有机统一起来，将"教学相长"的精神贯彻到教育实践中去。

在道德情感论中，孟子的"四端说"更具典型意义，成为现代教师道德情操涵养的经典参照。孟子从"仁义礼智"的道德伦理原点出发，强调性善论与内发论，要求将人类教育建立在固有的"四端之心"之上。正如其所言，人有四种自然情感——恻隐之心、羞恶之心、辞让之心、是非之心，"四心"是人培养四种善端的基石。他指出，恻隐之心，仁之端也；羞恶之心，义之端也；辞让之心，礼之端也；是非之心，智之端也。孟子既为人的道德教育提供了基本论证，又给教师道德情操培养提供了理论参照。在师德实践中，孟子认为，得天下英才而教育之，三乐也，将教师道德情感拉升到一个极高的境界。他要求将学生培养成为"大丈夫"，自觉培养他们"富贵不能淫，贫贱不能移，威武不能屈"的高尚情操，培养他们舍生取义、坚持正义的"浩然之气"，培养他们"仁则荣，不仁则辱"的荣辱情感原则。可以说，在人的四种固有"善端""善心"基础上培育教师的爱心、仁心、事业心、责任心，是我国教师道德情操教育的原生路径。

早期学者尤为重视道德情感研究。据统计，"情"字在《孟子》中出现了4次，而在《荀子》中则出现了116次，对人的自然情感与伦理情感研究成为我国古代学术研究的一个焦点。《荀子·正名》中谈到，"性之好恶喜怒哀乐谓之情，情然而心为之择谓之虑，心虑而能为之动谓之伪"。其学术主张很明显：人性中的好恶和喜怒哀乐都是情绪、情感、情操的范畴，都是揭示人性的根本依据。荀子的"性伪合"观点告诉我们，人的思考、选择、理性是驾驭情感的利器。所以，人需要去学习，通过学习、实践来控制不良情绪，锤炼高尚的道德情感，这也正是教育的价值所在。

在中国古代教育的历史长河中，还需要提及一位教育家，他就是唐朝的韩愈。韩愈从"师者，所以传道受业解惑也"的师道观出发，提出了全新的教师道德情操论。在《原道》中他对"德"作了新定义，"博爱之谓仁，行而宜之之谓义；由是而之焉之谓道，足乎己，无待于外之谓德"。可见，他将博爱、爱人、泛爱众视为教师道德情感形成的依据，将合情、合意、合道视为判定道德情感合理性的标准。由此出发，韩愈要求教师热爱学习、研读经典，正如其在《进学解》中所言："上规姚姒，浑浑无涯；周《诰》殷《盘》，佶屈聱牙；《春秋》谨严，《左氏》浮夸；《易》奇而法，《诗》正而葩；下逮《庄》《骚》，太史所录，子云相如，同工异曲。"据此，韩愈要求教师不耻相师[1]，"是故无贵无贱，无长无少，道之所存，师之所存也"，

---

[1]　房春艳：《韩愈"立德与树人"教育思想探析》，载《唐史论丛》，2022(2)。

反对社会上的不良学风——"圣人之所以为圣，愚人之所以为愚，其皆出于此乎？爱其子，择师而教之；于其身也，则耻师焉，惑矣"。同时，他还从师道论出发，要求整个社会倡导尊师重道之风，"圣人无常师"，"是故弟子不必不如师，师不必贤于弟子，闻道有先后，术业有专攻，如是而已"。

（二）近代：梁启超、陶行知的教师道德情操论

在我国近代教育史上涌现出了一大批具有爱国精神、教育情怀、心系民族命运的优秀教育家，他们对教师高尚道德情操有自己的独到见解与认知，为塑造近代史上的优秀教师群体，敦促广大教师担当起教育救国使命作出了历史性贡献。在此，首先需要提及的是梁启超。他从师于康有为，是中国近代资产阶级改良派的宣传家，是"公车上书"运动的主要发起者，先后领导北京和上海的强学会，又与黄遵宪一起办《时务报》，出版《变法通议》等，将兴办师范教育、提升教师素质、改革教育教学视为教育救国的重要途径之一。梁启超的教师道德情操论集中体现在《敬业与乐业》《趣味教育与教育趣味》等著述中，具体包括三个重要内容：一是强调教师要有廉耻感，要给学生做人格的榜样，为社会发展提供正能量。二是强调教育是一门"趣味最真而最长"的职业，这是因为：一方面，教育的快乐是持续绵长的，"快乐就藏在职业的本身，不必等到做完职业之后找别的事消遣才有快乐"[①]；另一方面，这种快乐是彻底且无后患的，是不可能产生倦怠的，教师"常常拿和学生赛跑的精神去做学问"，去研究教学，从中收获

---

① 梁启超：《梁启超谈修身》，210 页，南昌，百花洲文艺出版社，2019。

的快乐是和学生一起进步成长的快乐。三是教师要敬业乐业，他指出，教师对教育事业要有一种发自内心的尊重，要有对教育事业的一腔热忱，心无旁骛、全身心专注于教育事业，对教师职业葆有绝对忠诚。他在《趣味教育与教育趣味》中曾经提到：一代大师把自己的身心都投入"育人"这件事情之中，没有足够的热爱和对教育事业的执着是很难做到的，教师要善于从教育事业中找到工作中的乐趣、精神上的快乐，真正把教育事业作为一种职业志趣来对待。

在中国近代史上，还有一位著名教育家同样对教师道德情操的重要性有深刻的理解与体认，他就是陶行知先生。陶行知是中国人民教育家、思想家，是伟大的民主主义战士、爱国者，一生从事教育救国事业。1931 年，他编写《儿童科学丛书》，在上海先后创办"山海工学团""报童工学团""晨更工学团""流浪儿工学团"等；1935 年，他在中国共产党《八一宣言》的感召下积极投身抗日救亡运动，为中国革命与教育事业作出了不朽的贡献。在"生活即教育、社会即学校、教学做合一"的"生活教育"理论指引下，陶行知非常强调高尚师德情感对教师职业的重要性。一方面，他非常强调教师对教育事业的牺牲奉献精神，呼吁教师做真教师，对教育事业、教育对象充满感情。"捧着一颗心来，不带半根草去"，成为中国世代教师的座右铭。另一方面，他强调教师要用纯洁的道德情感去从事教育事业，即"教育者所得的机会，纯系服务的机会，贡献的机会，而无丝毫名利尊荣之可言"[①]。可见，服务精神是教师职业

---

① 《陶行知全集》第 1 卷，256 页，长沙，湖南教育出版社，1983。

的基本精神，是教师忠于教育事业的情感源泉。在陶行知的教师道德情操论中，《爱满天下》是其教育名篇。陶行知的教育格言正是"爱满天下"，要求教师具备骆驼精神、博爱精神，为孩子、为教育事业舍得奉献出自己的一切。为此，他高扬"真人"教育理念，即"千教万教，教人求真；千学万学，学做真人"，呼吁教师用真正纯粹的教育情感来为真人教育作出自己的努力与贡献。

可见，在中国近代教育史上，广大教师的高尚道德情操始终是和教育救亡事业紧紧连接在一起的，爱国爱民族与爱教育爱学生是融为一体的关系。不同于古代，教师的情操阐述具有源头性、多样性，教育救国这一主线将近代中国教师的教育情愫有机联系起来。

(三)当代：李泽厚、朱小蔓等人的教师道德情感理论研究

当代，教师道德情操研究与培育实践进入了深化期，教师道德情操观念丰富多彩，教师道德情操培养实践次第涌现，对我国造就道德高尚纯洁的"四有"好老师产生了直接推动作用。

首先，道德情感理论研究的深化，为教师道德情操研究夯实了理论基础。作为道德情感研究的学术大师，李泽厚先生从"情本伦理学"出发，提出了一系列具有启迪性的学术观点，刷新了教师道德情操研究的高度。一方面，他认为，同情、移情是道德情操的本体性依托，主张"情本体"说。如其所言，"同情是休谟、亚当·斯密的观点，近来斯洛特、吉利根强调移情(empathy)而非同情(sympathy)才是伦理学的基础。因为移情才是真

正的情感，同情还只是认识"①。这表明，人类情感不同于动物情感，绝非一种情绪的本能反应，而是有理性渗透其中的，在人的情感中包含着一些"人性心理"，如道德和审美等，它们都是历史或教育的产物。国内学者刘国安根据道德情感教育原则，主张对人的道德情感进行分阶段、分对象、分环节、分方法的研究，其中前三种研究路径分别以时间发展、角色定位、移情机制为依据，第四种"分方法"研究路径则是一种补充性的认识角度。高德胜对人类道德情感及其教育问题作了进一步的阐述，他将道德情感分为三类：一类是"赞善"（赞人赞己）的情感，具体包括崇敬、感恩、自豪、勇气等；一类是"责恶"（责人责己）的道德情感，具体包括愤怒、恶心、蔑视、愧疚、羞耻、悔恨等；一类是混合性（赞责混合）道德情感，具体包括同情、宽容、关爱等。在不同的道德情感中，人作为道德主体，其表现、指向与性质是不一样的，如表 2-1 所示。

表 2-1　道德情感的不同状态②

主体样态		道德情感	情感指向	情感性质
相遇者	旁观者	崇敬	他人指向（行善者）	认可
		愤怒/勇气/恶心/蔑视	他人指向（作恶者）	不认可
		同情	他人指向（受害者）	认可/不认可
	交往者	同情	他人指向（不幸者）	认可/不认可
		宽容	他人指向（差异者）	不认可（双重否定）
		仁慈/关爱	他人指向（相关者）	认可

---

①　刘悦笛：《从"情本伦理学"观当代道德情感主义：论李泽厚对迈克尔·斯洛特的批判》，载《道德与文明》，2022(5)。

②　高德胜：《道德情感：本质、类别与意义》，载《当代教育与文化》，2021(6)。

续表

主体样态		道德情感	情感指向	情感性质
行动者	助人者	自豪	自我指向	认可
		勇气	他人指向	不认可
	伤人者	愧疚/羞耻/悔恨	自我指向	不认可
承受者	受惠者	感恩/崇敬	他人指向(施恩者)	认可
	受害者	悲伤/羞耻	自我指向	不认可
		愤怒	他人指向(加害者)	不认可
		原谅	他人指向(加害者)	不认可/认可

同时，人们对道德情感的理解也是不一样的，大致有三种类型：一种是对善的认可反应、认可态度，一种是对恶的不认可反应、不认可态度，一种是善恶交织所引发的混合反应与态度。同时，根据反应指向来看，对善的认可反应，既可以指向他人，也可以指向自己，包括"赞人"与"赞己"两个方面。其中，赞人的道德情感主要是崇敬与感恩，赞己的道德情感主要是勇气与自豪。

其次，道德情感教育理论为教师道德情操研究提供了新的视野。国内知名学者朱小蔓的道德情感教育理论研究形成了体系化的成果，在国内外产生了较大影响，成为当代教师道德情操研究的重要理论基础。在她看来，情感教育是在学校教育、教学中关注学生的情绪、情感状态，对那些关涉学生身体、智力、道德、审美、精神成长的情绪与情感品质予以正向的引导和培育。[①] 道德情感教育的本质是对人的价值观进行引导，是引导

---

① 朱小蔓、丁锦宏：《情感教育的理论发展与实践历程：朱小蔓教授专访》，载《苏州大学学报(教育科学版)》，2015(4)。

人进行价值判断。从学生道德情感发育来看，学校中的师生依恋、同伴依恋与家庭内亲子依恋在心理反应机制上是异质同构的，是学生在学校这一社会性组织中建立起归属感、信任感及自我认同感、自尊、自信的基础。小学阶段是学生获得自我认同感、对他人的尊重感的重要时期，初高中阶段是学生认知、情感、意志、性格和人生理想、信念确立和整合的阶段，学生的自尊心逐渐成熟，容易产生焦虑。情感教育有十种代表性模式，分别是情境教育模式、愉快学习模式、生活基础教育模式、自主创新模式、审美育人模式、情感教育模式、交往学习模式、主体教育模式、分层协作模式、和谐生长模式。一方面，教师要有较好的情感品质。朱小蔓指出，教师的情感资质和人格魅力，对青少年儿童道德情感发展和整个美好心灵的形成，从一定意义上说，具有决定性的作用。进而言之，教师的情感资质和人格魅力是以教育爱为核心的教育价值观、教育思维方式、教育行为技艺及教育风格类型等因素组成的综合体，教师要增强职业认同感，努力提升自身的道德情操水准，用心、专心呵护和促进学生情感健康发展。[①]另一方面，创建情感师范教育对于提升教育质量而言意义明显。1994 年，朱小蔓发表《创建情感师范教育》，提出了五个影响教师道德情感教育的观点：其一，加强对师范生的情感素质教育培养，这样不仅有助于认知技能领域、思想政治教育领域的师范教育目标达成，而且能够促进师范生的情感交往能力与素养，进而胜任有关学生情感导向的教育工作；其二，师范生情感教育涉及师范生本人的价值观、人生态度、个性气质，涉及师范生

① 马多秀：《朱小蔓教授情感教育思想探析》，载《教育研究》，2020(8)。

的情感交往能力、情感交往技巧，是一项立体的教育工作；其三，教师情感教育的核心是教育者人格的养成，主要包括教育观念、教育思维方式、教育行为的艺术和技术、教育风格类型四个方面；其四，面向教师道德情感的人格素质养成有四种教师发展模式可循——关心型教师、创造型教师、自主型教师和反思型教师；其五，教师职业道德情感的生成存在四种路径，具体包括课堂教学、师生交往、同侪学习和自我修养。

基于上述研究成果，朱小蔓研究团队开展了一系列教师道德情感教育的实践推进工作。团队考察了职业情感的素质表现，针对我国教师教育在职前培养与职后培训中缺失情感教育的问题，呼吁改进教师教育课程、丰富教师教育活动内容，高度重视教师教育的情感性维度。团队还主持了中国香港田家炳教育基金会"教师情感素质提升行动"项目，以提升教师情感表达能力为切入点，团队与中小学及幼儿园教师一起就师生交往、课堂教学中的师生情感素质与能力开展研究，实践研究成果"教师情感表达与师生关系构建丛书"于 2018 年由北京师范大学出版社出版。

最后，习近平总书记关于教师道德情操的重要论述将教师道德情操教育推上了一个新水平。党的十八大以来，以习近平同志为核心的党中央高度重视优秀教师培养工作，将之视为提升教师队伍质量的先导性、战略性、基础性工作。与此同时，新时代教师精神谱系日渐清晰，造就"四有"好老师、"大先生"、教育家的主线日益清晰，教师高尚道德情操培养工作被置于尤为显赫的位置上。2014 年 9 月 9 日，在第三十个教师节到来之际，习近平总书记去北京师范大学看望师生，现场观摩课堂教学，主持召开座谈会。在会议上，他向全国广大教师发出了争做"四有"好老师的号召，即"有理想信念、有道德情操、有扎实学识、有仁爱之心"的好老师，"有道德情操"是衔接教师"有理想信念"与"有扎实学识"的关键。2023 年 9月 9 日，在第三十九个教师节到来之际，习近平总书记致信出席全国优秀教师代表座谈会的各位老师，在信中提出了"中国特有的教育家精神"，即"心有大我、至诚报国的理想信念，言为士则、行为世范的道德情操，启智润心、因材施教的育人智慧，勤学笃行、求是创新的躬耕态度，乐教爱生、甘于奉献的仁爱之心，胸怀天下、以文化人的弘道追求"。其中，"言为士则、行为世范的道德情操"进一步廓清了中国新时代人民教育家应具备的道德情操内容。进而言之，一个具有高尚道德情操的好老师必须具备两种优秀道德情感素质：一是把敬业爱生作为教育工作的根本准则。敬业是爱生的社会基础，爱生是敬业的行为体现。善于从敬业、乐业、守业、兴业的角度出发，持续深化对教育事业的情感，是教师涵育高尚道德情操的基础。二是善于在自我修养的不断提升中实现道德追求。不断追求教育梦想、提升道德境界，是教师进行自我修炼的目标。新时代，每一位中国教师只有将小我与大我、小家与国家、私利与公益有机关联起来，使之同频共振，才更容易形成高尚的道德情操。

二、国外教师道德情操的演进

国外教育界同样重视教师道德情操的培养涵育工作，教育工作者也都开展过一些深入的探究与开拓性的师德情操培养实践。从柏拉图到亚当·斯密，从夸美纽斯到杜威，从第斯多惠到诺丁斯，一代又一代国外学者都将教育工作品质与高尚教师道德情操培育联系起来，为师德品质提升作出了重要探索。

(一)古代：先哲的教师道德情操论

在西方哲学思想的发端期，学者对道德情操问题尤为关注。苏格拉底、柏拉图作为古希腊智者学派的典型代表，提出了一系列培育教师道德情操的主张。苏格拉底将其人性论与爱的论述紧密联系在一起，道德情感成为人性生成与学术言说的重要领域。苏格拉底指出，爱不仅会影响人类内心的情感和欲望，更会对人性产生深远的影响。通过理性思考与对话交流，我们可以更加深入地探讨爱的真谛，发现人性的本质和终极意义。在他看来，爱是一种被高度推崇和赞颂的情感，爱与人性形成具有密切关系：一方面，人类的本能是形形色色的欲望，满足生理和心理上的需求后人才能保持生命力并快乐地生活，但人性的特殊性就在于，仅仅满足欲望并不足以使人类感到满足和幸福，人对美好事物的渴求、对道德和价值的追求、对智慧的汲取与升华，这才是"爱"。在他看来，爱是一种高度复杂的情感，是人的更高层次追求，爱思想、爱灵魂、爱生命是人性的本质反映，是人追求高级生活方式的需要。

苏格拉底的学生——柏拉图对道德情感的思考逐步深入，他指出，人类的本质是向往美好的事物，是追求永恒的真理和价值，而爱情正是人类本质的反映，真正的爱情是心灵之美和永恒追求的完美结合体。在《理想国》中，柏拉图提出了三层次的心灵结构论，其中理性、逻辑是处于最高层次的官能，统率着整个心灵并追求知识与智慧；勇气处于中间层，在灵欲冲突时习惯与理智结成同盟；情感或欲望处在心灵的最底层，常展示出趋利避害与植物性的自我满足。在爱情论上，柏拉图把爱情分为三种类型——感性爱、精神爱和理性爱，其中感性爱以美貌或性格上的吸引为主要条件，精神爱以恋爱双方精神层面上的相互理解和欣赏为基础，而理性爱则是最高级别的爱情，代表着人类对美、真、善的追求，它超越了时空限制。

在亚里士多德看来，情感是构建美好生活不可或缺的成分，是现实政治社会生活中的必备元素，他不像柏拉图那样过度理想化。亚里士多德将快乐区分为两种：一种是思虑参与的当下快乐，即审慎的、理智的快乐；一种是理性完全控制下的怡情状态，即基于理性与正义的友爱，道德情感中的理性成分明显增加。亚里士多德认为，情感心灵中的心智判断力与意愿动机是评估实践的重要官能，是道德建构的重要参与者。亚里士多德较为关注的是"理性快乐"，正如其所言，"德性在情感中，情感在痛苦和快乐中，不在既无痛苦也无快乐的中间状态中……如果没有源出于它的快乐，德性就不可能存在……只有处于善的状态的理性与具有特定德性的激情相称，而激情又与理性相称时，才有德性"。[①] 为此，亚里士多德提出了"理性快乐(沉思)—德性—幸福生活"的递进式生存结构，为其道德情感论提供了理论支撑。[②]

上述三位古希腊先哲对道德情感的阐述在一定意义上指导着其人生实

---

① 高源：《论亚里士多德情感哲学的形成、发展与贡献》，载《社会科学》，2023(8)。
② 高源：《论亚里士多德情感哲学的形成、发展与贡献》，载《社会科学》，2023(8)。

践与教师职业实践，成为西方教师道德情操研究史的源头与起点，具有研究价值。

(二)近代：教师道德情操论的形成与发展

早在 18 世纪，休谟、亚当·斯密等人对道德情操展开了深入探讨，夸美纽斯等人开始谈及教师道德情操问题，真正的教师道德情操论日渐成形。休谟的《人性论》、亚当·斯密的《道德情操论》是绕不开的理论研究里程碑。哲学家休谟首先把同情理论引入伦理学，认为人性中的自私成分较少，据此建立了情感主义伦理学。[①] 休谟指出："道德概念本身要求一种人类情感……它是如此广阔、普遍的情感，以至扩展到全人类，甚至使最遥远的人的行为也成为道德上赞成或反对的对象。"[②]这一基于情感的道德主张为人类道德情感研究开辟了新轨道，直接影响了亚当·斯密的道德情操论走向。

作为道德情操研究的集大成者，亚当·斯密为深入探究教师道德情操奠定了理论之基。他认为，产生同情是每个人都有的一项本能，德性形成与人的同情感息息相关。如其所言，美德是在道德活动中人们同情心共同作用发生共鸣继而产生利他的德性行为的体现，而美德来自同情心，这种同情心是与生俱来的。相对而言，人类的其他情感和欲念都是从自利主义中产生的。在《道德情操论》开篇中他写道："无论在我们看来某人如何自

---

① 王悦：《〈道德情操论〉利他伦理思想研究》，硕士学位论文，武汉理工大学，2017。
② 周辅成：《西方著名伦理学家评传》，365 页，上海，上海人民出版社，1987。

私，他总是会对别人的命运感兴趣，会去关心别人的幸福，尽管他除了因看到别人幸福而感到高兴一无所得。这种本性就是怜悯或同情，即当我们看到、真正感到他人的不幸遭遇时所产生的感情。"[1]在同情的导引下，人类产生了四种主要美德——谨慎、仁慈、正义和自我控制。同时，亚当·斯密还揭示了道德情操的产生机制。他特别强调人具有"设身处地想象的能力"，用"公正的旁观者"和"合宜"等概念重新定义了"美德"。所谓"公正的旁观者"，是指人的理性、道义、良心等是判断我们行为的法官和仲裁人，这是人的道德情操产生的内在机制；所谓"合宜"，是指每个人都是他人情感的旁观者，是他人情感是否合宜的判定者，美德与合宜之间是共生共存的关系。据此，亚当·斯密提出了道德世界的两条根本约束准则——正义和仁慈（行善）。其中，"正义准则可以比作语法规则，其他美德的准则可以比作批评家判断作品是否达到超群和雅致的程度而制定的准则。前者精确、确切、必不可少，后者松散、模糊、不确定"[2]。在法定社会规则与柔性情感规范之间寻求一种平衡，是人的社会性发展的客观要求。

与上述道德情操论并行发展的是教育家对教师道德情操研究的推进。

首先是夸美纽斯。在《大教学论》中，夸美纽斯指出，知识的获得要靠求知的志愿，这是不能够强迫的，为此，应该用一切可能的方式把孩子的求知与求学的欲望激发起来。基于这一教育立论，夸美纽斯认为太阳底下没有比教师更光辉的职业了，要求教师认真对待教育事业，如其所言，

---

① ［英］亚当·斯密：《道德情操论》，胡乃波编译，2 页，北京，华龄出版社，2017。

② ［英］亚当·斯密：《道德情操论》，焦维娅译，193 页，合肥，安徽教育出版社，2008。

"使他们能去领略他们的工作和他们自己的美德的尊贵，使他们能用尽方法去图他们的神性的完全实现"①。作为教师，就应该"把孩子的幸福放在心头"，把对教育事业的爱视为职业生命中最为可贵的东西。

其次是卢梭。卢梭非常强调人的两种自然情感——自爱与同情，认为自爱就是自我保存，与自己的生存和幸福直接相关，同情"是一种自然的感情，它能缓和每一个人只知道顾自己的自爱心"②。因为原始人首先爱的是他的生命，他首先关心的是他的生存；同情是看到同伴受难时本能产生的一种厌恶之情，怜悯心是最普遍和最有用的美德，是先于思维的心灵运动，是一种"在平等基础上的移情情感"③。在卢梭看来，自爱和同情共同构成了人类道德的情感基础，衍生出了人类的"慷慨、仁爱、友谊、正义"等道德行为。在此基础上，卢梭提出了自然主义教育理论，在《爱弥儿》中言明希望教师保持一颗赤子之心，坚持无为的教育理念，引导儿童道德情感自然生长。诚如其所言，教育是随生命的开始而开始的，孩子生下来的时候就已经是一个大自然的学生，老师在大自然的安排之下进行研究，防止别人阻碍它对孩子的关心。卢梭的道德情感论从另一层面阐明了教师道德情感的发生，流露出对教师的双重关切——对教师职业发展的自然关切与对教育对象的同情关切。

再次是赫尔巴特。德国教育家赫尔巴特从人的情感发展出发，建构了其道德教育的理论框架。赫尔巴特主张教育要培养人的五种道德观念，即

---

① ［捷克］夸美纽斯：《大教学论》，傅任敢译，2 页，北京，教育科学出版社，1999。

② 《卢梭全集》第 4 卷，李平沤译，260 页，北京，商务印书馆，2012。

③ 秦露露：《卢梭的道德情感思想探析》，硕士学位论文，华中科技大学，2019。

"内心自由""完善""仁慈""正义""公平或报偿"，其中"仁慈"是"绝对的善"，是使自己意志与他人意志相协调的精神意识。他认为，认识与同情是教育活动发生的两大基点：认识是在观念中摹写以前发生的事情，而同情则是把自身置于别人的情感中去考虑，只有人类才能表现出同情。人类兴趣可以分为三类：一类是对同情的兴趣，一类是对社会的兴趣，一类是对宗教的兴趣，三者都需要相应的学科来支持，譬如，"对社会的兴趣"要求我们为学生开设历史、政治、法律等学科。在教师观念上，他强调，教育者要深入到学生的感情中去，十分巧妙地悄悄融合在学生的感情中，或者要设法使学生的感情以某种方式接近自己的感情，进而建立起情感一致的师生关系。

最后是裴斯泰洛齐、乌申斯基与第斯多惠。瑞士教育家裴斯泰洛齐受卢梭的教育思想影响较深，一生热爱教育事业，曾在新庄、斯坦兹创办孤儿院，专注于贫苦儿童的教育，将大爱无私地献给苦难儿童。他要求教师有一颗对教育的爱心，要有一颗慈爱之心，以慈爱赢得学生的爱和信赖。正是因为有了爱，才会有对教育事业的强烈责任感，这样，才能不辞劳苦、不畏艰险、不知疲倦地为教育事业奋斗。如其所言，对儿童施以爱的教育，使他们过着共同的新生活，有新的力量，在孩子们中间唤醒他们兄弟般的情谊，使他们成为热情的、公正的和亲切的人，教师第一件要做的事，就是要赢得孩子们的信任。[①] 他还从要素教育理论出发，将对母亲的爱视为学校德育的最基本、最简单要素。裴斯泰洛齐对学生爱的情感是与

----

① 刘攀：《论裴斯泰洛齐的"教育爱"思想：读〈林哈德和葛笃德〉有感》，载《鸡西大学学报》，2013(2)。

对国家、民族爱的情感融为一体的，他因此被誉为"慈爱的儿童之父"。他曾言自己除了对本国人民的满腔热情和爱，没有其他力量。在《与友人谈斯坦兹经验的信》中，他这样深情地写道："我决心使我的孩子们在一天中没有一分钟不从我的面部和我的嘴唇知道我的心是他们的，他们的幸福就是我的幸福，他们的欢乐就是我的欢乐。"①裴斯泰洛齐认为，教师热爱儿童是无条件的，是教师高尚道德情操的体现与表达，爱孩子才可能创造出一番不朽的教育事业。

被誉为"俄国教育科学创始人"的乌申斯基在教师道德情操方面也有许多经典论述。一方面，他提出教师要热爱自己的职业，因为学生父母、祖国人民给予教师莫大的信任，他们把自身的幸福、祖国的未来都托付给教师了，教师没有理由不干好自己的教育工作。另一方面，教师要对儿童心灵成长负起责任，心灵教育是儿童早期教育的坚实基础，"我们把儿童纯洁的和易受感染的心灵信托给教育，使教育在他们身上刻画出最初的、也是最深刻的轮廓，所以，我们完全有理由去问教育者，他在自己的工作中要追求什么目的，并且要求对这个问题作出明确而断然的回答"②。为此，教师必须全身心地热爱并投入到教育工作中去，要研究儿童的心灵、心智、心声，"谁要教学生，谁就应当体察学生的需求，了解他们的心灵"③。

---

① ［瑞士］裴斯泰洛齐：《与友人谈斯坦兹经验的信》，见《百家教育学典论（下）》，赵荣昌、张法琨编，105 页，南昌，江西教育出版社，1989。

② ［苏联］洛尔德基帕尼泽：《乌申斯基教育学说》，范云门、何寒梅译，309 页，南京，江苏教育出版社，1987。

③ ［苏联］洛尔德基帕尼泽：《乌申斯基教育学说》，范云门、何寒梅译，309 页，南京，江苏教育出版社，1987。

乌申斯基对教育、对儿童的深厚情感，是与其爱国主义情感息息相关的，他指出，爱国主义者能把一切个人利益都服从于祖国和人民的利益，能把自己的一切力量和知识都贡献出来，为祖国人民谋福利。教师高尚道德情操的源泉是其内在涌动的爱国主义情感。

德国教育家第斯多惠也将高尚道德情操作为教师职业的立根之基。他从教育事业发展需要的角度，提出了"教师必须先受教育"的观点，对教师素质提出了更高的要求。如其所言，正如没有人能把自己所没有的东西给予别人一样，谁要是自己还没有发展培养教育好，他就不能发展培养和教育别人。在此基础上，第斯多惠要求师范生热爱教师职业，要有教育事业的热情，要站在国家兴衰、人才培养和社会精神文明建设的角度来热爱自己的教育事业，"真正的永不消失的教学热情必须建立在对教师职业的热爱上，对教师工作的心驰神往，必须建立在对发展儿童世界事业的热爱的基础上"[1]。这有两个方面的原因：一方面，教师能否培养好儿童的灵魂、情感、智力、体力，直接关系到家庭和个人幸福，关系到整个国家的兴衰；另一方面，教师是辛勤的园丁，学生成长水平取决于教师的激发程度，教师的使命就是激发人对真、善、美的渴求，使每一个学生的素质和能力得到最大发展。也正是这一缘由，他要求师范生把教师职业视为一门神圣而又重要的职业，"谁不是为了人类的自身缘故去探求教育事业，谁就不会找到这种教育事业"。反之，如果不理解教师职业的这一特点，甚

---

① ［德］第斯多惠：《德国教师培养指南》，袁一安译，59页，北京，人民教育出版社，1990。

至"把教育事业贬低为唯一的谋生手段，获取财富的阶梯，这是难以令人信服的"。①

(三)现代：教师道德情操研究进入新阶段

进入现代时期，一批西方学者尤为关注道德情操在教师素养中的重要地位，将之视为一个重要理论与实践研究领域，预示着教师道德情操研究与实践步入新阶段。

首先是美国教育家杜威。从教育即生长、学校即社会、"做中学"的教育新理论出发，杜威认为教师在学生教育活动中具有特殊作用。其一，教师对学生生长发挥的是"激励、启发和刺激"作用，因为一切真正的教育皆来自学生的亲历经验，"我们的真正教师是经验和感情"。② 进而言之，对教学的检验毕竟依赖学生心灵的觉醒程度，以及为自身而行动的能力，"教育家的职务，就在于注意使表现实际兴趣的条件能够做到鼓励一个活动在这些智力方面的发展"③，更具体地说，教师的作用在于"提供刺激学生的反应和指导学生学习过程的环境。归根到底，教师所能做的一切在于改变刺激，以便反应尽可能使学生确实形成良好的智力的和情绪的倾向"④。其二，教师在学生教育活动中扮演着"领袖"的角色，领袖是教育家

① ［德］第斯多惠：《德国教师培养指南》，袁一安译，26 页，北京，人民教育出版社，1990。

② 《杜威教育论著选》，赵祥麟、王承绪编译，132 页，上海，华东师范大学出版社，1981。

③ 《杜威教育论著选》，赵祥麟、王承绪编译，118 页，上海，华东师范大学出版社，1981。

④ ［美］约翰·杜威：《民主主义与教育》，王承绪译，197 页，北京，人民教育出版社，2001。

的第一责任，要能尽领袖责任，就要有领袖资格，带领学生走向知识真理是教师的神圣职责。基于这一理解，杜威相信，教师作为成熟的人，他"有责任建立对未来有良好影响的现时经验的种种条件"①，教师要创设条件环境激发学生的学习兴趣。由此，教师师德情感的重要内容是：关注儿童心智成长，对儿童发展承担社会责任，教师要具有对学生的关切感与对事业的责任感，教师职业是全人类最高贵的职业。然而，这一高贵的职业给予教师的应该是责任感，而不是自满。

其次是关怀伦理倡导者内尔·诺丁斯。道德情感主义、情感本位伦理学的提出将教师道德情操研究推上一个崭新的历史水平，关怀伦理是时代的杰作。从卡罗尔·吉利根、迈克尔·斯洛特开始，学者开始将移情（empathy）而非同情（sympathy）视为现代伦理学的基础，进而将关怀伦理视为现代新伦理构建的基础。1982 年，关怀伦理创始人吉利根在《不同的声音：心理学理论和妇女发展》一文中指出，关心处于道德之中，道德推理要强调个体对他人的责任，由此开启了情感主义理论学的先河。之后，哲学家莎拉·米勒也指出，人类同胞是彼此相互依存的，这意味着人类有责任互相关心，而关心伦理正为我们提供了这种方法。诚如学者所言，"休谟和其他情感主义者们从不谈论关怀，而只谈论了仁慈、怜悯和同情"②。2007 年、2010 年，斯洛特出版了《关怀伦理与移情》《道德情感主义》等专著，将道德情感主义推向一个新高度。在《道德情感主义》中，斯洛特指出，"事

---

① ［美］约翰·杜威：《经验与教育》，姜文闵译，266 页，北京，人民教育出版社，2005。
② Slote, M., *Moral sentimentalism*, Oxford, Oxford University Predss, 2010, p. 4.

实乃是，移情，可论证地既构成了元伦理学的基础，也构成了规范伦理学的基础……情感主义理论将规范问题的讨论与元伦理学的处理（并同时将其结果应用于道德教育诸问题）结合在一起，它较之任何形式的仅关注规范性抑或元伦理/语义问题的情感主义，更具有理论上的明显优势"①。至此，"移情"成为人类道德伦理的"首要性的机制"，吉利根将之称为"在道德哲学领域掀起一场哥白尼式革命，将移情和关系从伦理世界的边缘拉回到中心"。② 在这一全新理论视域下，教师的关怀素养、关怀型教师成为教师道德情操探讨的新领域。诺丁斯将关怀引入教育领域，要求将关心融于整个教育系统的方方面面，培养师生的关怀素养。她指出，关怀是一种美德、一种品质，是一种"关系"中的"关怀"，"关心并不是根据固定规范来行动，而是根据情感和尊重"③；在关怀关系中，关心者的自我是一种关系性自我，关心者和被关心者两方是相互的，两者间是一种平等互惠、相互回应的关系；关怀分为自然关怀与伦理关怀，前者源于人类的本能与天性，是人们有意无意表现出来的善，具有明显的自发性，后者源于人类早期被关怀的记忆，它需要人付出很大努力才能实现。为此，"学校的主要表现应是促进关心，并且关心的关系能促进相互信任，这同样是道德的基础"④。在师生关系中，教师是关怀者，师生关系构建于职业基础之上，教师出于对

---

① Slote，M.，*Moral Sentimentalism*，Oxford，Oxford University Press，2010，p. 4.

② Slote，M.，*The Ethics of Care and Empathy*，New York，Routledge，2007，p. 86.

③ Noddings，N.，*Women and Evil*，Berkeley and Los Angeles，University of California Press，1989，p. 190.

④ Noddings，N.，*Caring：A Feminine Approach to Ethics and Moral Education*，University of California Press，1984，p. 63.

学生发展的责任而建立起来的关怀类型正是"伦理关怀"，教师对学生的关心、关爱是职业发展的内在要求。具体而言，教师要具备关怀品质，要善于倾听、回应学生的感受，要善于接纳学生、信任学生、理解学生，站在学生的立场上去与他们真心地交流互动，让学生在教师的关怀中健康成长。

最后是苏联教育家苏霍姆林斯基。他出生于乌克兰共和国一个农民家庭，在一所农村十年制学校——巴甫雷什中学中担任校长，一生专注于教育实践与研究，为世界教育事业作出了非凡贡献，"把心献给孩子"是他教育工作的座右铭。苏霍姆林斯基非常强调师生间情感关系的重要性，从四个方面发展了教师道德情操理论。其一，教师要与孩子产生"真正的精神上的共性"，实现师生心灵、思想、情感上的共通。在《把整个心灵献给孩子》一书中他谈道："教师只有在共同的活动中长时间作孩子们的朋友，作具有共同思想的志同道合的同志，才会产生真正的精神上的共性。"[①]因为只有师生间建立了精神纽带，孩子才会向教师披露自己的心灵，师生间的思想、情感才具有相互渗透性。正如其所言，"教师不仅作为一个教导者，而且也作为一个朋友和同志，在一个团结友爱的集体里同孩子们结下的多方面的情感联系"[②]。其二，教师要用热爱人、尊敬人的精神教育学生。在《给教师的一百条建议》中，苏霍姆林斯基要求教师研究人、研究学生，要进入学生心灵深处，"这样做就会使你语言的情感、你对待学生的理智和

---

① ［苏联］苏霍姆林斯基：《把整个心灵献给孩子》，唐其慈等译，5页，天津，天津人民出版社，1981。

② ［苏联］苏霍姆林斯基：《把整个心灵献给孩子》，唐其慈等译，10页，天津，天津人民出版社，1981。

心灵的情感更加充沛"①。其三，教师要善于控制自己的负面情感。在《给教师的一百条建议》中，苏霍姆林斯基还要求教师善于控制自己的激情，要善于将"抑制作用的弹簧压紧"。对此，苏霍姆林斯基给教师的具体建议是：建立精神一致的创造性工作氛围，并且要善于使用幽默，"消除激动和气愤、放松抑制的弹簧的第二个方法是幽默"②。其四，教师要关怀学生。一方面，每一个学生都是活生生的人，都拥有"一个个性、一个独特的人的世界"，当儿童遭遇困难时教师要按照"内心的命令"去响应学生，"内心的命令就是关怀在起作用"；另一方面，培养教师"对人关怀"的能力素养，"如果你把学生教得会用心灵来了解人，那你的关怀就能创造出奇迹"，所以教师要关怀儿童的精神状态，关怀儿童的身体健康，要成为"热爱儿童和具有最大的教育智慧的人"③。

第二节　教师道德情操历史变迁的主要特点

在教育史的长河中，教师道德情操始终是优秀教师修炼必谈的一个话

---

① ［苏联］苏霍姆林斯基：《给教师的一百条建议》，周蕖等译，8 页，天津，天津人民出版社，1981。

② ［苏联］苏霍姆林斯基：《给教师的一百条建议》，周蕖等译，12 页，天津，天津人民出版社，1981。

③ ［苏联］苏霍姆林斯基：《给教师的一百条建议》，周蕖等译，162 页，天津，天津人民出版社，1981。

题，是教育研究者的一个重要课题。深入探究教师道德情操的演变轨迹，有助于加深对教育工作的特殊性、教师工作独特性的认识。从古到今，从国外到国内，教师道德情操研究及其实践波澜壮阔，其历史演变中呈现出的五个特点值得我们关注。

一、道德情操哲学引领着教师道德情操的方向与内容

没有道德情操哲学研究的深入推进，就没有教师道德情操研究的深度与高度，更不可能有教师道德情操的新实践。以我国研究为例，孔子对"仁"的研究、对仁爱之心的倡导成为引领我国教师道德情操的恒久主题；荀子的"四端说"、梁启超的"趣味说"、李泽厚的情本伦理学、朱小蔓的情感教育论等，都不断将教师道德情操研究抬高到新的历史水平。这些道德情操哲学为教师道德实践打下了坚实的理念之基：孔子施仁爱于学生，才有了"大办私学"的创举，让学校教育下移民间；荀子提出了"大丈夫"的人格教育目标，将"仁"列为人品之首，进而视从教为人生一大乐事；韩愈强调不耻下问，重开朗朗师道师风；朱小蔓基于休谟的同情说、吉利根的移情说，让教师道德情操研究再结硕果，为师范生的道德情操教育开启了新定位。在西方，柏拉图的爱情哲学、亚当·斯密的道德情操论、吉利根的关怀伦理等，都可以视为西方道德情操哲学的里程碑，都为教师道德情操研究作出了历史性贡献，几乎引领了西方教师道德情操研究的路向。总而言之，教师道德情操研究始终行进在道德情操哲学开辟的轨道上，两者之间呈现出同步推进、相得益彰、互促共进的态势。

二、教师道德情操的核心要素是稳定的

无论是国外还是国内，教师道德情操的核心要素是相对稳定的，这就是爱国、爱教、爱生。从爱国角度来看，我国的陶行知、苏联的乌申斯基等学者，都将爱国主义、教育报国精神视为教师道德情操的根本要素，都将对国家、民族、人民的热爱视为教师道德情操的基本元素。从爱教角度来看，对教育事业的热爱是教师成长为教育家的内源性动力，尤其是夸美纽斯，他将教师视为太阳底下最高尚的事业；苏霍姆林斯基将对教育事业的热爱、对学生的爱融为一体，创造了爱教的历史典范；梁启超的敬业乐业论述为中国教师高尚道德情操的培育奠定了基石。从爱生角度来看，几乎每一位教师道德情操的理论家与实践家都提出了爱生的基本要求，孔子、夸美纽斯、裴斯泰洛齐、赫尔巴特等，无一不将"爱生"列入教师道德情操的清单，并给予特别显赫的位置。基于上述分析，我们相信：教师道德情操研究的恒久范畴是"三爱"，即爱国家、爱教育、爱学生，其他教师道德情感，如责任感、羞耻感、荣誉感、同情感、使命感等，都是根植于"三爱"的。

三、教师道德情操始终是教师高尚灵魂的追求

与传授知识技能相比，教师道德情操是教师道德情感与道德操守的有机合成，是需要心灵、感性、理性联合驱动才能获得的一种官能，从这一

角度看，高尚、纯粹、深沉、真诚等是教师道德情操的特有属性与品质。为此，诺丁斯将教师道德情操划归到"伦理关怀"领域，认为它是需要人的精神自觉、无私奉献等高级精神追求来支撑的，绝非自然关怀那样可以轻易做到。其实，从我国先秦教育思想家、西方古希腊"三哲"开始，人们便认为道德情操是理性参与的一种高级情感，是需要"情感移动""情感迁移"才能实现的一种高级心理活动，高尚的教师道德情操是人类高尚品性的一种表达，是高贵灵魂所具有的一种特殊功能。也正是如此，在高尚的教师道德情操驱动下，教师进行的教育实践常常是惊天动地的，譬如，陶行知出于对国家教育事业的热爱，一生致力于创办"工学团"，解决中国青少年的精神麻木问题，为教育救国事业作出了历史性伟大贡献。再如，裴斯泰洛齐一生致力于收容贫苦儿童，进行教育与生产劳动相结合的教育实践，为贫苦儿童新生付出了心血，成为仁爱天下的又一典范。还有苏霍姆林斯基，他几乎一生都倾心于关爱儿童和教育著述，躬耕教坛、笔耕不辍，为世界教育事业作出了非凡贡献，成为爱生、爱教的一座丰碑。因为追求高尚的道德情操，具有高洁的道德情怀，教育家们才成就了其非凡的事业追求，才创造了举世瞩目的教育业绩。

四、教师道德情操是自爱情感与爱他情感走向有机统一的过程

教师道德情感不仅仅是教师爱他精神，即爱国、爱教、爱生精神的高度体现，也是其自爱、自强、自信精神的崇高表达。可以说，教师的自爱与他爱构成了教师道德情感演变过程中两条交互发展的线路：孔子的仁爱

教师形象开拓了教师爱他情感的新视域，丰富了教师道德情感的实践，而亚当·斯密的自爱论开拓了教师自爱情感的新视域，为进一步理解教师道德情感提供了新思路。从亚当·斯密开始，自爱精神成为教师道德情操论的另一基石，教师的职业自豪感、自尊感、自信感是其高尚道德情操的内源所在。随着道德同情感的登场、道德关怀伦理的出现，教师的爱他情感、爱他精神再次被强化，儒家主张的"爱亲"—"爱人"—"爱众"的道德情感衍生逻辑被推崇，而赫尔巴特、苏霍姆林斯基、陶行知等则将这一道德情操论推向巅峰，唤醒、涵育教师爱他情感成为教师道德情操论的中流砥柱。值得注意的是，亚当·斯密找到了教师自爱、爱他情感论的交合点，引领教师道德情操逐步外推扩延、走向理性与高尚，最终实现两种道德情操力量的交融与汇流。

五、教师道德情操发展经历了日趋理性化、神圣化的过程

教师情感及其研究史表明，教师道德情操绝非教师道德情绪、教师道德情愫，而是富含理性因素、指向高尚目的的一种高级人类情感，是教师的道德感、理智感、美感与教育爱等多种情感参与其中的一种特殊情感类型。孔子将理性参与其中的仁爱作为教师教育爱的源头，为教师道德情操研究夯实了根基。荀子在"性伪合"论中将"伪"理解为建立在人的理性思考基础上对自然之情进行调适的活动，将之视为"介乎自然和人为之间"的中间活动过程，理性因素在研究一开始就被植入其中，成为教师情感研究的始基。在康德看来，情感与理性是人类行为的两大重要依据，而休谟、亚

当·斯密等则将同情载入伦理学范畴。在赫尔巴特的视野中，认识与同情被视为教育活动开展的两大基石，他据此构建了两类课程，对社会、对人类的理性同情是其学校课程体系设计的基础。在理性的参与下，教师道德情操研究日益理性化，裴斯泰洛齐、第斯多惠、苏霍姆林斯基等教育名家都对教师提出了高尚的道德情操要求。对学生、对教育事业的热爱成为现代教师道德情操的标配，高尚的道德情操内蕴着教师的仁爱之心、同情之心、关怀之心，绝非教师自然情感的显现与适用，对国家的热爱、对人民的忠诚、对民族振兴的信心等都使教师道德情操更具神圣性、高尚性。诚如学者所言："好老师的道德情操最终要体现到对所从事职业的忠诚和热爱上来。"[1]当代中国教师道德情操研究迈入了新阶段，从敬业爱生走向爱国爱民，因此，要善于从国家梦想实现等角度思考教师道德情操的源泉问题。

第三节　教师道德情操历史演变的当代启示

教师道德情操演进史是一部教师道德情感实践与教师道德情感研究互促共进的历史，是一部教师道德伦理实践与教师道德社会追求互促共进的

---

[1]　刘云芝、吴琼、韦洪涛：《何为"有道德情操"的好老师：基于高校优秀教师的质性研究》，载《苏州科技大学学报(社会科学版)》，2022(1)。

历史。回顾这部演进史，我们看到的是高尚教师道德情操对一名优秀教师所提出的种种希冀，看到的是其为当代教师道德情操教育指引的变革方向，看到的是从中折射出来的未来教师道德情操教育新思维、新路向。当代中国基础教育飞速发展，更需要高素质、专业化、创新型的教师队伍，"高素质"的根本含义之一理应是高尚的教师道德情操，这就要求我们从教师道德情操生发源头、基本内涵、现实行动等角度改进教师道德情操教育，为培育具有高尚道德情操的好老师创造条件。教师道德情操演进史也表明：高尚教师道德情操的源头是教师的家国情怀，高尚教师道德情操的基本内涵是理性地释放教师对教育事业与教育对象的赤诚情感，培育高尚教师道德情操的现实要求是修炼教师的仁心爱心，以上构成了当代中国教师道德情操培育的三个着手点。

一、涵育教师的家国情怀

高尚道德情操的生发源头是教师的大我胸怀，是教师热爱祖国、热爱人民、热爱民族的家国情怀，从根本上升华教师道德情操要求我们涵育广大教师的家国情怀、强化教师的家国意识，持续提升教师道德情操的境界与水平。所谓家国情怀，就是教师对自身所处的社会共同体的一种认同态度、归属愿望与守望精神，是基于中国社会"家国同构"特征和中华民族共同体意识的爱家、爱国、爱民族情感。从某种意义上看，教师道德情感具有一定的推延性，对小团体的归属情感可以扩延到对更大团体的归属情感。例如，教师对"家庭"的热爱可以扩延到对"祖国"的热爱，进而扩延到对"中华民族"的热爱，这种积极情感的可推延性是教师高尚道德情感培养的重要理念之基。借助这种情感推延机理，将教师对家国的积极情感扩延到对教育事业的热爱，也是教师道德情操培养的内在要求。面向当代教师道德情操的培育要求，国家教育部门、教育机构必须从根本上加强教师的爱国主义教育、家庭和谐教育，引导教师站在国家和社会发展的角度来思考教师职业价值、思考教师自身职业发展问题。因此，在教师道德情操培养中，引导教师尽可能将自身职业成长与国家社会命运关联起来，真正与国家民族同命运共呼吸，是当代教师道德情感培育的科学路径。

在中国教育史上，教师家国情怀的表现是多样化的，大致可以分为三种。

一是古代的学以治国思想。在《大学》中，格物、致知、诚意、正心、修身、齐家、治国、平天下是大学教育的八条目，对于一名教师而言，引导学生通过学习、参与教育事业实现"治国、平天下"的目标，是教师家国情怀的具体体现。在古代教师的典型代表、中华民族教师的光辉典范——孔子的教育思想中，"孝亲敬祖""忠君报国"是其最重要的教育精神之一，是其民族情感、家国情怀的集中体现，明确了中国教师教育情怀的谱系源头。

二是近代的教育报国精神。在近代教育史上，一批伟大教师，如梁启超、蔡元培、梁漱溟、陶行知等身上延绵的是教育救国、教育救民精神，是利用教育事业振兴来挽救国运、救民于水火、唤醒民族灵魂的精神。教育事业与政治运动、产业革命等一同成为实现民族救亡图存的手段，将这种教育报国精神发扬光大既是中国教师肩负的神圣使命，也是中国教师自我修炼的精神主轴。

三是当代的教育强国精神。在当代中国教育史册上，最伟大的教师始终是和爱国心、强国梦联系在一起的，始终是同教师的教育使命、教育梦想建构、教育改革之志联系在一起的。于漪、黄大年、李吉林、李希贵、顾明远、钱梦龙、魏书生等教师，其秉持的教育精神首要蕴含是：为中华民族复兴而奋斗的改革精神，为创建人民满意的教育而奋斗的耕耘精神，为实现教育强国梦想而奋斗的献身精神。在改革开放 40 余年的努力之后，新时代的中国教育事业正在争创世界一流，办出中国特色，教师要把心有大我、至诚报国的理想信念作为高尚道德情操培养的根基，把言为士则、行为世范视为道德情操修炼的根本指向，着力提升自己教育情怀的高度与纯度，努力使自己成为国家、民族、社会敬仰的师德楷模、人生楷模。

结合以上分析，当代教师道德情操培育的首要奋斗方向是：以新时代家国情怀为统领，努力将教育改革事业、立德树人根本任务、教书育人精神在教育实践中植根落地，让家国精神成为教师道德情操发育生长的根基，成为使教育事业走向辉煌的人生指南。

二、弘扬敬业爱生师风

敬业爱生是教师道德情操的基本内涵，是教师社会性、伦理性关怀的重要体现。前文述及的伟大教育家，如孔子、韩愈、第斯多惠、乌申斯基、苏霍姆林斯基等，都是敬业爱生的师德典范，大力弘扬敬业爱生的师德文化、营建敬业爱生的师德情感氛围，是激发教师高尚道德情感、造就

"四有"好老师的重要路径。乌申斯基指出，"永不衰老的儿童的心灵是人类进行真正的自我教育和儿童教育的最为深厚的基础"①，走进儿童心灵世界是激发高尚教师道德情操的必需条件。也正因如此，苏霍姆林斯基倡导"把心献给孩子"，在教育失败的教师身上，"令人痛心地看到，只因师生之间没有任何精神纽带的维系、而孩子则丝毫不向教师披露自己的心灵，即使精通自己科目的教师所进行的教育有时也会变为一场残酷的斗争"②。从这一角度看，激励敬业爱生的情感，营造教师道德情操发生的心理氛围，促使师生之间在心灵层面发生交互，是教师道德情操教育的科学思维。

对于新时代的中国教师而言，教师道德情操的核心是教育爱，即教师给予学生的关爱情感与教师对教育事业的热爱情感的有机统一。苏霍姆林斯基强调，没有爱，就没有教育；热爱孩子是教师生活世界中最主要的东西。爱因斯坦也相信，只有爱才是最好的教师，它远远超过责任感。在教育世界中，教育爱是撑起教育大厦的关键要素，是最有力、最神奇、最伟大的教育手段，是教育事业焕发魅力的根本原因。在教师的各种专业素养中，热爱教育事业、关爱学生是最核心的内容，缺乏爱的心灵、爱的情感、爱的投入的教育事业一定是空洞而又乏力的。因此，当代教师必须把"一切为了学生""为了成就学生""助力学生圆梦"视为自己教育生涯的夙

---

①　[苏联]洛尔德基帕尼泽：《乌申斯基教育学说》，范云门、何寒梅译，311页，南京，江苏教育出版社，1987。

②　[苏联]苏霍姆林斯基：《把整个心灵献给孩子》，唐其慈等译，5页，天津，天津人民出版社，1981。

愿，必须把"做爱心满盈的教育事业""创造真情真爱的教育事业"视为自己职业生涯的使命与担当，自觉将纯洁、高尚、臻美作为道德情操的修炼方向，让自己在高尚的追求中成为一名人民敬仰的好老师。

同时，高尚道德情操的发生需要一定的环境支持，师生间相互尊重、相互理解、相互支持、相互成就的教育氛围与工作环境是高尚教师道德情操发生的必需外围条件。教育爱就好似一颗爱的种子，它必须在理想的教育环境土壤中才能生根，需要在尊重、理解、体谅、关怀的精神氛围中才能茁壮成长。从这一角度看，善于利用"动机移置""换位思考"，善于进入对方的心灵世界，有助于创造生发教育爱的环境氛围。一方面，教师只有理解了教育事业的高尚性、公益性、神圣性，认识到教育事业可能给民族、国家、社会带来的影响，其对教育事业的爱才可能油然而生；另一方面，教师只有理解每一个学生个性的独特性、每一个学生心灵的灵动性、每一个学生对爱的希冀时，他才可能真正走进学生的心灵世界，在与学生的心灵对话中产生敬业爱生的深厚情感。为此，教育行政部门与教师都要努力营造一种上进、尚美、求真的教育工作环境，培育一种爱国爱民、爱教爱生的高尚师风，为教育爱的生发提供良好的生长土壤。

进而言之，高尚教师道德情操的培育要求教师自觉开展三项实践：一是对教育事业无私地付出与奉献，这种"付出与奉献"实质上是对教育事业的精神投入、情感投入，没有这种投入，教育活动就无法激起学生心灵的共鸣；二是对学生给予更多的关注和关怀，重视学生身上的每一点变化，重视学生精神成长的细节性需要，站在学生的立场上去倾听、去学习、去思考；三是深刻理解教育事业的情感互动性特点，把教育事业当成一项爱的事业，而非简单的知识授受、技能训练、经验交流活动，赋予教育事业以爱的底色、爱的内涵，在伟大教育事业的创建中升华自己的道德情操。

三、推进"以爱育爱"工程

教师道德情操的核心是教育爱，它是一种特殊形式的社会情感，承载着人类教育事业的使命感、责任感，在教育爱中又蕴含着一系列复杂而又重要的教师情感内容。在教师情感理论的阐述中，孔子关注的是公平无私的"仁爱"，亚当·斯密将同情作为人类道德情感的基石，诺丁斯等强调的是伦理性关怀对道德情感形成的重要性，我国学者朱小蔓则强调尊重感、关怀感在教师道德情感形成中的基础性地位等。总之，教师道德情感的基础性构成是多样的，但其共同内容几乎都是爱的情感要素，教师的教育爱正是这些爱的情感形态在其工作实践中的积累与表达。教育事业是"以爱育爱"的心灵工程，教师高尚的教育爱只有在爱生爱教的实践中才能得到滋养与涵育，只有在教师爱自己、爱学生、爱社会、爱国家的实践中去升华、去培育。

推进"以爱育爱"、升华教师的教育爱是一项系统工程，它需要教师务实地开展教育改革、终身学习、经典阅读与教研活动，将高尚道德情操修炼与改进学习研究工作有机统一起来。教师的教育爱从来都不是一种空洞的观念与行为，而是以学习研究工作为支撑、为内涵的，深入持续推进教育教学改革工作，提升自己立德树人的智慧与能力，用最先进的理念、思维、行动来引领教育教学工作，站在高屋建瓴的角度统筹教育教学工作，这才是教师教育爱的务实表达。此外，若没有持之以恒的学习研究，不坚持阅读教育经典，不能抵制不良教育风气的侵袭，一个教师同样不可能将教育爱发扬光大。为此，升华教师的教育爱需要教师投身教育教学改革事业，坚持终身学习，坚持阅读经典。

首先，在教育教学改革中升华教育情感是锤炼高尚道德情操的根本入手点。一个对教育事业有深沉情感的教师一定是爱教育如爱生命的教师，一定是用爱心支撑教育教学改革事业的人。在教育教学改革中，教师不仅能够提升自己的专业水准，还能升华自己的教育情感，两者之间是同步融合和一体化的关系。当代中国教师对教育爱的生动表达是：潜心教育教学改革事业，抵制教育功利浮躁之风，真正铸造教育精品，不辜负国家和人民的期望。

其次，在终身学习中提升教师表达教育爱的能力。教师职业是一项以德育德、以爱育爱、以人育人的特殊职业，是有爱的知识、能力、智慧的人才能胜任的一项职业。善于在教育实践中表达教育爱、升华教育爱对于一名教师而言至关重要，这就需要教师终身学习。终身学习不仅仅是为了提高教师的专业知识能力水平，也不仅仅是为了提高教师的教育教学艺术水准，更重要的，它是教师从根子上热爱教育事业、热爱学生的体现。一个教师只有在终身学习中不断提升自己的教育涵养、专业品质，才能更深层次地理解教育爱、表达教育爱。当前，教师尤其要学习、品读古今中外教育家展现出来的教育家精神。

最后，阅读与研究是教师践行教育爱的重要途径。没有阅读，就没有知识的增长、认识的提高、精神的提升；没有研究，就没有新知识的生成、优质经验的生产、科学教育观念的创造。当代中国教师应当自觉阅读教育经典、文化经典、历史经典，不断提升自己的教育素养与文化内涵，在阅读中升华自己的教育精神，达到践行教育大爱的学习目标。同时，教师还要善于把阅读、研究与工作结合起来，及时用新知识、新观念、新思维去解决教育教学问题，去探究更为科学的教育改革思路，在实践中提升自己的研究意识与能力，力争推陈出新，彰显教育爱的实践力量，为新时代教育教学改革工作作出突出贡献。

总之，多角度升华教师的教育爱，将教育事业、教师道德实践融合教师的教育爱心培育实践，是激发教师高尚道德情操、培育"四有"好老师的入手点。教师要从两个方面升华自己的教育爱心、提升自己的师德境界：一是忠诚于党和人民的教育事业，避免功利性教育价值观的侵扰，对待教育事业要有一颗纯粹的心，持续提升自己的修养与水平；二是用大爱之心来面对教育事业，不断扩展自己的胸怀与视野，提升自己的精神境界，自觉担负起社会责任，提升自己的教育使命感，用满腔热情对待教育事业、对待教育对象、对待自己的同事，努力使自己成长为一名有大爱之心、教育专长的人民教育家。

第三章

教师道德情操的国际比较

◇◇◇◇◇◇◇◇◇◇◇◇◇◇◇◇◇◇◇◇◇◇◇◇

他山之石，可以攻玉。了解不同文化背景国家对教师道德情操的塑造与追求，从中汲取有益的经验，对于我国教师道德情操的培养而言有着重要意义。本章将聚焦北美洲、欧洲和亚洲多国教师道德情操，介绍其内涵、发展、特征并作出评价，以期为我国教师道德情操的培养提供更为广泛的经验。

第一节　北美洲国家关于教师道德情操的理论与实践

本节主要是以美国和加拿大为代表，介绍北美主要国家的教师道德情操状况。在很大程度上，讲尊重、求平等是美国和加拿大教师道德追求的浓郁底色。两个国家的教师在承担良师益友的双重角色上面临着多样的职业道德规范要求。

一、美国教师道德情操

教师道德情操作为教师职业道德内涵的重要维度，始终贯穿美国教师职业标准的发展历程之中。教师职业道德与一般道德存在差异，它既不是教师个体心理的隐性因素，也不是教师固定的人格特征，而是一种责任。它强调通过不断学习、实践和反思来巩固和加强师德水平。

(一)美国教师道德情操的内涵

一个人的修养和品德是通过内心的道德情操来塑造的。一个道德高尚的教师，会表现出公正、公平、坚定、善于自我控制和富有同情心等一系列行为和特质，并且能够在日常的教育中始终保持素养。教师的特质，会根据教师当时所处的情况以不同的形式表现出来。教师道德情操作为涵盖了教师认知美德和实践智慧的教师专业素养，始终受到美国学界的关注。

1. 美国教师专业标准的演变

美国对教师的专业资质与职业道德向来重视，专业组织机构一直非常注重教师专业标准的编写和修订。早在 1896 年，美国佐治亚州教师协会就颁布了教师专业伦理规范。20 世纪 20—30 年代，专家学者在对"何为理想的教师"这一问题的调查、访谈等实证研究的基础上，概括了适应能力、仪表动人、广博兴趣等 25 项教师应有的职业品质。美国全国教育协会以这些实证研究为基础，于 1929 年制定了《教学专业伦理规范》，期望以理想的教师形象带动教师伦理建设，并于 1968 年正式制定了《教育职业伦理准则》以规范教师行为。当时，美国虽然重视教师职业道德教育的发展，但其道德教育还局限于空洞的理论说教，因此迫切需要在实践中将道德教育渗透于教师职业和日常生活的方方面面。

20 世纪 80 年代伊始，作为对《不让一个孩子掉队》法案的回应，美国教育组织开始着手建立一个框架，以寻求"如何成为一名高质量的教师"的共识。[①] 随着社会对教师教育质量的批评愈演愈烈，美国教师教育领域掀起了改革的浪潮，各个专业组织开展了密切的合作，致力于实现教师教育质量保障体系的相互承接，形成了职前、入职、在职教师教育质量保障的一体化趋势。1992 年，为了解决教师道德教育理论与实践相脱离的问题，

① Schussler D. L. , "Defining Dispositions: Wading Through Murky Waters," *The Teacher Educator*, 2006(4).

州际新教师评估与支持联盟(Interstate New Teacher Assessment and Support Consortium,INTASC)在《新教师许可、评估与发展的模型标准:一份州际交流的资料》中首次将"道德情操"列为教师教育的标准之一,确立了基于表现的教师教育观。2001 年,美国的教师教育认证机构——全美教师教育认证委员会(National Council for Accreditation of Teacher Education,NCATE)在《教师专业发展学校的标准》中,正式使用"道德情操"代替原有的"态度",形成教师教育标准的新三维:知识、技能、道德情操。

2008 年,NCATE 在发行的《教师教育机构鉴定的专业标准》中再次强调,所有教育工作者都要具有相应的知识、技能和专业道德情操。除此之外,州际新教师评估与支持联盟于 2011 年更名为州际教师评估与支持联盟(Interstate Teacher Assessment and Support Consortium,InTASC),并于 2013 年发布新标准——《InTASC 示范核心教学标准与教师学习进阶1.0》;[①] 全美专业教学标准委员会(National Board for Professional Teaching Standards,NBPTS)则于 2016 年重新修订了《教师应该知道什么和能够做到什么》,规定"作为教师,我们有义务尽我们所能,在学科知识和教学能力上变得更专业,在实践中更有技巧、更有道德、更有自我意识、更有同情心"[②]。

近年来,美国教师培养认证委员会(Council for the Accreditation of

① 付亦宁、周川:《美、加、澳初任教师专业标准及其对我国教师教育的启示》,载《江苏高教》,2020(2)。

② NBPTS,"What teachers should know and be able to do," National Board for Professional Teaching Standards,National Office,Washington DC,2016.

Educator Preparation，CAEP)与其他教学专业团体一起，促成了 NBPTS、InTASC、NCATE①等教学标准的相互衔接，从而使美国历史上首次建立的一体化教师专业标准不断获得新的发展。

从美国现行教师教育标准中对教师道德情操的定义能够看出，随着教师专业标准的发展与完善，教师道德情操这一概念的内涵不断得到丰富，这一概念所包含的内容也更贴近教师的教育教学实践工作，如表 3-1 所示。教师道德情操的内涵从教师自身的角度转向更为广泛的教师教育活动，包括教师与外界环境的交往互动，以及在互动中表现出的行为、态度、价值观等多方面的因素。

表 3-1 美国教师道德情操概念的演变

教育机构	教师道德情操概念
①州际（新）教师评估与支持联盟	1992："教师道德情操包含接受、赞赏、信任及承诺，同时也包含热情、坚持、能够使教师根据自身意识和认识作出反应，对线上问题具有敏感的理解并能够作出价值判断。"② 2011："教师道德情操是指教师在实践中表现出来的职业行为及道德责任，对教师的行为具有深刻的影响。"③

---

① 在 1990 年以前，三者各自独立，没有协调过三套标准，在教师专业标准方面未曾形成共识。

② Johnston，P.，Almerico，G.，Deanna，H.，et al.，"Descriptions of Dispositions for Assessment in Pre-service Teacher Education Field Experiences，" *Education*，2011(3).

③ InTASC，"Model Core Teaching Standards and Learning Progressions for Teachers 1.0，" Council of Chief State School Officers，Washington DC，2013.

续表

教育机构	教师道德情操概念
②全美教师教育认证委员会	2001："道德情操是在教师对待学生、家长、同事和社会的行为中产生影响的价值观、责任感和职业道德。它能影响到学生的学习、动机和发展以及教师自身的专业成长。道德情操受知识基础、信仰和态度的引导，这些信仰和态度与关爱、公平、诚实、责任等价值观念有关。"① 2008："道德情操是教育者在与学生、家庭、同事、社区交往中，通过语言和非语言行为表现出来的专业态度、价值观、信念。这些行为要有利于学生的学习与发展。"②
③美国教师培养认证委员会	2015：教师道德情操是"教师寻求适当的领导角色和机会，对学生的学习和发展负责，与学习者、家庭、同事、其他学校专业人员和社区成员合作，以确保学习者的成长，并促进职业发展。"③

2. 教育学界对"教师道德情操"的解读

从词义来看，道德情操主要指个体主导或普遍的精神趋势或关于某事的心理状态及倾向。《剑桥心理学词典》中的 disposition 是指"反复出现的意图，以个人特有的方式思考、感受、行动或反应"，道德情操与共同特征不同，共同特征是具体文化中的成员所共有的特征，而道德情操在这些成员之间具有显著的差异，后者有助于区分具体文化中的个体。总的来

---

① NCATE，"Standards for Professional Development Schools，" NCATE，Washington DC，2001.

② NCATE，"Professional Standards for the Accreditation of Accreditation of Teacher Preparation Institutions，" NCATE，Washington DC，2008.

③ CAEP，"CAEP Accreditation Standards，" http://caepnet. org/～/media/Files/caep/standards/final-board-amended-20150612. pdf. ，2024-08-07.

说，道德情操主要指个体独有的一些心理品质及行为倾向，它能够反映出
个体的行为及意识方面具有的规律性特征。

20 世纪 60 年代，学者阿斯汀率先将"道德情操"一词引入教育领域，
在此基础上美国学者对"道德情操"的概念进行了深入探究。学者对"教师
道德情操"的讨论观点各异，如表 3-2 所示，大致有以下几种看法：第一，
教师道德情操是教师外在行为的总和。第二，教师道德情操是一种意识、
倾向，以及对行为或思考的反思，而不仅仅是行为或思考本身。第三，教
师道德情操表现为一种综合性的个人特质，是建立在一定的知识和认知基
础之上的美德。

表 3-2　美国学者对教师道德情操的解读

定义视角	教师道德情操概念
行为模式	凯茨(Katz)和瑞斯(Raths)：道德情操是观察到的行为的总和，表示行为发生的频率。① 瑞特齐哈德(Ritchhart)：道德情操是在个体的意志和控制下后天习得的总体行为模式。② 拜沃利(Beverly)：道德情操是有意识表现出来的行为模式。③

---

① Katz，L. G.，Raths，J. D.，"Dispositions Goals for Teacher Education，"*Teaching & Teacher Education*，1986(6).

② Ritchhart，R.，*Intellectual Character：What It Is，Why It Matters，and How to Get It*，New York，John Wiley & Sons，2002，p. 37.

③ Beverly，C.，Santos，K.，Kyger，M.，"Developing and Integrating a Professional Disposition Curriculum into a Special Education Teacher Preparation Program，"*Teacher Education and Special Education*，2006 (1).

续表

定义视角	教师道德情操概念
行为模式	维乐盖斯（Villegas）：道德情操是个体在特定环境下，基于信念以特定方式行事的倾向。① 埃伯利（Eberly）：道德情操是来自根深蒂固的态度、价值观和信仰的行为表现。②
思维认知	尤瑟（Usher）：道德情操是某些稳定的个人特征和对自我、学生、工作等的感知，道德情操能够作用于教师的感知世界，并使他们的努力产生效果。③ 舒斯勒（Schussler）：道德情操是一种意识、倾向，以及对行为或思考的反思，而不仅仅是行为或思考本身。④
个人特质	梭克特（Sockett）：道德情操建立在一定的知识和认知基础之上。当我们提及道德情操时，必须同时想到道德和智力上的美德。⑤ 贝特曼（Beteram）：道德情操是对环境敏感的行为或特征，其中一些人格特征包括责任感、可靠性、创造力、同理心及专业精神。⑥

---

① Villegas，A. M.，"Dispositions in Teacher Education：A Look at Social Justice," *Journal of Teacher Education*，2007(5).

② Eberly，J. L.，Rand，M. K.，& O'Connor T.，"Analyzing Teachers' Dispositions Towards Diversity：Using Adult Development Theory," *Multicultural Education*，2007(4).

③ Usher，D.，*Arthur Combs' Five Dimensions of Helper Belief Reformulated as Five and Moral Teacher Dispositions of Teacher Effectiveness*，Washington DC，SAGE Publication，2002，p. 28.

④ Cummins，L.，Asempapa，B.，"Fostering Teacher Candidate Dispositions in Teacher Education Programs," *Journal of the Scholarship of Teaching and Learning*，2013(13).

⑤ Sockett，H.，*Teacher Dispositions：Building a Teacher Education Framework of Moral Standards*，New York，AACTE Publications，2006，p. 57.

⑥ Freeman，L.，*Disposition in Teacher Education*，North Carolina，Information Age Publishing，2010，p. 35.

续表

定义视角	教师道德情操概念
个人特质	泰勒(Taylor)：道德情操是个人所拥有的品质或特征，包括态度、信仰、价值观等。① 奥尔坦(Altan)：道德情操是人们在职业环境中表现出来的个人和人际属性。②

综合来看，学者对道德情操的研究大多倾向于从心理学角度进行理解，呈现出由外在行为表现、内在认知思维再到两者综合的发展趋势。教师的行为模式、思维认知、道德等方面与"道德情操"这一问题具有直接的关系。教师所具有的"道德情操"也是教师自身能力的一部分，建立在一定的知识和认识基础上，它能够反映出教师所固有的行为倾向及思维习惯，并作用于教师在特定环境下的行为和信念。

(二)美国教师道德情操构成的理论分析

美国教育界对教师道德情操的界定大致经历了由外显向内发递进的三个不同的阶段。第一，教师道德情操体现为个人的外在行为趋势。关于教师道德情操最初的构想是由学者凯茨和瑞斯提出的。他们认为教师道德情操是一个描述性名词，指在特定情况下能够观察到的行为及趋势，主要包

---

① Taylor，R. L.，Wasicsko，M. M.，"The Dispositions to Teach. 2000," https://nku. edu/content/dam/coehs/old/docs/dispositions/resources/The _ Dispositons _ to _ Teach. pdf.，2024-08-07.

② Altan，S.，Lane，J.，Dottin，E.，"Using Habits of Mind, Intelligent Behaviors, and Educational Theories to Create a Conceptual Framework for Developing Effective Teaching Dispositions," *Journal of Teacher Education*，2017(46).

括以下六个方面的内容：①教师理解儿童的行为而非评价；②当遇到问题时，能够向其他人寻求帮助或者查阅文献；③区分学生所说及所指，理解学生行为的意义；④从众多独特的教学事件中总结规律；⑤当在教育实践中遭遇上级的批评时，应采取积极的态度；⑥尝试不同的教学方法，检查所使用方法的效果，并对其进行相应的修改。① 从以上的描述中我们能够发现，教师道德情操是由个体的行为、态度、思维习惯等多个方面的内容构成的。教师道德情操代表的是个体行为的趋势，个体的外在行为能够在一定程度上反映出自身的道德情操。

第二，教师道德情操体现为个人多维度的内在个性品质。首先是思维层面，铂金斯等在以教师的外在行为作为道德情操的主要表现这一论断的基础上，聚焦思维视角下的道德情操结构，指出"思维道德情操"是由倾向性、敏感性及开放性构成的。其中，倾向性是指个体对某种行为的感觉倾向，例如，具有开放性思维倾向的人能够感受到具体情景对该思维特点的需求；敏感性是指个体对外在环境的敏感度，即个体能够注意到某些场合对自身道德情操的要求；而开放性则是指个体作出某种行为的能力。②

学者梭特克从道德领域出发，将道德情操定义为道德和智力属性的结合。道德情操是一种关系活动，教学本质上是一种道德职业活动，对于教师来说，职业道德情操发展意味着参与道德教育的过程。个人需要将无情

---

① Katz，L. G.，Raths，J. D.，"Dispositions Goals for Teacher Education,"*Teaching & Teacher Education*，1986(4).

② Perkins，D.，Tishman，S.，Ritchhart，R.，et al.，"Intelligence in the Wild: A Dispositional view of Intellectual Traits,"*Educational Psychology Review*，2000(3).

感的智力发展与探索道德要求的情感活动结合起来，即教师道德情操涵盖道德和智力上的双重美德。这两种追求的结合可以归纳为品格美德、智力美德及关怀美德。首先是品格美德。品格包括对自己气质的认识，教师要发展自己的品格，必须敏锐地意识到自己的所有方面，它们是如何随着时间的推移而形成的，它们现在处于什么水平，以及它们未来发展的趋势。其次是智力美德。公平、正义和开放的思想是通过强大的智力发展起来的一些属性。最后，道德情操发展的必备要素是关怀美德。对他人的关怀是一种随着时间的推移而产生的责任，是一种通过与学生积极接触而形成的道德情操，关怀美德是通过人际关系中的给予与接受来发展的。

作为一种美德，教学道德情操是通过对外部障碍的反应发展起来的。这些障碍通常是由学生制造的，能够激发教师提出一些基本问题。这些问题促使教师反思如何从他们的学生身上学习。

第三，教师道德情操体现为综合性的个人特质。舒斯勒认为道德情操是一种内在的过滤器，它能够影响教师在具体教学环境中的思考和行动方式。这个过滤器是由教师的先前经验、信仰、文化、价值观和认知能力构成的。教师道德情操受到智力、文化、道德三个方面因素的影响，教师道德情操的发展也是三者共同作用的结果，即道德情操是对教师个体在这一"聚合时刻的行为"的定义。① 由此舒斯勒提出基于智力、文化及德性的教师道德情操框架，具体如下。

---

① Schussler, D. L., Stooksberry, L. M., Bercaw, L. A., "Understanding Teacher Candidate Dispositions: Reflecting to Build Self-awareness," *Journal of Teacher Education*, 2010(4).

1. 智力道德情操

智力道德情操是指教师倾向于围绕与教学内容和教学法相关的问题进行思考和行动。教师掌握的知识包括学科知识、教学知识和教育学知识等。但是，如果教师不能将他们的知识转移到教学情境中，这种知识就是无用的。智力道德情操能够指导教师作出与内容和教学方法相关的选择和决定，使教师意识到教学情境需要、教学内容和教学法相关的特定知识和技能，并倾向于运用这些知识和技能。因此，智力道德情操是知识接受和运用的起点，它是教师在实际教学中运用知识和技能的基础性条件。

2. 文化道德情操

文化道德情操是指教师在课堂上满足不同学习者需求的倾向。舒斯勒认为，所有的教师都拥有一种文化身份，这种身份认同塑造了教师感知信息和获取经验的方式，并引导教师作出与自己的信仰、价值观及学生的信仰、价值观相符的决定。文化道德情操包括三个方面的内容：第一，教师对自身文化有一定的认识，并且了解自身文化如何影响教学和师生互动；第二，教师能够意识到学生的价值观及这些价值观对学习的影响；第三，教师拥有运用知识的能力，并能够据此调整教学、满足学生需求。教师的文化道德情操是构成教师道德情操的重要维度，也是教师在具体文化环境下实施教学的重要影响因素。

3. 德性道德情操

德性道德情操是指教师对个人价值观的认识，主要由教师的价值观、德性等方面内容构成，如公正、民主、诚实、正义等。德性道德情操是建立在个人是非对错观念基础之上的价值体系，教师在作出决定的过程中渗透了关于满足某种教育目的的价值选择。在这一过程中，教师所具有的德性道德情操能够起到价值导向作用并引领他们的思想和行动。在实际教学中，教师必须思考理想的目标及实现这些目标的最佳方式。所以，从德性道德情操的构成要素来讲，它主要包含教师在教育教学实践中所体现出的道德水准，即教师所具有的德性。

(三)美国的教师专业标准对教师道德情操结构的勘定

20 世纪 90 年代，美国学界关于教师道德情操结构的探讨已经成形，教师道德情操这一内容也被纳入美国的多项教师教育认证标准之中，这些标准的确立为我们了解美国教师道德情操的结构提供了重要视角。表 3-3 为 InTASC 于 2013 年提出的教师道德情操标准。

表 3-3　InTASC 提出的教师道德情操标准

维度	教师道德情操标准
学习者发展	(1)教师尊重学习者的不同优势和需求，并致力于利用这些信息来促进每个学习者的发展 (2)教师致力于把学习者的优势作为其成长的基础，并让他们在错误中寻找学习的机会 (3)教师有责任促进学习者的成长和发展 (4)教师重视家庭、同事和其他专业人士在每个学习者发展方面的投入和贡献
学习者差异	(1)教师能够相信所有的学习者都能达到高水平，并坚持帮助每个学习者充分发挥其潜力 (2)教师尊重具有不同家庭背景、技能水平、观点、天赋和兴趣的学习者 (3)教师使学习者感到被重视，并帮助他们学会重视彼此

续表

维度	教师道德情操标准
学习者差异	(4)教师重视语言的多样性,并试图将其融入教学实践,使学生参与学习
学习环境	(1)教师致力于与学习者、同事、家庭和社区一起建立支持性的学习环境 (2)教师重视学习者在促进彼此学习方面的作用,并认识到同伴关系在创造学习氛围方面的重要性 (3)教师致力于支持学习者参与决策,从事探索和发明,选择团队合作或独立工作,并开展有目的的学习 (4)教师寻求在学习社区创设相互尊重的交流氛围 (5)教师是一个深思熟虑、反应灵敏的倾听者和观察者
学科知识	(1)教师能够认识到,学科知识不是固定的事实,而是复杂的、不断发展的。他对这一领域的新思想和新见解很了解 (2)教师欣赏学科内的多种观点,并促进学习者对这些观点作出批判性分析 (3)教师认识到,在他对学科的描述中可能存在偏见。他能够寻求适当地消除偏见的方法 (4)教师致力于使每个学习者掌握学科内容和技能
学科知识应用	(1)教师不断探索如何以学科知识为切入点,解决当地和全球问题 (2)教师关心他自己学科领域之外的知识,以及这些知识如何促进学生的学习 (3)教师重视灵活的学习环境,鼓励学习者跨学科领域探索、发现和表达
评价	(1)教师致力于让学习者积极参与评估过程,并提高每个学习者回顾、反思和交流的能力 (2)教师负责将教学和评估与学习目标联系起来 (3)教师致力于为学习者的进步提供及时有效的描述性反馈 (4)教师致力于使用多种类型的评估方式来支持和记录学习

续表

维度	教师道德情操标准
评价	（5）教师致力于了解被评估者的条件和需求，特别是对有残疾和有语言学习需要的学习者 （6）教师致力于谨慎地使用各种评估和评估数据，以确定学习者的优势和需求，促进学习者的成长
教学计划	（1）教师尊重学习者的不同优势和需求，并致力于利用这些信息来组织有效的教学 （2）教师把教学计划视为一种把学习者、同事、家庭和更大的社区纳入其中的学校活动 （3）教师承担着专业责任，需要制订短期和长期教学计划 （4）教师的教学计划必须随时根据学习者的需要和不断变化的环境进行调整和修订
教学策略	（1）在规划和调整教学时，教师致力于深入认识不同学习者的优势和需求 （2）教师重视人们交流方式的多样性，鼓励学习者使用多种交流形式 （3）教师致力于探索如何使用新兴技术来支持和促进学生的学习 （4）教师重视教学过程中的灵活性和互惠性，因为这是使教学适应学习者所必需的
专业学习和道德实践	（1）教师对学生的学习负责，并通过持续的分析和反思来改进计划和实践 （2）教师致力于深入理解各个参考框架（如文化、性别、语言、能力、认知方式），这些框架中的潜在偏见，以及它们对学习者及其家庭的影响 （3）教师将自己视为学习者，不断寻求机会利用当前的教育研究和政策作为分析和反思的来源，以提高实践水平 （4）教师了解职业的伦理规范，包括职业道德规范、职业实践标准以及相关的法律和政策

续表

维度	教师道德情操标准
领导与合作	（1）教师积极承担在学校的责任，助力学习者的成功 （2）教师尊重学生家庭的信仰和期待，寻求与学生家庭的合作，设定并实现具有挑战性的目标 （3）教师主动与同事互动，促进实践，支持学生学习 （4）教师有责任为这个职业作出贡献，能够迎接未知的挑战

表中所涉及的教师道德情操由学习者发展、学习者差异、学习环境等10个方面的内容构成，不同维度的道德情操要求共计42项，其内容包含教师的知识、技能、道德等多个方面。这些道德情操要求进一步丰富了教师道德情操的构成，上述标准面向的是教育教学实践，它们既是教师道德情操培养的标准，又是教师道德情操评价的重要尺度。另外，在这些标准中，笼统的概念被细致的道德情操要求取代，其内容使内隐的观念、道德、理念等在教师道德情操的培养与评价中有迹可循。

概而言之，回顾美国教师道德情操的理论与实践发展历程，教师道德情操从单一的维度向综合的行为、认知、道德三维度发展。教师道德情操集中体现在教学过程中，体现在与学生的交流过程之中。教学具有内在的德性要求，道德属性不是被置于课堂教学之外的，教学本身就浸透着道德意义。教学同时致力于智力与道德活动，道德与智力相互依赖。即便教师本人没有明确意识到，教师在课堂上的任何行为也都表现出道德意义。教师决策、教师思维、教师认知方式都应该从伦理道德方面考虑。道德情操概念的提出实为对教学伦理"复兴"运动的回应，道德情操也是一种行为倾向，为基于表现的道德评价提供了论证。

(四)美国教师道德情操的培育路径

教师道德情操培育与职业教学技能的提升，是教师发展的两条迥异路径。与可大量依赖外部专业化机构训练的教学能力不同，教师高尚道德情操的孕育要求教师不断反思与长期坚持，要求教师以开放和包容的心态与学生展开真挚的情感对话，在深刻的情感联结中提高自身的道德修养。

1. 认知与学习

教师道德情操的培育路径包括外在与内在两个方向。外在路径依赖教师作为一名专业教育者的义务。道德不仅是个人伦理层面的追求，更是一种职业义务，它在外部力量的推动下能最有效地呈现出来。从内在路径来看，教师的道德判断与个体的认知图式有关，这种复杂的图式会随着时间的推移和个体的发展发生变化。我们不能假设教师每次在课堂上面临各种情况都会以同样的方式作出反应，但在具备基本道德判断的前提条件下，教师的行为和决定就有了某种一致性。

教师在日常工作中应不断提升教学智慧，同时具备坚定的理想信念，矢志不渝，这对教师的意志力与情感投入有一定要求。教师承担着培养人、影响人、塑造人的重大责任，育人过程作为道德行动不仅是教师个人的内部事务。教师应适当地从烦琐的工作中抽身，积极主动地阅读书籍、参与学术论坛以充实自身精神，深刻理解和把握教育事业对人的成长、对国家建设、对社会发展的意义，反复审视自己的工作与生活，主动学习优秀教育模范的精神，淬炼自身的道德情操。

2. 探索与反思

教学具有道德属性，教师在这一过程中应仔细省察，主动探索，善于反思，敢于引入争论，而不求与标准化的教育模板趋同，抑或是浮于表面扮演一个好教师的角色。个人的道德情操是无形的，培育教师道德情操的过程是检查教师自身的价值观念、教学承诺和职业道德的过程，因此这是一种触及灵魂的实践活动。① 认知、信仰、价值观、文化背景和个人经历都只是塑造道德情操的一部分要素，教师道德情操不是单一的、静态的，而是一个不断变化的动态画面。对于教师来说，没有必要依据单一的公式去鉴别道德情操的优劣，重点在于运用自我意识，积极地互动和自我反思。因此，师范教育项目必须鼓励职前教师在完善知识和技能的同时，锻炼他们的探索意识和反思能力。②

教师的模范作用覆盖于学校生活的方方面面，在课堂教学之外，其一言一行也要如春风化雨般润泽学生的心灵。教师道德情操决定着其看待学生的视角，进而直接影响课堂教学方式与课外师生交流。教学计划的制订、课程的考核评分这些看似脱离课堂教学的事务，都潜在地受到师生关系的影响。实际上，以各种可能的方式关心、引导学生远比完成教学任务要困难，也重要得多，这也是教师职业生涯中无法回避的挑战。学者斯托克斯伯里的建议，在教师培训计划中可以添加带有特定主题的日志，以供

---

① Diez, M. E., "Looking Back and Moving Forward," *Journal of Teacher Education*, 2007(5).

② Schussler, D. L., Stooksberry, L. M., Bercaw, L. A., "Understanding Teacher Candidate Dispositions: Reflecting to Build Self-awareness," *Journal of Teacher Education*, 2010(4).

教师参考。① 教师道德情操的培养过程可被视为一个道德情操故事的发展过程，在这一过程中，教师通过学习与反思获得道德素养的提升，并朝着德性美善的方向发展。

3. 自律与坚持

教师良好道德情操的养成离不开长期的自律与坚持。自律在教师个人的生活中以各种方式表达出来，其中最为显著的是教师的职业承诺和职业价值观。教师在职业发展倦怠期可能只是按照学校的规定完成教学任务，缺乏关怀学生的真挚意愿，但真正的"好老师"不是那些从心理上操纵学生或通过外部强加的规则来管理学生的人，而是那些积极在"关心他人"的道德联想氛围中成功获得学生信任和尊重的人。

具有高尚道德情操的教师必然会发自内心地关怀学生，这种"有原则的道德情操"正是教师美德的体现，美德的形成需要时间和努力。具有高尚道德情操的教师绝不是那些只在口头上谈论职业义务和道德原则的人，恰恰相反，优秀的教师会在他们的专业实践中恪守这些原则并不断地完善美德。教师道德情操的养成需要专注和努力，只有在这样的努力中，教师才能将教学与关怀融合到一起，在与学生相处的每时每刻都自然流露出关怀的信号。因此，一名德艺双馨的教师不仅仅能够遵守行业的规则，而且能通过对道德情操的锤炼，在一种积极的"关心他人"的道德联想氛围中，

---

① Stooksberry, L. M., Schussler, D. L., Bercaw, L. A., "Conceptualizing Dispositions: Intellectual, Cultural and Moral Domains of Teaching," *Teachers and Teaching: Theory and Practice*, 2009(6).

成功地赢得学生的信任和尊重。①

4. 对话与实践

对话是双方共同追求理解、同情与欣赏的过程。对话可以是轻松的，也可以是严肃的；可以富于逻辑性，也可以充满想象力；可以偏重结果，也可以着重过程。但是对话永远应该是一个真正的探寻，人们一起探寻一个在开始时不存在的答案。在对话过程中对他人诚实以待，用开放的心态对待每一项挑战，充分了解他人的观念、情感与态度，理解他人的选择，有助于建构起师生间真挚的关怀关系。

同情心是一种情感能力，作为教师道德情操中的重要维度，往往需要经过长期的实践才能形成。而教师与学生的对话能帮助教师获得更加丰富的移情体验，为丰富的道德想象提供坚实基础。道德想象使个体更容易意识到情境中的行为可能给当事人带来的影响，从而使个体有可能确认隐含道德问题的情境。与此同时，教师道德情操的培育需要教师的教育智慧，实践性知识也需要教师在与学生的交流中不断扩充。总之，教师与学生的教学沟通或情感对话都有助于丰富教师的道德想象，提升教师的道德敏感性。

5. 开放与包容

具有高尚道德情操的教师在面对学生之间的差异与冲突时更能以开放与包容的心态处理问题。教师要熟练且公平地处理文化多样性问题，培养

---

① Carr, D., "Values, Virtues and Professional Development in Education and Teaching," *International Journal of Educational Research*, 2011(3).

开放心态。教师道德情操作为人格的情感领域，在培育过程中更需要情感的投入而不是纯粹的认知方法。

阿莫斯提出了一种面向意识的情感教学法，让教师探索自身的无意识信仰，以便将他们的情感与信仰深度整合。教师努力寻求信仰和行动的一致，并通过这种方式培养同理心和文化意识。① 沃伦提出的文化响应教学法积极致力于社会正义、反压迫和反种族主义教学，其主要目标是促使教师在教学中考虑学生的文化背景差异，共情是这一模型中的关键因素。② 在这一语境下，共情作为一种认知和情感活动，其运用扩展了教师对学生、家庭和社会的认识，这种知识的扩展使教师有能力在信仰、态度和价值观上作出必要转变。当前的教师师范课程受到教学和认知方面的禁锢，应考虑设置更多与社会事件和情感活动相关的课程，让教师更多地走出学校为其构建的专门化教学场所，更多地走向周边真实的社区。这种整合了"超越学校建筑边界"多元文化知识的方法能培育教师的文化意识和共情能力。通过现实世界的真实案例，教师能发现学校之外的问题与冲突，从而更好地理解和处理学校内的差异与分歧，真正为孩子构建起开放与包容的成长环境。

以美国公立研究型大学俄勒冈大学为例，教师必须参加五个类别的课程：教学和评估、课程理论、平等机会、文法、技术。重视多样性和文化

---

① Amos，"Teacher Dispositions for Cultural Competence：How Should We Prepare White Teacher Candidates for Moral Responsibility?，"*Action in Teacher Education*，2011(5/6).

② Warren，"Empathy, Teacher Dispositions, and Preparation for Culturally Responsive Pedagogy，"*Journal of Teacher Education*，2018(2).

包容性是学校长久以来坚持和追求的价值观，课程也涵盖了贫困、种族主义、父权制、殖民及移民等主题，这与教师道德情操中所强调的道德伦理操守与关怀尊重他人的追求相一致。

(五)美国教师道德情操的评价

依托于标准化、系统化的教师专业道德规范，美国教师道德情操的评价体系不仅囊括了知识、技能，以及运用知识、技能的积极态度，还突出强调知识、技能之外对教师成长至关重要的价值信念和道德追求。

1. 美国教师道德情操评价的内容

科学学习的倡导者布克曼认为，教师道德情操已在社会科学中得到了定义，这个定义与探索教师的个人和情感经历几乎没有关系，而是围绕着教师的职业义务形成的。在评估教师的性格时，必须基于详细的分析和经验活动，这种方法要求评估完全与专业教育者应该秉持的原则，以及社会和学生对他们的期望联系在一起。

在此类观点的影响下，2008 年，NCATE 将道德情操界定为教师在与学生、家长、同事、社区交往中，通过语言和非语言行为表现出来的，有利于学生学习与发展的专业态度、价值观和信念。[①] 高校对教师道德情操内容的评价各不相同，在界定教师道德情操时，只需要在遵循 InTASC 1992 年标准中提出的原则基础上，自行确定对教师成功至关重要的道德情操。秉承这一原则，美国高校对教师道德情操的界定分为广义和狭义两

---

① 王凯：《专业品性：美国教师教育标准的新元素》，载《教育研究与实验》，2011(3)。

种。广义的教师道德情操包括知识、技能，以及运用知识、技能的积极态度。狭义的教师道德情操突出强调知识、技能之外对教师成长必不可少的"杀手锏"[1]，教师道德情操的评价基本依托于此内容展开。

2. 美国教师道德情操的评价方法

基于定量研究方法的教师道德情操评价常常采用行为检核表法与评定量表法。

行为检核表是一种列有各种行为活动的表格，观察者在实际情境中观察并逐项检核受测者的行为，然后统计整理，以了解受测者在什么时候会出现何种行为。这种方法最能揭示被评者的实际行为表现，受到评价实施者的青睐。在开展教师道德情操评价时，孟菲斯大学采用瑞克和夏普 (Rike and Sharp) 2008 年开发的早期儿童教育和行为检核表评价教师候选人的道德情操。该表由四部分组成：课堂行为、实习行为、沟通技巧和一般道德情操。评价人员根据所处的环境估计教师候选人的行为频率，如果观察到某种行为，就在"总是""通常""有时"三个频率中进行合理的选择；如果没有观察到某种行为，则什么都不填。[2]

评定量表法又称等级评定量表法，是指在系统观察个人或团体行为的基础上，对教师道德情操开展等级评定的方式。评定量表一般包含两个部分：一是评价指标，即被评价的道德情操；二是评价标准，即回答选择模

---

[1] 郝篆香：《美国教师教育项目中教师品性评价的实施》，载《比较教育研究》，2020(4)。

[2] Lang, W. S., Wilkerson, J. R., "Disposition: How do You Know It When You See It?" American Association of Colleges of Teacher Education(AACTE) Annual Meeting, New York, 2007, pp. 1-13.

式。一般量表会要求给出等级或分数。常用的道德情操评定量表有两种：第一种是比较等级评定量表，即通过团队成员之间的比较评定等级；第二种是标准等级评定量表，即先定出一个等级的评定标准，然后对照标准确定被评定者的等级。

多数美国高校均选择自己研发的评价量表进行教师道德情操评价。坦帕大学将教师道德情操评价表分为大学课堂环境中的道德情操评价和教学实习环境中的道德情操评价两部分。坦帕大学由两位教授和两位教师候选人组成研究小组，通过问卷调查和访谈收集来的信息，确认教师候选人在大学课堂和教学实践中的道德情操指标，创建教师道德情操评价工具。评价人员对教师候选人的各个道德情操行为进行等级评价，同时对教师道德情操的提升给出建议。①

基于定性研究方法的教师道德情操评价常常采用访谈陈述法与反思写作法。

在访谈陈述法中，被评定者会接受一系列提问，需要按照自己的实际情况进行回答，报告自己的态度、感受、行为反映倾向。访谈问题集中在内在动机、学习热情、有效的沟通、反思和协作等方面。当教师候选人回答问题时，评价人员会引导他们反思和分享生活经验，以确认他们是否具备相应的教师道德情操。以阿肯色州的亨德森州立大学为例，访谈问题是经过研究人员在该大学所有学院试验后确定下来的。为了帮助教师候选人

---

① The University of Tampa, "Dispositions Assessment in Teacher Education: Developing an Assessment Instrument for the College Classroom and the Field," http://www.aabri.com/OC2010Manuscripts/OC10102.pdf., 2024-08-07.

和评价人员对道德情操的各个级别有更好的理解，研究人员专门制作了一个培训视频，详细讲解教师道德情操等级的差异。[1]

撰写反思文章能多角度地、动态地记录教师的内在认知与情感波动。例如，盖恩斯维尔州立学院的教师候选人申请教师教育项目时要接受道德情操预估，在此期间，教师候选人要准备展现自己道德情操的作品集，如教学录像或反思道德情操的日志等，同时要写一篇以教学活动、学生交流为主题的道德情操反思文章。[2] 这种方式不仅能直观反映教师候选人的道德情操水平，而且能展现他们在教学过程中道德情操的提升。

3. 美国教师道德情操评价的未来发展

美国教育学界针对教师道德情操评价的讨论中长期存在两种对立的观点：一种观点认为教师道德情操应完全从社会心理学、认知科学的角度出发来定义，另一种观点则认为应通过教师的内省、情感和反思来定义。前者提倡依靠科学的手段，而后者虽然关注个人内在，但也不是完全无视科学，而倾向于探索那些不可测量的领域，这为道德情操评价的实际操作增加了难度。

总体而言，未来对教师道德情操的评价方式，应实现对过度量化评价

---

① Lang，W. S.，Wilkerson，J. R.，"Disposition：How do You Know It When You See It?，" American Association of Colleges of Teacher Education(AACTE) Annual Meeting，New York，2007.

② Maryellen，C.，Barbara C.，"Value-added Measures of Teacher Candidates' Dispositions，" SRATE Journal Fall-Winter，2012(1).

的质性超越，实现德育评价方法的质性转型。基于此，评价方法要从测量、打分等定量方法向参与式观察、档案袋记录、故事性评价等方法转变，从而全面考察教师的情感、态度、价值观等内隐德性素质。

首先，要根据教师的反思性实践和反思性思维建构框架，评估内容更加关注教师的内在感受和学生的直观回馈，以教师的真实道德情操需求为根基，回应不同利益相关者的主张。

其次，在质性道德情操评价的视域内，评价既是一个师生共育、多主体共同成长的发展过程，也是一个多元价值之间的协商、理解、动态的建构过程。教师道德情操的评价应回归育人本质，不仅面向学生的成长发展，而且面向教师的心灵健康、职业健康发展。

再次，质性道德情操评价将教师视为道德情操评价故事的主人公，教师的个性化经验构成这一故事中的起伏情节，而其他评价者和利益相关者则作为叙事者与教师共同叙述道德情操故事，以实现道德情操评价方式的多样化。

最后，教师的道德情操反思文章的撰写能够将质性道德情操评价全过程以一种叙事性的方式呈现出来，将一个个生动有趣、富有魅力的故事呈现给读者，充分展现教师道德情操的特殊性、情境性与复杂性。质性道德情操评价将评价过程本身视为一个道德情操故事的发展过程，这实际上是为教师道德情操评价进行"赋值"和"增值"的过程。[1]

---

[1]　李西顺、方文惠：《学校德育评价的量化困境及其超越》，载《当代教育科学》，2023(9)。

二、加拿大教师道德情操

教育工作者的道德行为和职业认同受到了加拿大教育界的广泛关注，教育工作者和学者一直致力于更好地理解教育实践的伦理维度。安大略省教师协会是加拿大独具代表性的教师专业自治团体，负责制定及贯彻实施安大略省教师守则——《教师职业实践标准》和《教师职业道德标准》。此处以安大略省的教师资格规定为例，描述教师伦理道德的起源与发展。

(一)加拿大教师道德情操的内涵与发展

道德实践是加拿大安大略省教师职业的核心，是基于教师职业与公众共同商定的一套道德标准和原则。自 1997 年起，加拿大安大略省教师职业道德框架的修订和完善一直是安大略省教师学院的核心任务。该学院通过立法被确立为省教师职业的监管管理委员会，学院管理委员会批准了一套初步的道德标准，并在后续年间不断对标准进行审查。通过对不同主题案例的分析，包括各种宗教不宽容问题、性别问题、课堂管理策略、学生诚信问题等多元主题，从中识别出核心道德标准与实践标准，并总结了教师职业的四个核心道德标准：关怀、正直、尊重和诚信，如表 3-4 所示。图 3-1 中教师职业的实践标准更是传达了指导安大略省教育工作者日常实践的集体愿景：对学生和学生学习的承诺、专业知识、专业实践、学习型社群的领导力、持续的专业学习。安大略省是加拿大唯一一个将行为准则和道德规范分开，分别制定政策文本的省份。安大略省因为制定标准的有效性和科学性，获得了联合国教科文组织的认可。[①]

表 3-4 安大略省教师学院教师职业道德标准

关怀	接纳、同情、兴趣——在实践中通过积极的影响、专业判断和同理心来开发学生的潜能
正直	诚实，可靠，对专业承诺和责任的持续反思
尊重	尊重人的情感健康和认知发展；树立对文化价值、社会公正、个人隐私、自由和民主的尊重
诚信	在与学生、同事、家长、监护人和公众的职业活动中保持公平、公开和诚实

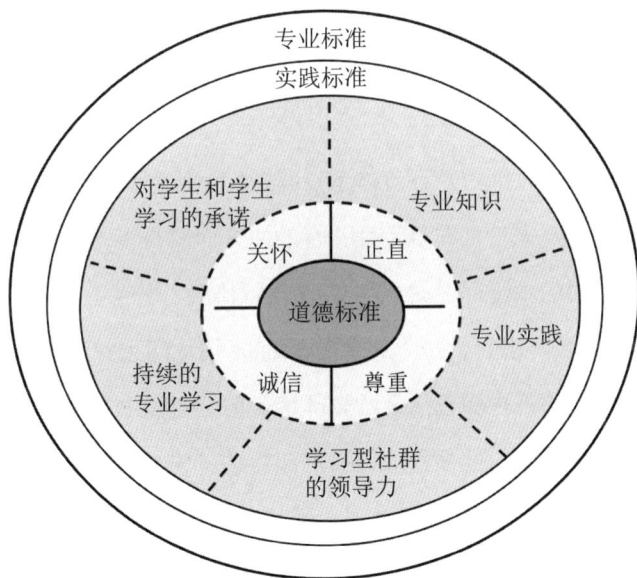

图 3-1 教师职业的道德标准、实践标准和专业标准

① 李丹丹：《基于师德建设视角的加拿大安大略省教师守则研究》，硕士学位论文，华中师范大学，2012。

(二)加拿大教师职业道德的管理与评价

加拿大向来重视教师职业道德规范建设,在实践中摸索出了一套有效约束教师职业道德行为的管理制度。以安大略省为例,该省中小学师德问责制度分为认证制度、评价制度、解聘制度三部分。

首先,高标准的教师选拔与认证保证了教师队伍的整体素质。在安大略省,教师全部具有双学士学位,当中还有一定比例的硕士和博士。[1] 教师候选人在获得双学士学位后,需要到安大略省教师协会申请教师资格并注册成为安大略省教师协会的会员,才能到中小学求职和任教。[2] 尤其值得一提的是,安大略省教师协会会员注册环节对个人品行坚持高标准、严要求。

其次,加拿大教师道德评价体系以《教师职业道德标准》为依据,该标准经过多次修订与完善,在科学性、有效性方面获得多方验证。安大略省中小学教师道德的主管部门是安大略省教师协会,协会主要依据《教师职业道德标准》对教师进行管理。该道德标准分别从四个方面规范和约束教师的职业行为,评价指标包括鼓励教师维护职业尊严和荣誉,明确教师应当承担的义务和责任,引导教师的决定和行动,树立教师的教育威信。安大略省对教师的职业道德高度重视,其评价指标具有客观性和全面性的特点。

---

[1] 黄正平:《加拿大安大略省的教师教育及其启示》,载《教育评论》,2015(1)。
[2] 颜桂花:《加拿大中小学教师教育与资格制度》,载《教师教育研究》,2008(4)。

最后，教师解聘制度是师德问责制必不可少的环节。目前，安大略省的教师解聘制度已经走上了法治轨道，为规范教师职业行为奠定了制度基础。

(三)加拿大教师道德情操的特征

加拿大在教师职业道德规范建设中，明确界定了教师职业道德情操的内涵，涵盖了教师道德发展的多层面因素，并在此基础上构建了科学完善的师德评价体系，从法制层面为教师道德情操发展提供了基础性保障。

教师职业道德规范中的关心、正直、尊重、诚信四个指标对教师道德情操提出了极高要求。教师要关心学生，关爱学生并了解学生的潜力。教师通过正面的影响、专业的判断，以及在教学活动中与学生产生的互动来帮助学生成长。正直体现的是教师可靠的品质，对开展教学活动和从事职业本身进行反思有助于增强教师的责任感。尊重的本质是平等和信任，教师应尊重学生的尊严、情感，以及其认知的发展。教师和学生、同行、家长、社会公众之间的关系都是以诚信为基础，诚信体现的是教师与各方之间平等、真诚和开放的真挚联结。

教师不仅需要有道德实践，还必须树立榜样、向他人示范一种对道德行为的尊重。教师的职业道德不是一套单独的、离散的标准，它不可避免地与专业知识交织在一起。伦理知识作为职业道德在实践中的表达，有可能定义教师的专业精神，甚至是教学的本质。

第二节　欧洲国家关于教师道德情操的理论与实践

欧洲国家关于教师道德情操的表述中很少明确提出对教师职业道德的要求，但关怀、正直、尊重、诚实等道德原则和概念集群被大多数国家的教师标准提及并内嵌于教师执业标准之中。本节将聚焦英国、法国、德国和芬兰四个国家的教师道德情操状况进行论述。

一、英国教师道德情操

英国的教师被认为是"至关重要、独特而深远的"角色的一部分，道德情操在教师专业发展过程中逐渐内化为教师精神追求的一部分。

（一）英国教师道德情操的内涵与发展

英国作为有着古老传统的欧洲国家，历来注重教育，尤其是教师教育的质量。随着 1998 年《教师：迎接变化之挑战》的颁布，英国的教师专业化改革成为焦点，公平、诚实、尊重和责任等教师道德内涵不断被明确提出，英国中小学的教师道德规范是随着教师专业化规范成长起来的。与其他国家相比，英国制定的教师道德规范以道德规则为主，形成以约束功能为主，激励引导功能为辅的行为指导规范。英国政府相继颁布并实施了四个不同版本的教师专业标准，都对教师道德进行了规定。在教师培训中，职前教育注重的是对职业理想和基本品质的要求，入职教育培训注重的是规范教师的行为，在职教育培训则将道德行为深化到教学技能中，注重提高教师的团队精神和教学自信，以便引导教师自主遵守师德规范。[①]

2007 年，英国全国教师联盟为其成员发放手册，详细规定了教师职业的禁止行为，并将其细分为不合适的行为、有争议的行为、渎职行为和失职行为。[②] 该手册对教师行为的规范涉及工作、教学、生活等多个方面，尽管所列行为并不是一份详尽的清单，但是有关教师常见的失德行为都能找到对照标准，易于认定和评价，具有可操作性。[③] 这种给出行为底线的方式，避免了规范条款的模糊性，使教师道德标准更加清晰、具体，易于参照和执行。

2012 年 9 月，英国颁布了新修订的教师标准，明确规定了教师在从事教育教学活动中应遵守的个人与专业操守，并要求教师以其承担的法定职责与义务作为自己从事职业活动的重要依据。英国根据自身的国情制定了众多与教师道德相关的法律法规和规范性文件，如《教师习惯法》《英国教师职业标准》等，在这些条文中都详细地说明了教师在教育教学过程中应该具有的基本技能和职业操守。

---

① 乔花云、司林波：《英国中小学师德问责制述评》，载《上海教育科研》，2018(9)。
② 程红艳：《英国专业教师应该避免的行为》，载《中小学管理》，2011(2)。
③ 朱水萍、尹建军：《师德违规行为惩处的国际经验及启示》，载《河北师范大学学报（教育科学版）》，2019(6)。

总体而言，英国的教师道德规范多以行业规范的方式呈现，其中《确保儿童在教育中的安全法定指南》规定了校长、教职工、管理机构、业主和管理委员会必须履行的责任，维护和促进中小学学生的福利。《教师标准》确定了英国教师的最低预期实践水平，在2012年修订的《教师标准》中，新增了"教师个人行为准则"板块，定义了在整个教师职业生涯中的教师行为和态度标准。《幼儿教师标准》指出幼儿教师首先要关心婴幼儿的教育和生活，负责在专业实践上和行为上树立最高标准。《教师不当行为》中罗列了教师不合适行为，尽管所提及的行为并不是一个详尽的清单，但是普通的失德行为都能找到其对照标准。

这四项规范的内容相互联系、相互支持。《教师标准》中的"教师个人行为准则"从道德理想层面对情感和态度提出指向，主要起着激励作用。《教师标准》的其他部分、《幼儿教师标准》及《确保儿童在教育中的安全法定指南》从道德原则层面对行为基准提出指向，具有指导作用。《教师不当行为》从道德规则层面对行为底线提出指向，主要起约束作用，其细则具有易于界定和易于评价的特点。

(二)英国教师道德情操的特征

如前所述，在英国，教师角色被认为是"至关重要、独特而深远的"，其行为应该符合极高的专业标准要求，对于杰出教师而言更是如此。杰出教师在具体领域应有独特的专长，把专业化作自身整体品质的一部分。杰出教师是优秀的教师，对学生有重要的影响，他们在教室充满自信，并能轻松激发学生的想象力。杰出教师能在学校承担管理或其他职责，也会在课堂之外进行教育活动。他们是杰出的专业人士，高标准地履行教师职责。他们对自己的专业或科目充满热情，能敏锐地识别出所教课程内容的重要性。[①]

与此同时，英国对教师的职业要求和道德情操标准充分强调整体性，以杰出教师的标准为例，它对教师人格各方面进行了规约和塑造，而不是一份列表打钩的标准清单。[②] 虽然对教师的专业要求可以明确地分为知识传授、课堂表现、教学成果、环境和特质、专业背景几个部分，但杰出教师的道德品质内嵌于整个标准之中，并作为教师一贯的行为准则，在教师专业发展过程中逐渐内化为其自身特质，能被创造性地运用于教师的实践活动。

与美国不同的是，英国学校的教师和校长拥有更多教学和课程开发的自主权。校长一直是课堂教师，并且许多校长还作为"教学领导"承担着指导教学的责任。在教学管理上，学校把专业发展活动或课程开发权让与教师。校长更多地被视为教学的领导者而非管理者。[③] 英国教师在"教什么"和"如何教"上拥有很大自主权，为此英国政府规定早期教育专业教师应拥有两项非常确定的能力，即反思型实践能力和领导型实践能力。可以看出，以实践为主轴，以反思型实践和领导型实践两项能力培养为核心，以

---

① The department for education，*Second Report of The Independent Review of Teachers' Standards*，London，The department for education，2012，p.22.

② The department for education，*Second Report of The Independent Review of Teachers' Standards*，London，The department for education，2012，p.22.

③ 赵昌木：《英美两国教师专业发展比较研究》，载《外国教育研究》，2006(6)。

此来构建早期教育专业教师的整体发展框架，这是英国设计《早期教育专业教师身份标准》的基本价值取向。①

二、德国教师道德情操

德国教师拥有很高的职业待遇和口碑，在任职资格、服务的权利和义务等多方面都要达到规范化要求。教师的道德情操素养被认为能够直接影响并决定学生未来人生发展，为此，德国教师不仅要引导学生树立正确的世界观、人生观、价值观，甚至要从学习、生活中的细节层面潜移默化地影响、约束学生的行为。

(一)德国教师道德情操的内涵与发展

德国的教育历史悠久。19 世纪德国著名的民主主义教育家阿道尔夫·第斯多惠在长期的教育实践基础上，于 1835 年出版了《德国教师培养指南》并指出：教师是学校里最直观的、最重要的模范，是学生活生生的榜样。教师作为学生的榜样，有示范引领作用。教师应该有坚定的政治信仰，有进步的政治态度，有专业的授课教学技巧，有充沛的致力于教书育人事业的精力，发动别人去追求真、善、美。② 正如雅斯贝尔斯所说：教

---

① 胡恒波：《英国早期教育教师标准的价值取向与改革趋势》，载《外国教育研究》，2014(8)。

② ［德］第斯多惠：《德国教师培养指南》，袁一安译，23 页，北京，人民教育出版社，2001。

育须有信仰，没有信仰就不称其为教育，而只是教育技术而已。[①]

2004 年，基于国际学生评估项目(PISA)和教师专业标准在部分发达国家的施行及其取得的良好效果，德国各州教育和文化部长会议颁布了在全联邦范围内适用的教师职业能力标准《教师教育标准：教育素养》，在教学能力、教育能力、评价能力及创新能力四个领域为职前教师的大学修业阶段和职业见习阶段规定了应当达到的 11 项具体要求。[②] 随着科技进步和教育环境等方面的变化，德国于 2014 年对该标准进行了第一次修订，以满足包容性教育的要求，使教师能够专业地处理多种问题。2019 年，德国对标准进行了进一步完善。

2019 年修订之后的教师教育标准明确了教师应当符合下述五个方面的要求：第一，教师是教学的专业人士。其核心任务是依据科学知识有针对性地计划、组织和反思教学的过程，并对该过程进行个人评价和系统评价。教师的职业素质决定其教学质量。第二，教师应当意识到，与学生家长的合作越密切，教育就越能获得成功。如果出现教育问题或者学生在学习过程中受挫，双方应当相互理解并共同着手寻求建设性的解决办法。第三，教师能以称职的、公平的和负责任的方式履行职责。为此，教师应当具备较充分的教育心理学知识和诊断能力。第四，教师应利用培训和进修等机会不断提升自身能力，以便在教育教学活动中运用科学知识的新成

---

① ［德］雅斯贝尔斯：《什么是教育》，童可依译，44 页，北京，生活·读书·新知三联书店，2021。

② 杨琴：《德国〈教师教育标准：教育素养〉的修订及启示》，载《西南大学学报(社会科学版)》，2023(2)。

果。此外，教师应与校外机构保持适当的联系。第五，教师应参与学校发展，塑造有利于促进学习的学校文化和具有激励作用的学校氛围。为此，教师应当具有参与学校内外部评价的意愿。除此之外，教师还应具备与同事或其他专业机构合作的能力。

无论是否符合道德标准，也无论是否有意识，教师都会通过自己的言谈举止不断影响学生，因此，教师应成为"可信的榜样"，向学生传递鲜明的价值观取向(表3-5)，并为学生的决定提供道德依据。在不同的价值取向下，教师呈现不同的教育风格，并采取不同的教育方式(表3-6)。

表 3-5　德国教师职业价值取向及内涵

价值取向	内涵
关怀	关怀的重点是教师与职业活动中的其他参与者，特别是学生之间的关系。关怀包括欣赏对方和尊重对方，欣赏和尊重不是强加于人的
公正	在教师的职业行为中，当行为者在判断中被置于相互之间的关系中，并受到平等对待或根据其需要或优点受到平等对待时，公正就显而易见了。参照科尔伯格的观点，重点不在于单个行为者的需要，而在于不同行为者之间需要的互换性
责任	在教师的职业活动中，责任包括确保相关任务或职位尽可能顺利进行和不造成损害的义务。作为一名教师，必须强调对某一事物(如学生的安全)负责与对某一事物(如规范、其他行为者)负责之间的关系
诚实	如果一个人的信念不是由过分强调其他价值观或受到其他工具性因素的影响而决定的，那么真实性就会在自己的信念中发挥其作用。此外，必须根据自己的价值观作出合理的决定并付诸行动

表 3-6　德国教师教育风格及教育方式

教育风格	教育方式
浪漫主义	教师在课堂上提供材料，如小故事、调查问卷等，学生利用这些材料分析不同的价值观。教师的作用相当有限。学生应尽可能自主发展
技术式	教师利用各种材料传递学校规章中规定的核心价值观。学生必须学习这些不同的价值观和相关知识。学生的发展和重要价值观念由教师积极影响
发展或渐进式	教师利用各种案例或不寻常的人物故事来引导道德上正确的行为。学生可以通过思考这些例子来了解不同层次的道德行为。因此，重点不是简单地采纳某种价值观，而是思考在不同情境下的道德正确行为
榜样式	教师不是通过材料或与学生的讨论来传授价值观，而是以身示范。只有通过教师的模范行为，学生才能学习到价值观的重要性，才能模仿和采纳这种模范行为。学生不主动参与价值观教育

(二)德国教师道德情操的特征

在德国，教师原则上是公务员，录用的资格条件非常严格。教师作为国家公务人员必须履行法律规定的义务，包括国家政治方面的义务、职位工作的义务及行为义务。德国发达的教师教育为德国培养了高素质的教师群体，他们为德国经济发展奠定了基本保障。德国的师范教育研究历史悠久，师德规范比较系统化。德国的师德规范侧重于三点：一是要求教师热爱自己所从事的职业、教授的学科及学生；二是要求教师有崇高的人道主义精神；三是要求教师在教学工作中对政治保持中立的态度。①

---

① 岳伊娜：《中德高校师德建设比较研究》，硕士学位论文，西南大学，2019。

德国对教师录用要求严格，德国教育学家斯普朗格在《教育与文化》中提到，教育的最终目的不是传授课本上的知识，而是要激发人的创新能力和潜力。赫尔巴特在《普通教育学》一书中指出，教育的目的就是培养有善良美德的人。赫尔巴特把教育过程分为三个部分：管理、教学和道德教育。道德教育要贯穿教育过程始终，而道德教育只有通过教学才能实现，教育、教学又必须从管理抓起。

德国教师的一般价值取向和特定职业价值取向与整个社会的价值取向一致，而且大多符合家长们的期望。关怀、公正、责任和诚实是教师职业行为的重要价值观。各州宪法和学校法中相关规定的复杂性反映了各地区对学校价值观教育的不同看法。各州宪法和学校法中列出的教育目标为学校和课程中的价值观主题及由此产生的规范提供了法律框架。在德国，普通学校的教育任务由各州宪法和学校法规定，并由教师直接负责完成。所有法律都明确或隐含地提到了包含人性、民主、自由、宽容、责任和和平意识的教育。从立法的角度看，这些都是社会的重要价值观，应在学校的课堂上传授。

三、法国教师道德情操

法国一贯重视通过法律途径规范教师行为，法国教师和教育工作者更多地把自己的职业看作一种承诺，在职业生涯中展示自己的道德情操。

(一)法国教师道德情操的内涵与发展

法国是欧洲的半总统共和制国家，其教师教育改革的特色鲜明，在师德培养方面也体现了独有的风格。自拿破仑时期建立师范学院起，法国就非常重视道德引导，当时的法国师范学院与一般意义上的大学有着不同的价值理念，更注重道德，注重培育学生和教师之间的密切关系，教师具有很强的职业责任感。法国师范学院的教学理念被继承和延续下来，为法国师德培养打下了坚实的基础。

法国通过一系列法律法规明确了中小学师德的问责主体。法国实行中央、学区、省三级教育管理体制，中小学师德问责的主体包括中央级别的国民教育总督学、学区级别的学区督学、省级教育督学、学校校长和家长等。[①] 在培养制度方面，法国建立了"大学级教师培训学院"，使得所有教师候选人能够在统一标准下获得培训。志愿成为教师的考生在获得学士学位以后，要通过大学级教师培训学院的选拔，在面试阶段还要接受品行、身体素质等各方面的综合考察，才能入校继续学习。

在师德的评价方式方面，法国建立了健全的督导制度，国民教育总督学、学区督学、省级教育督学和学校校长等负责对中小学教师的职业行为进行监督和管理。在纪律惩戒方面，由于法国教师具有国家公务员的身份，教师除了需要遵守教育法律法规，还必须遵守《公务员总章程》，出现了违反公务员相关制度的行为同样需要被行政问责。

法国长期以来一直为其教师和教育工作者提供明确的道德准则，这体现在具有象征意义的《太阳法》中，该法直到 1979 年才规定了教师的职业

---

① 　王楠、乔花云：《法国中小学师德问责制的内容、特点及启示》，载《教学与管理》，2017(4)。

道德。继 2005 年颁布的《学校未来方向与计划法》之后，法国教育系统为教师制定了一份专业技能清单，鼓励教师"作为负责任的教育者，按照道德原则行事"。[①] 如今，法国的制度规范与职业道德（通常是工会道德）之间的一致性似乎已经瓦解，这促使人们呼吁教师对自己的职业生涯承担道德责任，寻找道德资源来规范自己的行为，并将道德能力纳入专业技能参考框架。[②] 规范性道德与主体伦理之间的区别有其现实意义，教师在决定自己的行动时，要区分哪些是规定给个人的道德义务，哪些是个人的私密问题，还要在专业领域处理好道德（规定的）和伦理（应用的）之间的互补性。表 3-7 列出了法国关于教师职业和职业道德的三种论述。

表 3-7　关于教师职业和职业道德的三种论述[③]

共和主义论述	人文主义论述	新自由主义论述
职业是人的使命所在	职业是一种自愿表达的承诺	职业是一连串操作的有效执行
职业道德是对机构职业道德守则的职业承诺	职业道德是对职业理想和职业外理想的追求	职业道德是个人对意义、一致性和有效性的追求

法国的法律对教师的约束不仅体现在行政职能上，还在工作时间以外的私生活方面作出了很多规定。在教学活动或任职期间，任何有违职业道

---

① Ministère de l'Éducation Nationale, "Référentiel des compétences que les professeurs, professeurs documentalistes et conseillers principaux d'éducation doivent maîtriser pour l'exercice de leur métier," Bulletin officiel du 25 juillet 2013.

② Dupeyron, J. F., "La Formation d'une Vie Éthique dans les Collectifs de Travail des Enseignants et des Éducateurs en France," *Formation et profession*, 2013(3).

③ Dupeyron, J. F., "La Formation d'une Vie Éthique dans les Collectifs de Travail des Enseignants et des Éducateurs en France," *Formation et profession*, 2013(3).

德和不负责任的行为都将受到刑事和纪律双重制裁；在私生活中，教师的行为若与其身份地位不相称，可能受到免职处分。法国中小学师德问责制在表现出优势的同时，也存在着一些不足，如高度集权的教育管理制度导致师德问责的主体较单一，不同家庭条件的学生被区别对待，教育立法的党派色彩较浓等。对教育专业人士而言，法律规定了其行动的限度，但显然，法律在这方面的规则是"不完善"的，正是在这种不完善中，教师的教学自由或教育者的决策空间才得以体现。[①]

(二)法国教师道德情操的特征

法国教师道德情操，从根本上说，是教师对托付给他们的学生、同事、家长和全体公众的道德承诺。[②] 在人文主义的激励下，教师将自己的职业视为一种承诺，将职业目标、教育追求和政治理想融为一体，希望实现学校和社会的共同变革。在"使命"与"承诺"之间，年轻的教师被要求在他们的职业承诺中把握道德维度，而年长的教师则被要求在他们的职业实践中进行批判性的道德反思。教师成为道德的代理人而不是道德的表演者。教师道德内部基准指向个人价值观、行事原则、教学经验和适应能力，教学伦理作为教师团体性义务的合理清单，发挥着确定身份、鼓励承诺、促进决策和使实践道德化的作用，展示出教师教学和教育行动的伦理

[①]　Dupeyron，J. F.，"La Formation d'une Vie Éthique dans les Collectifs de Travail des Enseignants et des Éducateurs en France," *Formation et profession*，2013(3).

[②]　Moreau，D.，Jutras，F. et Jeffrey，D.，"L'Éthique Professionnelle de l'Enseignement：Regards Croisés France-Québec," *Formation et profession*，2013(3).

道德。

　　教育者如何以道德的方式生活仍是一个悬而未决的问题。培训机构所提供的仅仅是一套教学技能，法国公立学校对教师进行的伦理和道德培训仅限于狭小的范围。有时，教育中的伦理问题还被简化为唯一的"共和价值观"问题；教师个人承担过量教学以外的责任并且难以获得集体的支持。因此，大部分教育工作者不认为他们得到了有效的培训和专业支持。近年来，相关的社会科学研究将教师的集体抱怨定性为一种呈现"萎靡"与"痛苦"的防御姿态，认为这种个人主义的姿态不仅无助于教师个人职业发展，也不利于高尚道德情操的形成。

　　在市场的功利主义逻辑下，教师的教学不是在履行使命或遵守承诺，他们被经济话语逻辑裹挟成了平庸的操作者、掌握说教和教学技巧的专业人员。在一个伦理多元化的社会中，教师道德教育应强调教师作为道德代理人在职业情境中自主处理道德问题的能力，分析和解决问题的能力，以及培养道德敏感性和职业判断力的能力，这不仅是一个强化认知技能的问题，而且是一个培养行动勇气的问题。[①] 虽然大多数教师准则对教师道德采取了一种理想化的乐观看法，并且竭力证明共同价值观的存在，但现实中教育事业的确存在着道德困境。究竟该采用何种手段来提高教师自身道德和敏感性，成为一个引人深思的问题。[②]

---

　　① Jutras, F., "La Formation à l'Éthique Professionnelle: Orientations et Pratiques Contemporaines," *Formation et profession*, 2013(3).

　　② Forster, D. J., "Codes of Ethics in Australian Education: Towards a National Perspective," *Australian Journal of Teacher Education*, 2012(9).

四、芬兰教师道德情操

芬兰尤其注重教育平等，公正、自信、责任等品质自然内化为教师日常生活的基本操守。平等地对待每一个学生是芬兰教师较为鲜明的师德特点。

(一)芬兰教师道德情操的内涵与发展

长期以来，北欧教育很注重平等，芬兰尤其如此。芬兰以其卓有成效的教育成就和稳定高效的教育体制闻名遐迩，始终注重在全社会建构让公立学校"成为一个善良生活的核心基础"的教育体系。[①] 芬兰教师培训体系中并未出现专门的教师职业道德培训课程，也没有具体的教师道德考核评价制度。但对诸如公正、自信、责任等品质的追求已经自然而然地融入芬兰教师的选拔和培养过程中，并成为教师日常生活中无须强化的基本操守。平等地对待每一个学生，尤其是有特殊需求的学生，既是芬兰基础教育体系的特征，更是芬兰教师较为突出的师德素养。在芬兰，为每个人提供优质和公平的教育，已经成为全社会的一个共识。

芬兰政府规定义务教育阶段的学生在其居住地就近入学，实施非择校制度，给居住在不同地区的学生提供均等、高质量的教育机会。[②] 具体到

---

① 张乐天：《欣赏教育创新的亮丽风景——读〈芬兰道路：世界可以从芬兰教育改革中学到什么〉》，载《全球教育展望》，2015(5)。

② 李雪垠：《芬兰基础教育模式的成功因素探析》，载《现代中小学教育》，2006(3)。

对教师的要求也是如此，"好的教师要善于激发每个学习者，帮助他们实现成功"，教师要树立"没有坏学生，都是好学生"的理念。[1] 以培育师资闻名的捷瓦斯基拉大学教育研究所所长瓦里亚维直言："我们承担不起放弃任何一个人的后果。"[2]正是在这种理念的引导下，教师在教学管理中不给学生排名次，而是平等地对待每一名学生，将学生的兴趣、才能、个性视为与学习成绩同等重要的方面。[3] 为辅导低收入阶层子女的学习，学校组织教师为他们开设"特别课外活动"，有时甚至将活动时间延长到晚上9点，而学生一年只需交纳4欧元的费用。这些举措都很好地践行了教育平等的理念。正是基于追求平等的制度安排和教师平等对待孩子的素养，芬兰基础教育才能够在经济合作与发展组织开展的国际学生评估项目中接连取得佳绩。

芬兰教师致力于营造让学生感到轻松的氛围，对每个学生充满关爱，让学生感到美好与温馨。在芬兰教师看来，只有在愉悦的环境中，学生才会在优势领域表现出彩。学校努力消除任何可能导致学生失败的结构因素，让学生减少学习的恐惧与焦虑。学校和教师结合学生个体的实际情况制订教育规划，鼓励学生富有创意地生活与成长，对有特殊教育需求的学生更是关怀备至。可以说，给予学生创造性的关怀，照顾那些有特殊教育

---

① Uusiautti1, S., Määttä, K., "How to Train Good Teachers in Finnish Universities? Student Teachers' Study Process and Teacher Educators' Role in It," *European Journal of Educational Research*，2012(4).

② 李水山：《芬兰优质基础教育的特色与启示》，载《世界教育信息》，2010(7)。

③ 邓理明：《芬兰教育的优势及其特点》，载《世界教育信息》，2014(8)。

需求的学生，是芬兰学校教育体系的一大优势。学校努力为有特殊需要的学生提供个人化的、适切的专业支持与帮助。芬兰的中小学校非常具有包容性，有特殊教育需要的学生会得到特有的关怀，他们能够与同伴一起幸福快乐地成长。

课堂上，师生之间的氛围宽松。课堂教学之外，教师和学生之间有很多非正式的交往。在正式和非正式的交往过程中，教师对学生有更为全面和深入的了解，从而能够为学生提供更具个性化和针对性的支持与帮助。教师对学生充满关心与爱护，学生对教师充满尊重和信任。在宽松的氛围中，教师和学生都能够把最好的品质展现出来。[①]

芬兰教师道德情操的形成受许多共同的社会文化观念，如诚实、公正、信任、自由、自主等影响，根植于自身独特的历史与宗教传统，受益于"从摇篮到坟墓"的社会保障制度。芬兰教师拥有的共同教育理念从"城乡无差距的教育资源平等，绝不强调精英的受教权平等"，以及对特殊群体和弱势群体的特别关心中体现出来。正是这些普遍的社会观念与教育理念塑造了芬兰独有的教师职业道德体系。[②]

(二)芬兰教师道德情操的特征

芬兰出色的教育成就与其优质高效的教师职业道德建设密不可分。芬兰教师职业道德内容广泛，但最核心的内容包括善待学生、善于合作、善

---

①　田爱丽：《芬兰教师师德素养的形成与启示》，载《中国德育》，2017(17)。
②　王浩、唐爱民：《芬兰教师职业道德的核心内容及启示》，载《中小学德育》，2019(9)。

立自信及善担责任。

　　首先，芬兰教育体制的构建始终紧紧围绕着学生进行，教师基本具备理解学生处境的同理心，会将学生当作独特的个体对待，进而能够引导其充分发挥自身的潜能。芬兰教师还通过极具包容性的教育理念来善待每一位学生。"在芬兰，包容性教育通常被视为一个教育学问题，而不是一种意识形态问题，它指向在主流教育环境中有特殊教育需求的学生。"①其次，合作能力是芬兰教师素养的重要部分，此项能力是指合作、省思与脉络化的专业发展技能。② 这是一种建立在充分自主和自由基础上的合作，通过对话与讨论来寻求其他力量的协助与支持，以促进教师和学生的共同发展。再次，芬兰教师普遍具有很强的自我效能感，这种自信感来源于芬兰成熟的教师教育体系支撑，体现了芬兰社会对教师群体的要求。最后，大部分教师将教育作为一生的志业，芬兰社会和教育政策成功地赋予了教师职业极强的成就感与归属感，这些都塑造了芬兰教师的职业责任感，教师也自然地将促进学生发展作为自身的道德承诺。③

---

① Malinen, O. P., Väisänen, P., & Savolainen, H., "Teacher Education in Finland: a Review of a National Effort for Preparing Teachers for The Future," *Curriculum Journal*, 2012(4).

② 刘英：《芬兰：教育强国强民》，167 页，广州，南方日报出版社，2011。

③ 王浩、唐爱民：《芬兰教师职业道德的核心内容及启示》，载《中小学德育》，2019(9)。

第三节　亚洲国家关于教师道德情操的理论与实践

本节主要聚焦受到儒家文化深远影响的亚洲三国——日本、韩国与新加坡的教师道德情操状况，深入探寻在这三个国家中被看作"德行标兵"的教师需要遵循怎样的道德情操规范。

一、日本教师道德情操

受到儒家文化的深刻影响，日本教师在道德上偏重于自律，教师应具有良好的教养、坚忍的性格、自律和进取的态度、诚实与包容的品格、责任感与关爱之心。

（一）日本教师道德情操的内涵与发展

日本教育在演进与发展的过程中吸纳了以美国为首的西方国家教育思想。鉴于唐朝的中日文化交流频繁，其教育思想在一定程度上也打上了中国古代儒家思想的浓厚底色。

总体而言，日本教育的演进与发展大致分为以下几个时期：封建社会时期、明治维新时期、第二次世界大战时期、第二次世界大战结束至今。环境因素不断变化，不同时期的日本教育目的也随之改变。在封建社会时期，教育是日本贵族的特权，其目的是维护封建统治者的利益。到了明治维新时期，在救国的迫切需求下，日本开始寻找新的出路，主动学习西方国家的先进思想，在经济、文化等多个领域掀起了改革的热潮，此时的教育也变成输送西方文化思想的工具。经历了近一个世纪的发展，日本的国力迅速壮大，为了获取更多的发展资源，日本主动参与到以掠夺、吞并为本质的第二次世界大战中。在此时期，日本学校以培养"武士精神"为落脚点，大肆宣扬帝国主义思想，这一时期也是日本教育史上的黑暗时期。第二次世界大战后，为了快速恢复经济发展、抚平战争给国民带来的心灵创伤，日本教育逐渐摆脱了军国主义，取而代之的是较为自由、轻松的教育形式。

在这一过程中，教师成为教育的推行者，每一次教育目的的变化都给予其不同的教育任务。不同于界限清晰的教育制度、教育规则，道德情操的演变路径似乎难以追寻，但也并非毫无踪迹。要想窥探日本教师道德情操的演进，我们不妨从其各个时期的文化思想及政治经济制度中寻找依据。

1. 封建社会时期：天地君亲师

早在 7 世纪，作为儒家文化的追寻者，圣德太子就在日本大力推崇儒家文化，他制定了《十七条宪法》，其中第一句就直接借用了儒家思想中的"和为贵"。① 随后，以鉴真东渡为契机，中日人民不断加深彼此之间的交流，

---

① 关松林：《儒学东进及其对日本古代教育的影响》，载《华东师范大学学报（教育科学版）》，2004（2）。

日本更是在政治、文化、经济等方面积极学习中国的优秀经验。基于此，儒家文化在日本广泛盛行起来，有关教育的儒家先进思想也被日本借鉴。

因此，要想探究这一时期日本教师道德情操的内容，还是得回到中国古代儒学上来。传统儒学将教师与天、地、君、亲放在同一高度进行谈论，可见其所对应的道德情操也应该是高尚的。儒学强调了伦理道德，包括忠诚、孝道、仁爱等价值观。这些价值观被纳入日本古代教育体系。我们也可以从"有教无类""教学相长""因材施教"等传统儒家对教师的要求看出，教师应该以身作则，成为全社会优良道德的风向标。封建社会时期的日本也面临着教育垄断问题，能够接受教育的都是王公贵族，教育是服务于政治的。这一点与儒学强调社会等级和秩序相呼应，也与日本的封建制度相符。基于此，古代日本的教育体系有着明显的等级之分，学生有社会地位之分，教育内容也有所不同。此外，儒学经典如《论语》《大学》等成为日本古代教育的核心教材，学生需要学习这些文化经典以培养智慧和学识。因此，可以说儒学东进使得日本开始重视教育的社会作用，这在日本古代社会中具有重要意义。综上所述，儒家文化对古代日本教育的影响深远，塑造了当时的教育体系、价值观和社会结构，并在文化传承和学术研究方面产生了持久影响，为古代日本社会和文化的发展留下了深刻的烙印。

因此，在中国儒学思想的影响之下，日本古代教师的道德情操内涵大致可以分为以下几个层面：一是孝道和忠诚。教师应该成为孩子的榜样，传授孝道（对父母的尊敬）和忠诚（对国家和领导的忠诚）的重要性。二是仁爱。仁爱是儒学的核心价值观之一，教师应该对学生体现仁爱和善意。他们应该关心学生的福祉，培养学生的道德情感和同情心。三是责任和道德操守。教师被要求以高度的责任感履行自己的教育职责，无论是在学术方面，还是在道德方面，他们应该始终遵守道德操守，诚实、公正、正直地对待学生。四是谦逊和自律。教师应该保持谦逊，不自我夸耀，以身作则。自律是另一个重要的要求，以确保他们的行为始终符合道德规范。五是文化传承。教师的责任还包括传承文化和价值观，确保学生理解和尊重传统文化，如儒学经典和仪式。六是教育公平和公正。教师需要对所有学生公平对待，不论其社会地位如何。他们的教育应该建立在公正和平等的基础上，为所有学生提供平等的机会。上述这些道德情操和要求反映了儒学在日本古代教育中的影响，它塑造了教育者的行为准则，并为社会的稳定和繁荣作出贡献。

2. 明治维新时期：顺良、信爱、威重

作为日本近代史的开端，明治维新是日本历史上的一个重要时期，对日本的教育产生了深远影响。彼时的日本处于中西方思潮相互碰撞的时期，在这一历史时刻，日本选择了以传统儒家思想为底色，吸纳西方新式教育元素。明治维新之前，日本的教育主要由寺庙和家族负责，内容受到儒家和佛家的影响。维新政府废除了旧的教育体制，通过设立学制、引入西方教育模式(特别是职业培训)、普及教育等举措，建立了现代的教育系统。为了更好地解决当时的内忧外患，政府注重建立国立学校，旨在培养专业人才，更好地促进日本的现代化。此外，政府还加强了军事教育，强化国防和现代化军队建设，鼓励学生学习外国语言和文化，以促进国际交流。这一时期的教育改革为日本的现代化和工业化作出了巨大贡献，培养了专业人才，使日本在国际舞台上崭露头角。

在这样全国革新的大背景下，教师的作用不言而喻。此时的教育作为明治政府宣传新思想的工具，在一定程度上推动了明治维新运动的顺利进行。为了让教师们更好地发挥宣传作用，日本首任文部大臣森有礼将"顺良"放在第一位，意为在遵循国家意志的前提下发挥育人作用。

作为明治维新时期的重要教育改革者，森有礼提出的一系列教育理念有力地推动了明治维新时期日本教育的发展。其中，顺良(じゅんりょう)、信爱(しんあい)、威重(いじゅう)最能代表其教育理念。"顺良"强调培养品德和道德。森有礼认为，教育的目标应该是培养有德行的公民，他强调道德、正直、诚实和忠诚等价值观。这一理念强调教育的伦理和道德维度。"信爱"则强调培养学生的信仰和爱国心。森有礼认为，教育应该培养学生对国家和社会的忠诚，以及对文化、历史和传统的尊重。这一理念强调教育在弘扬爱国精神和文化传承方面的作用。"威重"是森有礼教育理念中的第三个要素，强调培养学生自律和自强的意志。他认为，教育应该使学生具备坚韧不拔的品质和自我控制的能力，以应对生活中的各种挑战。这些教育理念共同构成了森有礼对教育的综合理解，旨在培养有品德、爱国心和自律精神的公民，为日本的现代化和国家建设作出了重要贡献。在当时的政治背景下，森有礼对教师提出的这几点要求都是奔着为国家培养忠诚、意志坚强的人才去的，而这股冲劲在当时也深深鼓舞着教师们。

因此，在明治维新的大背景下，国家一片欣欣向荣，承担着国家教育大计的教师自然也展现出前所未有的教育热情。可以说，日本明治维新对教师的地位和道德情操产生了深远影响，这一时期的教育改革使教师的角色变得更为重要，同时强化了他们的道德责任感。在这一时期，教师的地位发生了翻天覆地的变化，国家开始注重教育的专业化和现代化，并鼓励教师接受现代化的教育培训。国家层面的种种开放政策使得日本教师需要具备新的知识和教育技能，以应对现代化教育的需求。此外，作为教育浪潮的先行者，明治维新时期的教师还扮演着重要角色：政府将教育视为国家建设的关键要素，教师被视为国家现代化进程的推动者，这使得教师的地位在社会中得到提高，他们被赋予了更大的责任。

由此可知，在明治维新这一特殊时期的大背景下，教师的道德情操也在悄然发生着变化。主要体现为：第一，儒家和西方价值观的融合。明治维新时期，日本教育系统融合了传统的儒家价值观和西方的道德观念。教师传授的不仅是学术知识，还有道德和伦理价值，以培养有良好道德情操的公民。第二，忠诚和爱国心。政府强调教育的一个重要目标是培养学生的忠诚和爱国心。教师被视为培养忠诚公民的重要角色，因此他们被期望表现出高度的爱国情感和道德操守。第三，示范榜样。教师被期望成为学生的榜样，展现出高尚的品格和道德标准。他们的行为和言论对学生的道德发展产生深远影响。总的来说，明治维新时期的日本教师不仅仅是知识传授者，还承担着培养学生道德感和爱国心的任务。此时期的教师有着前所未有的重要地位，加速了日本的现代化进程。

3. 第二次世界大战时期：绝对忠诚，道德两难

明治维新后，日本经历了近一个世纪的发展，其国民经济水平得到大幅度的提升。为了获取更多的发展资源，日本主动参与到以掠夺、吞并为本质的第二次世界大战中。在此期间，日本教育完全沦为当权者对民众的

精神控制工具。

因此，第二次世界大战时期的日本教育表现出以下特点：第一，国家主义教育。日本政府实施了极端的国家主义教育，强调日本的优越性和神圣性。教科书被审查和改编，以促进这种国家主义意识。第二，皇室崇拜。教育系统鼓励对天皇和皇室的崇拜，将其视为神圣的存在。学校在仪式中举行对天皇的敬拜仪式，强化了这种崇拜。第三，军事化教育。政府将教育用于培养忠于政权的士兵和公民，学校加强了军事训练，学生被教育要为国家献身。第四，禁止异议。政府对教育领域进行了严格的控制，禁止反对意见的表达。学校教师和学生被迫遵守军国主义的意识形态。第五，教育内容的改变。该时期的教育内容强调军事技能、战争精神和民族主义，而不是传统的文化和道德价值观。第六，对外侵略宣传。教育被用来宣传和正当化日本对其他亚洲国家的侵略行为，宣扬日本的帝国主义理念。

在此高压态势下，第二次世界大战时期日本教师的地位和作用经历了显著的变化。首先，教师由政府直接控制。政府对教育系统实行紧密的控制，将教育视为宣传和灌输国家主义意识形态的工具。这导致教师在政府的指导下行使职责，受到政府的监督和干预。其次，教师的地位在军事化的教育环境下发生了变化。他们被要求参与学校中的军事训练，并培养为军事服务的人才。最后，为了更好地服务战时的日本，维护日本在国际社会中的形象，教师还被要求在授课中强调日本的优越性和神圣性，同时教材的编写也要符合政府的官方观点。

在这样的历史地位下，第二次世界大战时期的日本教师作用也发生了翻天覆地的变化，主要体现在以下几个方面：第一，国家主义宣传。教师在教育过程中起到宣传国家主义和军国主义的角色。他们强调日本的神圣性和民族自豪感。第二，参与军事训练。教师参与学校的军事训练，为国家和军队的需要作出贡献。第三，时刻保持对政府的忠诚。军国主义政权期望教师对政府忠诚，确保他们将政府的指令传达给学生，并监督学生对政权的忠诚度。第四，进行教育监督。政府加强了对教师的监督，确保他们遵守政府规定的国家主义教育政策，加强教材审查。总的来说，该时期日本教师成为政府意识形态的传播者。

因此，日本教师的道德情操在特定的政治和社会背景下经历了复杂的变化，主要特征如下：第一，时刻对政府忠诚。在军国主义政权下，日本教师被要求表现出对政府的忠诚，拥护政府的政策。他们可能被迫进行政治宣传，宣扬国家主义意识形态，即使这与他们的个人道德观念不符。第二，陷入道德困境。一些教师面临道德困境，因为他们在教育工作中必须平衡政府的要求和自己的道德信仰。有些教师拒绝合作，而有些教师则被迫妥协。第三，道德边界模糊。教师在学校中被要求参与军事训练，他们需要培养学生为军队服务。这引发了关于军事和民众教育之间道德边界的争议。但是，尽管政府施加了严格的控制，一些教师仍然坚守道德底线，努力提供高质量的教育，尽量在政府的限制下提供多样化的教育内容。由此可见，第二次世界大战时期的日本教师面临了巨大的道德挑战，他们必须在政府要求的忠诚和自己的道德信仰之间寻找平衡。

4. 第二次世界大战结束至今

第二次世界大战后，日本的教育系统经历了显著的发展和变革，主要包括以下几个方面：第一，美国占领时期（1945—1952年）的改革。在战争结束后，美国占领军当局对日本的教育系统进行了广泛改革，去除了国家神道元素，推动了政教分离，并且取消了军国主义教育内容。此时期也重新审查了教科书内容，推动了教育的民主化。此时的日本教育系统下至幼儿园，上至大学院，都信奉教师应当成为"自治的生活者"。[①] 教师不仅对学生采取最大限度的民主教育，同时也更多地关注自身的发展。第二，落实《教育基本法》。日本于1947年通过了新的《教育基本法》，确立了民主、和平、爱国、尊重个人权利等原则，这成为日本教育的法律基础。该法案还规定了义务教育的实施，确保了每个孩子都有平等接受教育的机会。第三，大学扩张。战后几十年内，日本高等教育规模迅速扩张，新增了许多大学和学院。这使得更多的日本人能够接受高等教育，促进了国家的经济和科技发展。第四，高等教育改革。在20世纪90年代，日本进行了高等教育改革，以提高大学的竞争力和国际地位。在此过程中，日本引入了独立行政法人制度，以提高大学的管理效率，并鼓励国际化办学。第五，课程改革。日本不断改进其教育课程，以适应不断变化的社会需求。学校更强调综合学习、培养创造性思维和批判性思考等能力。总的来说，战后日本的教育逐渐脱离了军国主义和神道观念的色彩，向更加民主、和平和现代的教育方式演变。这些变革有助于日本成为一个教育水平较高的国家，并在国际舞台上取得显著的经济和科技成就。

---

① ［日］岸川惠理：《自治的生活者としての教师の在り方：池田こぎくの「合科学习」实践に学ぶ》，载《日本教育学会》，1994(53)。

随着教育环境的改善，第二次世界大战后日本教育的内容及目标也更加人性化、人文化，以适应新的社会和国际环境。教育内容的变化主要包括：第一，去军国主义和神道化。战争结束后，日本教育去除了与军国主义和神道相关的元素，这意味着教育内容不再强调国家神道，也不再鼓吹军国主义和帝国主义。第二，加强民主价值观建设。新的教育内容强调民主、和平、自由等价值观。教育鼓励学生尊重多样性，培养公民责任感。第三，更加国际化。随着日本在国际事务中的参与度增加，教育内容也更加国际化，以培养新时代所需的技能和意识。英语教育变得更加重要，以适应国际交流。第四，注重科学与技术的发展。日本教育系统强调科学、技术和工程领域的教育，以支持国家的技术创新和经济增长。

基于以上教育内容，我们不难看出，此阶段的教育目标主要可以归结为：第一，严格遵循基本法原则。《教育基本法》规定了日本的教育目标，包括培养尊重个体权利和自由、追求真理、有责任感且热爱祖国的公民。第二，实施义务教育。确保每个孩子都能获得基本的教育是一项重要的教育目标。义务教育被视为培养未来公民的基石。第三，培养创造性思维。教育的目标之一是培养学生的创造性思维和批判性思考能力，以适应不断变化的社会需求。第四，打造全球公民。教育系统努力培养学生成为有全球视野的公民，使他们能够积极参与国际事务和跨文化交流。经过战火的洗礼，日本教育更强调民主、和平、国际化和科学技术等方面，以适应日本社会经济的发展。这些变化有助于让日本成为一个现代、开放和有竞争力的国家。

为了更好地体现教育强国的目标，第二次世界大战后的日本教师地位和作用也发生了本质变化，首先体现为职业地位的提升。战后，日本政府致力于提高教师的社会地位和职业声誉，提高教师薪酬水平，改善教师工作条件，以吸引和留住高素质的教育人才。其次，日本教师摆脱了战争时的工具属性，开始具备更高的教育权威。教师在学校中被视为权威人物，他们负责传授知识、塑造学生的品德和价值观，以及引导学生的学术和职业发展。他们在学生生活中发挥着重要的引导作用。再次，为了培养更多的国际化人才，适应日本的经济发展，教师还成为教育改革的推动者。教师通常参与教育政策的制定和改革的实施。他们给教育部门和政策制定者提供宝贵的反馈，帮助塑造教育体系，以满足不断变化的社会需求。在学生品德和价值观的塑造上，日本教师不仅被赋予传达正确价值观的使命，在培养学生的社会责任感等方面发挥着关键作用，还负责传承日本历史、文化。最后，日本教师在传授学科知识的同时，还负责关注学生的全面发展。他们提供情感支持，帮助学生克服障碍，鼓励学生追求个人和职业目标。深沢和彦与河村茂雄在 2018 年探究了教师移情与管理之间的关系，他们指出，即使教师有较强的管理意识，但当他们移情能力较低时，也不能管理好班级。反之，只有在管理意识较高，并且移情能力较强时，教师才被认为是有道德的。综上所述，战后的日本教师地位得到提升，他们在塑造日本未来公民的过程中发挥着不可或缺的作用。

在这样的作用驱使下，战后的日本教师道德情操主要包括以下内容：第一，公正与诚实。教师应秉持公正和诚实的原则，对所有学生一视同仁，不偏袒、不歧视，以确保公平的教育机会。第二，爱心与同理心。教师应具备爱心和同理心，关心学生的福祉，理解他们的需求和情感，为他们提供情感支持。这一点与战时教育完全不同，学生被当作一个独立的个体，而非国家或战争的附属品。第三，责任心与专业精神。教师肩负教育使命，对学生的学业和品德发展承担责任。他们应积极提升自己的专业知识和教育技能。第四，尊重与多样性。教师应尊重学生的多样性，包括文化、背景、信仰和能力上的多元性。他们应鼓励学生尊重他人的不同。第五，民主与公民责任。教师应将学生培养为积极参与社会和政治事务的公民。第六，品德与价值观。教师应宣扬正直、勤奋、诚实、友善、宽容等道德品德，帮助学生成长为有社会责任感的人。第六，教育的使命感。教师应意识到自己肩负的重要使命，为学生的未来发展和社会的进步而不懈努力。这些教师道德情操内容在塑造学生成长和培养有良好品德的公民方面发挥了积极作用。教师的道德操守对建立和维护良好的教育环境至关重要。

日本教师道德情操的演进不仅受到当时的政治经济影响，还受到日本颁布的一系列法律的制约。以下是目前为止日本比较具有代表性的教育法及其有关教师道德情操的阐述：一是《教育基本法（教育基本法令）》，颁布于1947年，是日本教育领域的核心法律，规定了日本教育的基本理念和目标。尽管它没有明确详细的教师道德准则，但它强调了教育的公平性、中立性和及时性，要求教师履行其教育职责。二是《学校教育法（学校教育法令）》，最初颁布于1947年，对学校的组织和管理进行了规定，包括学校的设置、课程、学生纪律等。其中对教师的要求为教职员应当遵守法律法规和伦理准则，维护学校的秩序。三是《教育省令（文部科学省令）》，教育省颁布了多个法令来规范日本的教育体系。这些法规可以包括有关教师道德情操的内容，如教育部门的指南，以便明确规范教师的道德操守。四是《教育委员会条例》，各地的教育委员会颁布了条例，用于管理当地的学校和教育机构。这些条例通常包括教师的道德要求，如禁止虐待学生、保守学生的隐私、尊重学生的权利等。

(二)日本教师道德情操的基本特征

由此可见，教师道德情操的发展与演进不单单局限于教师个人，更需要将其放进特殊的历史时代中去考量。通过梳理日本四个比较有代表性的时间段，我们可以归纳出日本教师道德情操具有以下特征。第一，传统价值观的影响。日本教育中受到传统的儒家价值观的影响，注重师生关系、纪律、尊重长辈等传统美德。这些价值观在教育中仍然具有重要地位。第二，战后重建期的改革。第二次世界大战后，日本进行了广泛的教育改革，推动了教育体制的现代化。教育的目标转向了个体发展和民主价值观的培养，同时强调教师的职业伦理和责任。第三，学生中心教育。近年来，日本的教育体系更加强调儿童中心教育，侧重培养学生的创造性、独立性和自主性，这对教师的道德情操提出了新的要求，要求他们更多地关注学生的需求和发展。第四，多元文化社会的挑战。随着经济全球化和多元文化社会的发展，日本的教师面临着更多的多元性和包容性挑战。他们需要处理不同文化背景的学生，培养跨文化理解和尊重的道德情操。第五，技术的影响。信息技术的迅速发展对教育和教师的道德情操产生了新的影响。教师需要处理数字时代的伦理问题，如隐私保护、网络欺凌等，这项要求早在1987年日本临时教育审议会中就已经被提出，

"如果是依靠教师的制作的话，时间、力量有限，必须提高教师运用电脑软件的能力"①。

总体而言，日本教师道德情操的演进是一个复杂的过程，受到历史、文化、社会和教育政策等多种因素的影响。这一演进旨在适应不断变化的社会需求，促进学生的全面发展。

二、新加坡教师道德情操

新加坡教师教育改革强化教师的"道德教育者"特质，强调教师肩负的"道德秉持者与践行者、弘扬者与传授者"双重职责要求，教师既要做一个有道德的人，又要做一个道德教育者。

(一)新加坡教师道德情操的内涵与发展

新加坡自独立以来，其政府就聚焦于本国国民性的发展，先后制定出符合本土教师发展的 V^3SK(价值、技能、知识)模式、21 世纪教师能力框架、"四生"学习模式等，形成了独具特色的教师教育模式，被誉为"教师专业化成长的摇篮"。随着时代的变迁，教师教育发展更要以教师伦理道德建设为先。新加坡尤其强调道德教育在教师发展中的重要性，致力于培养具有"道德教育者"特质的教师。

---

① ［日］吉田貞介：《新教育課程での位置づけと教師教育》，载《日本科学教育学会研究会研究報告》，1988(3)。

2008 年发布的《21 世纪教师教育模型》（Teacher Education Model for the 21st Century，TE[21]）强调"21 世纪的学习者需要 21 世纪的教师"。TE[21] 提出了六项建议，分别是 V[3]SK 模式、师范毕业生能力框架、加强理论与实践的结合、教学法的拓展和培养方案的改进、21 世纪教与学评估框架、增加专业发展的途径，旨在加强教师教育的关键要素，包括基础理念、课程设置、教师期望的成果和学术发展路径。[①]

为促进教师发展，新加坡不断完善教师成长模式，积极更新教师发展框架，鼓励教师开展持续学习，使其掌握专业成长主动权，实现工作与生活双赢。依据"培养 21 世纪接班人"目标，教师成长模式对教师提出了道德教育者、专业胜任者、协作学习者、变革型领导者和共同体建设者五类特质要求。在这五项特质中，道德操守居首，伦理型教育者被视为 21 世纪教师追求的首要目标。关于 21 世纪教师需要具备何种道德情操，V[3]SK 模型将其概括为"以学生为中心""教师身份认同""服务专业与教师群体"三类。

"以学生为中心"的道德追求要求教师具备共情能力，坚信所有孩子都能学会，致力于激发每位学生的潜能与价值多样性，采取多样化的评价方式；"教师身份认同"的道德追求要求教师具备高标准的目标、探究本性、学习动力，并能够持续提升自身修养、富有热情且有较强的适应力、有职业道德、敬业；"服务专业与教师群体"的道德追求要求教师开展协作式学

---

① 杨丽：《高标准教师的培养：新加坡教师教育的经验与启示》，载《教育现代化》，2018(32)。

习与实践，实行学徒制和导师制，积极履行社会责任。具有"道德教育者"特质要求教师成为道德的秉持者与践行者、弘扬者与传授者。道德教育过程中凝聚的道德内涵的浓度和质量，决定了道德外显的感染力，这导致道德教育的实效性必然比其他学科更依赖环境和氛围。①

20 世纪末新加坡的《好公民教师手册》详细标注了教师所必须坚持的高水平职业操守和伦理原则，要求教师注重个人道德品行，能够成为青少年道德学习的楷模，尽力为国家培养出具有良好道德素养、正直、有责任感的公民。② 2020 年，新加坡政府颁布了《教师技能未来信息表》，对教师的教学实践能力和水平进行标准化的指导。新加坡的教师专业标准依据实践取向的教师知识体系，侧重于对外在行为进行观察和评估。新加坡教师专业标准从评估素养、差异化教学、探究式学习、数字化教育、品格与公民教育、支持特殊学生的教育需求六个方面来评价教师在实践中的表现，旨在指导教师加强教学实践能力及教育素养，成为教师开展教学工作的行动指导和行为准则。该标准强调终身学习、全纳教育等理念。

（二）新加坡教师道德情操的特征

新加坡对教师道德情操的关注不仅强调教师个人品格，还强调教师作

---

① 李晓华、李义茹：《新加坡教师教育透视及启示：基于"教师成长模式"的分析》，载《清华大学教育研究》，2020(4)。

② Lee, D., Lee, W. O., "A Professional Learning Community for The New Teacher Professionalism: The Case of a State-led Initiative in Singapore Schools," *British Journal of Educational Studies*, 2013(4)。

为公民的伦理道德建设。新加坡作为多种族和多元文化的荟萃之地，其教师专业标准中贯彻的教育公平更强调对学生中弱势和边缘化群体的关照与补偿，体现起点公平。

在新加坡，教师要以身作则，培养学生的爱国意识和对民族文化的认同感与归属感。新加坡教师专业标准是在全纳教育的视野下制定的，它立足于国民在历史、文化、宗教信仰等方面存在较大差异的国情，以伦理型教师培育为教师教育首任，要求教师增强对多元文化背景学生的包容性，其差异化教学实践就是基于此理念展开的。为了使学生成为具有良好品德的公民并为社会作出贡献，新加坡教师专业标准尤其强调教师对学生价值观的传递和 21 世纪技能的培养。[①]

新加坡教师被寄予道德情操榜样示范的厚望。新加坡政府每年都会表彰一些先进教师，教育部更是订立了"教师誓约"。随着时代的变迁，教师教育发展更以教师伦理道德建设为先，教师教育改革不断强化教师的"道德教育者"特质，强化其作为"道德秉持者与践行者、弘扬者与传授者"的双重职责要求。教师既要做一个有道德的人，又要做一个道德教育者，并且通过将两者结合，成为美德行为和态度的示范榜样。

三、韩国教师道德情操

韩国因其对个人道德价值观的持续关注和对高素质教师的培养而闻

---

① 郑永和、管彤彤、荣振山，等：《新加坡、菲律宾和我国中小学教师专业标准的比较研究》，载《教师发展研究》，2023(4)。

名。韩国教师在国家品德教育中被期待扮演榜样角色，其行为举止必须反映较高的文化和道德修养。

（一）韩国教师道德情操的内涵与发展

韩国重视教育并信奉儒家教义，在国际学生评估考试中屡屡取得佳绩。1954 年，韩国文化协会制定了《教师道德规范》。1958 年，韩国历史最悠久的协会之一——韩国教师协会联合会（Korean Federation of Teachers' Association，KFTA）制定了《教师职业道德》。1982 年，KFTA 修订了这些材料，编写了《教师职业道德》和《教师原则》。2005 年，KFTA 修订并再次颁发了《教师职业道德》，该文件包括五个部分——教师与学生、教师的资格、教师的责任、教育者与协会、教师与社会，每个部分都有四到五项声明。《教师原则》包含以下几个部分和主题：引导学生、提供优质教育、保护每个学生的受教育权、承认教师是一种专业职业、参与教育改革活动、确立和保护教师权利、塑造集体社区，以及提高国家在世界上的地位。

韩国教师职业道德的落脚点在于对知识持开放态度，主要目标之一是确保每个人都能通过教育获得尽可能多的知识来实现自我发展。这对韩国的伦理教育和教师道德情操具有相当大的影响，道德教育的目的是帮助每个人提高他的道德品质和行为。美德不是天生的，而是可以通过教育来习得的，考虑到这一点，教育机构最重要的功能之一就是将个人培养成为好公民。韩国教育部负责监督学校的品德教育课程，鼓励学校通过讨论各种案例，对中学生开展品德教育。通过这些以公民教育为重点的讨论，让学生了解个人的基本责任。

换句话说，道德教育的主要责任在于教师，而不是课程内容。教师作为教育计划的实施者，在向学生传达道德价值观方面发挥着至关重要的作用。在大多数学生的心目中，公立学校除了教师专业规范，在道德上还有另一套标准。根据韩国教育发展研究所的一项研究，大多数韩国人倾向于期望公立学校教师像辅导员那样关心学生，"好老师"的基本要求是关心学生的人格而不仅仅是智力。这与儒家的教育传统密切相关，在儒家传统中，学习的目的是提高自我修养，教育的目的不仅仅是促进学生学业发展或通过考试。有学者将理想的教师职业道德情操属性重新划分为诚信、人际交往能力、尊重学生和专业发展四方面，如表 3-9 所示。

表 3-9　理想的教师职业情操

诚信 做正确的事	人际交往能力 与各方保持良好关系	尊重学生 尊重、公平、待人如己	专业发展 自我更新
（1）向学生提供高质量的学术指导	（1）对自己的行为负责	（1）对每个学生表现出真正的兴趣和欣赏，帮助学生成长和发展	（1）备好每一堂课，及时向学生提供建设性的反馈意见，以帮助促进学习过程
（2）尊重学生和家长，遵守学校法律、政策和规章制度，并对任务负责	（2）创造和维持积极向上的学习环境	（2）帮助学生，鼓励学生，对学生提出较高的期望，给予学生承诺的奖励	（2）应确保传授给学生的知识、技能和信息的准确性和可靠性
（3）行事正直、表现诚实；及时承认并纠正错误	（3）为公众和学校社区成员，特别是学生和家长所信任。塑造相互信任的关系	（3）倾听学生在人际关系、学业或家庭方面的问题，单独和私下解决学生的不良行为或错误	（3）帮助学生以最佳方式发展其心理认知和情感能力，并应在待人接物方面树立榜样

(二)韩国教师道德情操的特征

作为道德模范,韩国教师在自身职业发展和身份认同中常常遭遇困境。当代韩国社会对教师的道德期望与教师可接受的角色之间存在着冲突。在传统社会,儒家思想一直是韩国教育和韩国文化的指导思想,教师原先拥有家长式的地位,但这已不再是现代学校的写照。理想的教师应当拥有自己的教学理念,对职业表现出高度的自豪感和责任感,具有理想的人格特质,掌握相关的专业知识,热爱并尊重学生,为学生提供良好的辅导,能够适应变化,具有专业精神,表现出强烈的职业道德,并且非常负责任。

道德教育的主要责任也落在教师身上。教师作为教育计划的实施者,在向学生传达道德价值观方面发挥着至关重要的作用,学生模仿教师的行为,而不是遵循书本的教导。因此,教师在品德教育中被期待扮演以下角色:他必须是一个言传身教的榜样,其行为举止必须始终如一。

作为道德模范的教师应具备以下道德行为。首先,教师必须热爱和尊重学生,鼓励他们自尊自爱。其次,在课外活动和社会活动中,教师应强调道德价值观,并通过观察学生在这些活动中的行为来评估其教育的效果。最后,为了培养自己的移情能力,教师应在课堂上促进合作学习,让学生有能力分享自己的观点,公平地对待他人。①

---

① Lee, I-J., "The Proper Directions and Practical Ways for Character Education in the Korean Elementary School," *Asia Pacific Education Review*, 2001(2)。

小　结

综上所述，我国对教师职业道德建设的重视与长久以来尊师重道的传统密不可分，是千百年来道德精神在教育领域的传承，是我国教师专业标准所独有的特色。[①] 中国的师德侧重于教师个人道德的建设，是对教师的一种内在要求[②]，教师职业道德的完善是教师专业知识与专业能力的前提，师德是社会主义核心价值体系在教育活动中的具体体现[③]，教师应具备崇高的品格和为教育事业献身的精神。

美国、加拿大讲尊重，求平等，教师被视为"良师益友"。美国重视对教师道德的要求和约束，鉴于美国多民族、多文化的国家特色，教育部门还特别规定，从业教师不应基于种族、肤色、宗教、性别、原国籍、婚姻状况、政治或宗教信仰、家庭状况等不公正地对待学生。加拿大要求教师在道德情操方面须具备"关怀、正直、尊重、诚信"四方面品质；教师应与学生建立起平等教学的关系，无论在课堂上还是生活中，都要尊重学生的人格。

---

① 顾明远：《中国教育路在何方：顾明远教育漫谈》，98 页，北京，人民教育出版社，2016。

② 于泽元、王开升：《立德树人：师德的养成之道》，载《教育研究》，2021(3)。

③ 李季湄、夏如波：《〈幼儿园教师专业标准〉的基本理念》，载《学前教育研究》，2012(8)。

欧洲国家在对教师道德情操的表述中很少明确提出教师职业道德的要求，但各级教育机构、社会、家长却对教师的职业道德有明确的要求。①关怀、正直、尊重、诚信等道德原则和概念集群被大多数国家的教师标准提及并内嵌于教师执业标准之中。

在德国，教师这一职业拥有很高的待遇和口碑，因此无论是任职资格还是服务的权利和义务，都有具体且规范的要求。在师德素养方面，德国教育部门认为，教师的道德素养能够直接影响并决定学生未来人生发展。在传授价值观与行为准则方面，德国教师不仅要引导学生树立正确的世界观、人生观、价值观，还要从学习、生活的细节中潜移默化地影响、约束学生的行为，从而教导他们成为具有社会属性的良好公民。

在英国，教师角色被认为是"至关重要、独特而深远"的，其行为应该符合极高的专业标准要求。杰出教师把专业化作自身整体品质的一部分，其道德品质内嵌于整个标准之中，作为教师一贯的行为准则，在教师专业发展过程中逐渐内化为自身特征的一部分。

法国教师和教育工作者更多地把自己的职业看作一种承诺，年轻的教师被要求给他们的职业承诺赋予道德维度，而年长的教师则被要求在他们的职业实践中进行批判性的道德反思。

芬兰尤其注重教育平等，在教师的选拔和培养过程中，公正、自信、责任等品质已经自然地融入其中，成为无须强化的教师日常生活的基本操守。平等地对待每一个学生，尤其是有特殊需求的学生，既是芬兰基础教

① 陈静：《中西教师道德建设之比较》，载《江汉论坛》，2007(10)。

育体系的特征，更是芬兰教师道德素养的体现。

　　日本、韩国、新加坡等亚洲国家受儒家文化影响深远，在教师道德情操方面讲求立三观、重自律，教师要做"德行标兵"。日本对教师的道德要求偏重于自律。教师自身应具有健康、适度的生活习惯及良好的教养，具有坚强意志和坚忍的性格，具有自律的态度和进取心，具有诚实和包容的品格，以及对他人的关爱之心。日本教育部门认为，能够修身自律的教师会引导学生走正确的道路，并激发他们对真、善、美的追求。

　　韩国教师在国家品德教育中被期待扮演榜样角色，教师不仅要在职业中表现出高度的自豪感和责任感，还要热爱并尊重学生，为学生提供良好的辅导，能够适应变化，具有专业精神，表现出强烈的职业道德。

　　新加坡教师教育改革不断强化教师的"道德教育者"特质，强化其作为"道德秉持者与践行者、弘扬者与传授者"的双重职责要求。教师既要做一个有道德的人，又要做一个道德教育者，并且通过将两者结合，成为美德行为和态度的示范榜样。与此同时，新加坡对教师道德情操的关注不仅强调教师个人品格，还强调教师作为公民的伦理道德建设。

第四章

教师道德情操的实践形态

◇◇◇◇◇◇◇◇◇◇◇◇◇◇◇◇◇◇◇◇◇◇◇◇◇

　　教师道德情操虽然具有一般性道德情操的属性，但其在本质上主要是一种指向教师教育教学实践的专业性道德情操。对于教师而言，其专业实践主要涵盖的领域有教书育人、科学研究和家校社合作等。因此，根据教师教育教学实践所指向的专业领域，可以将教师道德情操在实践层面的形态区分为三种主要类型：教育形态、科研形态和社会形态。准确把握这些不同形态教师道德情操的实践要求，具有十分重要的现实意义。

第一节　教师道德情操的教育形态

教师道德情操的教育形态是教师在教书育人工作中所呈现出来的道德品质和道德人格，它具有相对的稳定性。可以说，教师道德情操的教育形态在整个教师道德情操的实践形态中居于核心地位。这主要是因为，立德树人是教育的根本任务。教师的专业实践归根到底指向这一根本任务的有效落实。因此，理解教师道德情操的教育形态，有利于我们从总体上把握教师道德情操的实践要求。总体而言，教师的教书育人主要是以教育内容、教育语言和教育评价等为中介而形成的一种师生互动关系。因此，教师道德情操在教育教学实践中主要是在处理师生关系、使用教育语言、评价教育成效等行动中具体体现出来的。

一、关系中的教师道德情操

在所有的教育关系中，师生关系是核心。师生关系处理不好，既会极大影响教育教学实效的取得，也会对诸如家校关系等其他关系的良性互动产生负面的影响。可以说，师生关系是体现教师道德情操的重要载体。在很大程度上，那些具有高尚道德情操的教师，无一不在处理师生关系方面具有高超的艺术。教师在师生关系中所呈现出来的道德情操，主要集中在公正与关怀这两个价值维度上。前者主要体现的是教师处理师生关系时的理性要求，后者则反映了师生关系中的教师情感。如果只有公正的理性维度，则师生关系即便有序也容易缺乏温度；如果只有关怀的情感投入，则师生关系容易流于非理性和冲动。因此，对于教师在道德情操方面的要求而言，构建良好师生关系的重点就在于实现公正与关怀的统一。

（一）教师公正

教师公正主要是指教师在教育活动中对待不同利益关系所表现出来的公平和正义。[①] 在这些不同的利益关系中，最为核心的是教师与学生的利益关系。因此，这里的教师公正主要聚焦教师能否依据公平和正义的原则来处理其与学生的利益关系。

1. 教师公正的教育意义

教师公正对教师威信的树立、学生人格的发展及整个教育事业的繁荣都具有十分重要的意义。

首先，教师公正是教师威信得以确立的基本前提。没有教育威信的教师，很难真正得到学生的真心认可，也很难确保其教育成效的实现。教师的威信虽然可以通过制度予以强化，但是，以制度的强制力为基础的威信，实际上是很难发挥积极的育人功能的。在很大程度上，教师威信更需

---

① 檀传宝：《教师伦理学专题：教育伦理范畴研究》，66 页，北京，北京师范大学出版社，2010。

要通过其人格力量予以展示。因为教师威信更多地是一种教育性威信而不是一种制度化的威信。这样一种教育性威信的确立，是以学生的尊重为基本前提的。正所谓"其身正，不令而行；其身不正，虽令不从"，如果教师在与学生交往时，缺乏起码的公正，那么，这将在很大程度上动摇教师在学生心目中的权威性，甚至动摇教师作为教育者的合法性。随着学生年龄的不断增长，他们对教师公正的期待会更加强烈。上海师范大学曾调查大一新生："你认为教师最优秀的品质是什么?"84%的人选择了"公正"。反过来，"你认为教师最拙劣的品质是什么?"90%的人选择了"不公正"。此外，有研究发现，学生对"好教师"的认识，第一是"尊重与理解"（82.9%），第二便是"奖罚分明、公正"（52.2%）。[1] 由此可见，公正是学生评价教师的重要依据。只有公正的教师才能够赢得学生的尊重，进而树立教师威信。

其次，教师公正对学生人格的健康发展具有深远的影响。教师作为学生成长中的重要他人，其作用不仅体现在对学生学识水平的提高上，而且体现在对学生健全人格的塑造上，恰恰是后者对学生一生的发展有着更为深远的影响。实际上，教师公正不仅对学生当下产生影响，也对其日后公民素养的形成，乃至整个社会文明的建设都有着深刻的影响。如果教师在与学生的交往过程中，能够遵循公正的基本原则，不因学生的家庭背景、性别、民族等方面的差异而采取歧视性的对待方式，那么，这必然有利于

---

[1] 班建武、曾妮、蒋佳，等：《教师关怀品质的现状调查：基于北京市石景山区四所中学的调查数据》，载《教育学报》，2012(4)。

学生公平正义观的确立。反之，如果教师采用不公正的方式对待学生，如根据学生家长是否送礼来决定对学生的亲疏，那么，这必然在无形中对学生产生负面影响。这种负面影响可能是即时性的，比如，学生对教师的这套不公正的做法心存反感，进而产生对教师人格的鄙视。这种负面影响也可能是长远性的，比如，学生将教师这套行为规则误认成一种社会常态，进而内化为其为人处世的原则。这必然会对整个社会的公平正义产生极大的破坏性后果。从这个角度讲，教师能否做到公正，就不仅仅是一个事关教师个体道德情操的问题，而是一个关乎社会文明建设的重大现实问题。

最后，教师公正有利于整个教育事业的繁荣。公众对教育的认知，往往是通过教师的人格品质来判断的。而公众对教师人格品质的判断，则主要聚焦教师公正这一价值维度。这主要是因为，教师公正从本质上而言，关乎的是教师对教育资源的分配问题。而教育资源分配的背后则是每个孩子受教育权的保障问题。这一点是家长最为关切的，即每一个家长都关心自己的孩子在学校里是否受到了公正的对待。当前，诸多家校矛盾都是围绕"教师是否公正"这一问题而展开的。因此，要密切家校关系，在教育行业中建立良好的口碑，就必须高度重视教师公正。

2. 教师公正的基本要求

从前文的论述可以看出，教师公正对于教育而言意义重大。但是，在现实中，学生受到教师不公正对待的现象较为普遍。有学者根据自己多年的教学实践指出了教师在课堂上的几种不公正表现：教师在座位编排时为部分学生"优先定位"，使其享受座位特权；课堂教学中因"财"施教的现象多有出现。① 这些问题的存在，严重削弱了教师的威信，对学生及整个教育事业的发展都产生了诸多负面影响。为此，需要明确一个公正的教师所需要具备的基本素养。

准确把握教师的基本素养，需要建立在对公正的深刻理解之上。在有关公正的理论中，最为经典的是罗尔斯的正义理论，罗尔斯在《正义论》中提出了正义的两大原则：平等自由原则和差异原则②。这为我们理解教师公正提供了宝贵的启示。根据罗尔斯的正义原则，我们认为教师公正意味着教师能够对不同类型的学生一视同仁，不偏私，同时能给处于弱势地位的学生一定的关照。

首先，教师要平等对待每个学生。这一方面意味着教师对不同性别、年龄、出身、智力、个性、相貌的学生能够一视同仁，不以个人的私利和好恶为标准。另一方面则意味教师要能够容纳学生发展中所存在的差异，如成绩的高低、兴趣的不同等。为此，教师应该长善救失。"教也者，长善而救其失者也。"教师应该善于发现并利用学生的优点来促进其全面发展，而不是只盯着学生某一方面的弱点或不足，甚至用这些弱点和不足来彻底否定学生。

其次，有关教育资源的分配，教师要确保机会均等。有研究总结了教

---

① 鲍传友：《课堂教学不公平现象初探》，载《教育理论与实践》，2001(10)。

② 在平等自由原则下，每个人在社会中应该享有平等的自由权利。在差异原则下，社会的和经济的不平等应这样安排，使它们：(1)在与正义的平等原则一致的情况下，适合于最少受惠者的最大利益；(2)依系于在机会公平平等的条件下职务和地位向所有人开放。何怀宏等人指出罗尔斯的理论反映了一种对最少受惠者的偏爱，一种尽力想通过某种补偿或再分配使一个社会的所有成员都处于一种平等的地位的愿望。

育实践中教师对待学生不公正的表现：一是安排座位不公，二是课堂提问不公，三是批改作业不公，四是鼓励表扬不公，五是为学生提供的示范、演示机会不公，六是为学生提供的当干部机会不公，七是对待学生的态度不公，八是与学生的交往不公。① 这些不公大多涉及教师如何分配教育机会的问题，而这也是学生和家长最为在意的。

最后，在平等的前提下，教师要善于因材施教。教师所面对的学生群体，虽然基本上属于同一个年龄段，但却是一个具有高度异质性的群体。学生的个体经历、性格特点、心智结构等，都会极大地影响其学习方式、人格发展。在这种情况下，教师要善于根据不同学生的实际情况和特点开展有针对性的教育，确保教育实效的取得。在这个过程中，教师尤其要准确识别出那些需要特别关注的学生，如学习成绩暂时落后、品德方面存在问题的学生，并给予这些学生额外的关心和帮助。从表面上看，教师这样做，违背了平等的原则，实际上，它却更好地体现了公正超越平等的价值追求——促进处境不利人群利益的最大化。也就是说，教师的公正是一种实质性的公正，而不是形式上的平等。教师要具备这种实质性教育公正的能力，就要有高超的教育智慧，要善于在各种教育问题的表象当中，发现促进学生发展的最佳教育路径。实际上，教师公正的核心价值诉求就在于给予学生最适合的教育。因材施教强调的就是这样一种差异化教育。

(二)教师关怀

教师关怀主要指的是教师对学生那种超出制度要求的关心和爱护，这

---

① 明庆华：《教师公正与学生发展的现实思考》，载《教育发展研究》，2008(Z2)。

样一种关心和爱护不是建立在法定的义务基础之上，而是建立在教师内在教育良心的召唤之上。这里的教师关怀几乎等同于一种"教师仁慈"。因此，教师关怀更多强调的是教师在与学生交往时的情感投入，以及伴随这种情感投入所产生的行为。

1. 教师关怀的教育意义

教育世界不仅是一个理性的世界，也是一个情感的世界。如果将教育中的情感彻底剥离，完全按照制度化的方式发生师生互动，那么，教师和学生将被降格为教书的工具和学习的容器。因此，教师关怀的存在，在很大程度上就是要超越制度化、科层化的师生互动逻辑之弊端，为教师和学生作为活生生的人在教育中的存在提供必要的情感空间。

首先，教师关怀具有突出的育人价值。教师关怀作为教师的道德情操而存在，具有促进学生全面发展的积极作用。第一，教师关怀契合学生的成长需要。在教育关系中，相对于教师的成熟性而言，学生毫无疑问是一种未成熟的存在。这就决定了学生在成长与发展的过程中，必然会犯各种错误。面对这些错误，如果教师仅仅从刚性的制度角度对学生进行相应的批评和教育，虽然很多时候学生无法反驳，但是，他们在情感和思想上未必能完全接受和认同。这时候就需要教师对学生成长当中的各种错误有宽容之心，这种宽容有时候比直接的理性说教更能够实现育人效果。第二，教师关怀可以在很大程度上成为激励学生不断进步的重要动力。罗森塔尔和雅各布森在 1968 年完成的实验报告中所揭示的皮格马利翁效应，就在很大程度上证明了教师的信任、亲近对学生的智力发展和学业提升等均有着十分明显的积极作用。第三，教师关怀能够促进学生的心理健康。糟糕的人际关系是诱发个体产生心理问题的重要现实因素，而良好的人际关系毫无疑问是确保心理健康的重要条件。如果学生整日面对的都是一脸严肃、只在乎学习而不关心学生的教师，那么，这样一种师生关系势必会引发学生的紧张情绪。反之，如果一个学生在与教师打交道的时候，经常能感受到教师的关心和爱护，那么，这对学生的心理健康无疑具有积极的促进作用。

其次，教师关怀是教师获得教育自由感和力量感的重要条件。教师在教育中固然需要遵循各种制度要求，但是，如果教育教学仅仅止于外在的制度要求，那么，教师就成为一个被动的制度执行者而缺乏必要的主体自觉性。这会在很大程度上削弱教师个体在教育中的自由感和力量感。而一旦教师在教育中缺乏必要的自由感和力量感，那么，教育对其而言将会是一种沉重的负担。而教师关怀所内含的仁慈就意味着，教师能够超越外在的制度要求，而凭借个人的教育良知去判断和选择对学生的态度。教师关怀虽然在很多时候看起来是教师对学生的一种超越义务的付出，但恰恰是因为这种超越性的存在，教师可以更容易获得其作为人的本质力量，更能够获得职业幸福感和意义感。

最后，教师关怀可以有效弥补制度公正的价值遗憾。教育的正常有序运转离不开制度的保障。但是，如果只靠制度来调节师生关系，那么就特别容易在教育中产生诸多价值遗憾。比如，对于作弊的学生，如果按照学校的制度要求，应该全校通报批评。教师在面对作弊的学生时，完全按照学校的制度要求来处理是不是最佳的行为选择呢？恐怕未必。在这种情况下，虽然教师依照制度要求来处理学生的违规问题无可厚非，但是，从教育者的角度看，则是不够完美或有效的。这种看似合理但在情感上让人觉得不够理想的教育惩戒方式，就会带来遗憾。而要减少这种教育中的遗憾，则离不开教师的关怀。只有当教师能够超越刚性的制度要求，真正从学生成长和发展的实际出发来处理各种教育问题的时候，才能直达教育的本质。

2. 教师关怀的基本要求

从前文论述可以看出，教师关怀对于学生成长、教师发展及教育成效等方面均有非常重要的作用。但是，在实践中，教师关怀似乎并不尽如人意。有调查研究发现：第一，教师有时不能够很好地识别学生的需要。教师看重的是学生学习成绩的提高，而学生更期待的是得到教师的尊重和公正对待。第二，教师的关怀行为可能得不到学生的有效认可与回应。在尊重、理解和爱这三个层面上，学生的评价均低于教师的自我评价。第三，教师关怀的效果欠佳，没有成为学生倾诉心里话的对象。[①] 这些问题的存在，从不同角度表明了教师关怀的不足。

从诺丁斯的关怀伦理学角度来看，关怀与其说是一种美德，不如说是一种关系。作为关系的关怀，强调的是关怀者与被关怀者之间基于需要的识别与满足的交互行为，其核心是关怀者与被关怀者建立在需要基础之上的情感共鸣，即关怀者的关怀不仅表现为一系列的行为，更表现为被关怀

---

① 班建武、曾妮、蒋佳，等：《教师关怀品质的现状调查：基于北京市石景山区四所中学的调查数据》，载《教育学报》，2012(4)。

者对这一行为的内在认可和主动回应。① 因此，教育中的关怀关系得以成立的基本要件就在于：首先，关怀者要能够识别被关怀者的真正需要；其次，关怀者的关怀行为要基于被关怀者的需要；最后，被关怀者要能够对关怀者的关怀行为进行主动的确认与积极的回应。② 对于教师而言，其关怀素养则主要指向前两种能力的培养。

第一，提高教师对学生真正需要的识别能力。教师的关怀行为之所以没有能够得到学生的认可，在很大程度上是因为教师所重视的与学生所看重的之间存在较大的差异。产生这种差异的重要原因就在于，教师对学生需要的识别和判定往往不是从学生的实际出发，而是更多地从其以往的个人经验出发的。这样一种立足点在当下这样一个飞速发展的时代，显然是很难捕捉到学生的真正需要的。在很大程度上，个体的需要是与其匮乏状态密切相关的，因此，教师要想准确识别学生的需要，就需要了解学生到底处于何种客观匮乏状态。

过去中国的教育基本上是在物质匮乏的年代开展的，主要是围绕着"谋生"这一核心问题而展开的。这样一种基于"谋生"的教育需要逻辑显然已经不适合富起来的现代中国。虽然中国的发展还存在城乡、区域间的较大差异，但哪怕是那些生活暂时还不太富裕的家庭，也秉持着"再苦不能苦孩子"的育人理念，想方设法地替孩子免除了诸多现实生活中的物

① ［美］内尔·诺丁斯：《学会关心：教育的另一种模式》，于天龙译，30 页，北京，教育科学出版社，2011。

② ［美］内尔·诺丁斯：《始于家庭：关怀与社会政策》，侯晶晶译，17～19 页，北京，教育科学出版社，2006。

质匮乏之苦。这实际上表明，物质匮乏已经不是当代绝大多数青少年最直观的生活体验。当代学生的需求在很大程度上已经随着社会物质基础的变化而发生了根本性的转变。在这种情况下，教师要能够自觉立足于时代和社会的发展去重新审视学生的需求。

第二，切实提高教师的关怀能力，改善教师的关怀方式。教师应明确，关怀是建立在平等基础之上的尊重，是理解背景下的付出，应该以学生的真正需求为导向。从消极的角度来看，教师要善于从关怀的视角审视自己的言谈举止。在与学生交往时，强化与学生换位思考的意识和能力，避免用自己的思维惯性想当然地处理各种问题，同时避免对学生的语言伤害。从积极的角度看，教师要能够以欣赏的眼光寻找学生成长中的闪光点并予以真诚、及时的表扬，更多地融入学生的学习、生活和游戏之中。

第三，教师要善于营造关怀的教育氛围，为师生良好关怀关系的建立塑造文化。关怀不仅是一种具体的教育行为，更是一种带有全局性的教育哲学，贯穿学校生活的所有方面。这实际上对教师的教育观念提出了更高的要求。它要求教师不能仅仅将教育视为谋生的饭碗，而是要将教育视作一种事业去追求。只有当个体真正将教育看作一种事业的时候，他才拥有真正的工作内驱力，才能够超越工作的制度性要求而甘于奉献，不求回报。从这个角度而言，教师关怀素养的提升，与教师的从教理想、教育信念是紧密结合在一起的。

二、语言中的教师道德情操

语言不仅是一种沟通人际关系的工具和符号，在很大程度上也建构着我们的思维方式，影响着我们对整个世界的认知和感受。透过语言，我们可以感知和了解一个人的价值观、思维方式。正如海德格尔所说："语言是人的存在之家，人类以语言为家。"语言对于人的存在而言，意义重大。对于教育者而言，语言更是扮演着十分重要的角色。它既作为一种教育媒介、教育力量而存在，同时，也是教师走进学生心灵、获得学生信任与尊重、形成良好师生关系的重要条件。

(一)教师语言的教育意义

教师语言是教师在教育教学全过程中所使用的语言，包括教师的口头语言、书面语言和体态语言，在教育中它们构成了一个以口头语言为主、以书面语言和体态语言为辅的综合语言系统。教师语言对于教育而言，既是一种工具性的存在，同时，也是一种具有教育影响力的价值性的存在。总体而言，教师语言具有以下几个方面的教育意义。

首先，教师语言对学生内在学习兴趣的激发具有非常重要的激活作用。激发学生内在的学习兴趣，是确保教育实效的一个非常重要的前提。而要激发学生的内在学习兴趣，就需要教师善于启发诱导。教师对学生的启发诱导，在很大程度上是通过其语言来实现的。对此，苏霍姆林斯基认为，如果在你学生的心灵里奏出语言的音乐，那他就会变成你的受教育者。你的话，即道德的教诲已深入他心灵上最隐秘的角落，唤起做一个美的人的愿望。他指出，教育者的话语有着强大无比的力量。语言是一种最精细、最锐利的工具，我们的教师应当善于利用它去启迪学生的心灵。正是从这个意义上讲，语言是教育存在的基本前提。没有语言，教育便不可能，因为教育在任何意义上都是在交流中完成的。只有当学生在教师的语言中感受到教师的善意，感受到教育的美好，他才能够真正迸发出内在的学习热情。

其次，教师语言对整个教育活动的有序推进具有明显的规范作用。虽然在教育活动开始之前，教师就已经设定好了相应的教育目标、教育内容和教育方法，但是，当预先设定的情境与活生生的教学相遇时，常常会出现各种预料之外的情况。这时候，教师的语言就显得十分重要。当学生在教育过程中出现偏离教育目标的言行时，教师在大多数情况下会通过语言，向学生再次明确教育的方向，并传递出需要改变的信息，从而确保教育目标的达成。此外，教师很多时候也是通过语言对学生在教育过程中的表现进行评价与反馈。正面的评价和反馈可以强化学生学习的积极性；而负面的评价和反馈则可以提醒学生注意自我反思，改过迁善。由此可见，教师的语言是教育过程中的一面旗帜，对学生的言谈举止具有十分重要的引领作用。

最后，教师的语言对教育目的的达成具有促进作用。正所谓"良言一句三冬暖，恶语伤人六月寒"，如果教师在教育的过程中语言使用不当，那么势必会引发学生的反感和抵触，也必然会影响教育目的的有效达成。反之，如果教师的语言能够给予学生一种亲近感、信任感和力量感，那么，这毫无疑问会激活学生的主动性、能动性和创造性，也能够让学生更好地融入教师语言所建构出来的教育世界。只有当学生真正融入其中，他们才能够汲取成长的教育养分。对此，伽达默尔认为，进入一种语言的解释就意味着在这个世界中成长，我们用学习讲话的方式长大成人，认识人类并最终认识我们自己。[①] 因此，教师语言在整个教育目的的有效实现中扮演着十分重要的角色。

(二)教师语言的伦理要求

在实际的教育教学过程中，教师因语言使用不当对学生造成伤害的事件时有发生。这种语言上的伤害，有可能发生于显性的、直接的师生冲突中，但更多时候隐藏在教师无意识的举动之中。由此可见，教师语言素养迫切需要提高。总体而言，教师需要高度重视以下几个方面的要求。

首先，增强语言的道德敏感性。很多时候，之所以会出现所谓的语言暴力，不是教师主观上故意要伤害学生，而是因为其对语言所可能涉及的道德后果缺乏敏感性。比如，一位教师在面对学生的时候脱口而出："你今天真聪明！"这个评价从表面上看是对学生的肯定，但是，它有可能隐含的另一层意思是，学生只有今天是聪明的，其他的日子都是不聪明的。这实际上就是教师在使用语言时缺乏道德敏感性的表现。

苏霍姆林斯基将道德敏感性表述为"道德敏锐性"，"要善于感觉到身

---

① ［德］伽达默尔：《哲学解释学》，夏镇平、宋建平译，62 页，上海，上海译文出版社，1994。

边的人，要善于理解他的心，要善于从他的眼里看到他那复杂的精神世界，诸如欢乐、痛苦、不幸、灾难等。你要想到并感觉到你的行为举止如何，会直接影响着他人的精神状况，不要以自己的行为举止去使他人痛苦、受辱、不宁和心情沉重。要善于支持、帮助、鼓励有痛苦的人"①。要增强道德敏感性，对于教师而言，一个最基本的要求就是，时刻将"人是目的"这一理念牢记于心。任何时候都不能把学生当成某种工具，而是把学生作为一个有着独立人格的鲜活生命去呵护。在此基础上，教师要注意口头语言表达的真诚性和规范性，以及肢体语言呈现的和善与得体。

一个学生病愈后回到学校。他对学校感到生疏，胆怯地走进教室，女教师高兴地说："孩子们，你们看，郭良来了。郭良，你的身体怎么样？脚不痛了吧？很好。以后走路要小心。"然后，她问："孩子们，我们让郭良坐在哪里呢？大家挑选一个最好的座位。"学生们开始争先恐后地要求男孩坐在自己旁边。郭良满脸红光，高兴地站在那儿。富有人情味的、温暖的欢迎鼓舞了他。

从以上这个案例可以明显看出，教师的回应方式充满了道德敏感性。她的语言不仅给学生传递了一种教育信任，更传递了对学生发自内心的关

---

① ［苏联］苏霍姆林斯基：《怎样培养真正的人》，蔡汀译，62 页，北京，教育科学出版社，1992。

爱。相反，如果教师严厉地说"医院证明带来了吗？放到桌上来"，虽然从管理的角度而言并无不妥，但是，其语言中所包含的对学生的不信任，以及情感上的冷漠，极有可能对学生的心灵造成伤害。

其次，增强语言的教育性。教师语言不同于一般语言的地方就在于，它不仅仅是人际交流和交往的桥梁，更是影响学生成长和发展的重要教育力量。如果教师的语言仅停留在一般性的信息沟通与传递，而不注意对学生的实质性影响，那么，这样一种教师语言实际上是缺乏教育性的。所谓语言的教育性，主要是指教师语言能够对学生的发展产生积极、有效的教育影响。教师语言要充分彰显其教育性，就应该实现师生之间的对话，即教师要能够得到学生的有效回应，而不是单向地输出信息。在这个过程中，教师需要注意教育中存在的伪对话和无效对话。

伪对话是指在对话中，虽然师生之间存在着一种一问一答的对话形式，但是，教师的"问"实际上是一种个人主观认识的强制要求。比如，有的教师会问学生："难道你不觉得这样更好吗？"这种反问表面上是征求学生的意见，实际上则是对学生的一种强制要求。而无效对话则主要是指教师为了提问而提问，而不在乎学生对这些问题是否有回应。比如，在学生回答完教师的问题后，教师并没有回应，不说对，也不说错，就开始下一个教学环节。实际上，不管是伪对话还是无效对话，都是缺乏教育性的对话。① 这样的对话是不符合教师的语言伦理要求的，因而这样的对话不能很好地实现教育的根本任务——立德树人。

---

① 郭冰：《课堂中教育性对话的缺失与建构》，载《中国教育学刊》，2013(1)。

最后，增强语言的开放性。语言毫无疑问具有对象性的特征。教师的语言很多时候是指向学生这一对象的。因此，语言要能够实现其对话功能、教育效果，一个非常重要的前提就在于，教师要怀有对语言对象的开放性。当前，有些教师的语言世界没有对学生的语言世界的开放，甚至凭借其制度性的身份权威将自我的语言世界凌驾于学生的语言世界之上，拒绝走进，甚至否定学生的语言世界。这就势必引发师生的误解和冲突。实际上，语言作为一种表意符号，对其背后"所指"的理解，是需要以一定的经验为基础的。如果教师的语言世界不对学生开放，那么，就很难实现其教育功能。

面对学生的语言世界，我们不能采取简单的"禁止"措施，而是需要积极地加以应对。从态度上讲，我们需要予以尊重。从技术上讲，我们则需要不断了解当代学生的语言世界，尤其是他们当下使用的各种流行语。

流行语是时代的产物，深受社会变化的影响。在社会变迁中，我们每一代人都有着较为独特的流行语文化。作为一种语言符号，每一类流行语都有其各自的表现方式。因此，即使我们无法完全理解青少年的流行语，也应该保持最基本的尊重。在这个方面，教师需要把握三个原则。

一是保持开放的态度，不轻易给青少年流行语贴标签。青少年流行语是属于青少年群体的一种文化现象。由于青少年文化与教师文化存在着种种差异，教师往往习惯将青少年文化视为不正常的、错误的。可是，在青少年看来，流行语是非常正常的。这种认知差异主要源于文化类型上的差异，而非文化性质上的差异。因此，教师不宜轻易将青少年流行语视为"乱七八糟的东西"，更不能贴上"不道德"的标签。

二是保持聆听的态度。流行语不仅仅是青少年的娱乐符号，它还表达了青少年的一些思想观念甚至是价值诉求。在很多情况下，作为成人，家长和教师需要做的只是保持倾听，这远远比真正了解青少年说什么更为重要。实际上，如果教师倾听青少年的话语，就能够促进代际交流，反之则会在知识、价值观念、生活方式等方面增加新的隔阂。对此，教师需要通过认真地聆听，探寻青少年流行语背后的意蕴。

三是保持宽容的态度。青少年的某些流行语反映的是他们当下的存在状态，以及他们对这一存在状态的感受。这些感受既有愉悦的体验，也有对现实诸多遭遇的不满。因此，在他们的流行语中，很多内容是他们内心情感的宣泄，而不是对现有语言世界，以及各种所谓经典的彻底反叛。在不影响学生健康发展与正常生活的前提下，教师应该允许学生适当地使用流行语，并从他们的流行语中体会他们真实的存在状态。

在尊重的基础上，教师还应该有更加积极的行动，一是了解青少年流行语，二是掌握和运用一定的青少年流行语。教师可以采取正式了解与非正式了解两种方式。正式了解指的是教师有计划、有目的、较为系统地了解。例如，教师可以召开主题班会，让青少年介绍他们的流行语。通过这种方式，教师可以较为全面地了解青少年流行语。非正式了解是指教师抓住生活的瞬间，在日常生活中对青少年加以了解。例如，青少年在课堂中，或者在与教师、家长的对话中，可能有意无意地说出流行语。在这种情况下，教师应该及时探寻这些流行语的使用方式与意义等。在掌握和运用青少年流行语方面，教师应该尝试在适当的场合使用这些流行语，拉近与学生的距离。

正如伽达默尔所说，真正的谈话绝不可能是那种我们意想进行的谈话。事实上，"我们进入谈话，甚至说我们卷进谈话之中……一次谈话具有其本身的精神，而且谈话所用的语言在谈话中就带有其本身的真实性。也就是说它显示某种今后存在的东西"①。教师需要真正走进学生的生活世界，才能够洞悉学生语言世界当中的各种"秘密"，进而构建良好的师生关系。

三、教育评价中的教师道德情操

教育评价事关教育发展方向，有什么样的评价指挥棒，就有什么样的办学导向。通过评价，学生的成长与发展得以呈现，教师工作的付出与收获得以证明，学校的发展与进步得以展示。可以说，评价是一个事关多方利益主体的高利害性教育活动。因此，教育评价问题一直是教育改革和发展的重要问题，也是社会公众高度关注的议题。为加快推进教育现代化、建设教育强国、办好人民满意的教育，2020年10月，中共中央、国务院印发了《深化新时代教育评价改革总体方案》（以下简称《总体方案》）。可以说，评价问题已经成为影响和制约我国教育高质量发展的重要瓶颈性问题。而教师作为教育评价的最直接的参与者，其评价素养更是直接关乎教育目标的有效达成和学生的健康成长。

---

① ［德］伽达默尔：《语言作为解释学经验的媒介》，载《哲学译丛》，1986(3)。

(一)教师评价的教育意义

教师评价不仅是一种衡量教育目标实现程度的手段，更是一种具有特定价值取向的教育形态。实际上，评价不仅是教师的一种教育手段，还是教育完整性的重要环节，其本身也是重要的教育形式和载体。

第一，评价作为一个教育环节，保证了教育活动的完整性。完整的教育活动必然包括"教—学—评"三个主要环节。没有评价，教师的教育教学任务是否完成，目标是否实现，就无法衡量；没有评价，学生的学习情况就无从得知；没有评价，学校的育人成效就难以评判。因此，一个完整的教育活动，不能仅仅聚焦教师的教和学生的学，它必然包含评价这一环节。

第二，评价作为一种教育手段，体现了教育活动的规范性。评价不仅仅是对教育结果的一种技术评判，它本身也是促进学生成长与发展的重要教育手段。实际上，对于学生成长而言，评价的重要性就体现在，它是一种诊断学生发展状况的教育手段。通过评价，学生一方面可以发现自己存在的不足，进而找到改进的方向；另一方面也可以发现成绩和优势，从而获得前进的动力，并学会更好地扬长避短。从这个角度来看，评价对于教育而言，就具有十分重要的规范功能。评价的存在确保了整个教育活动朝向预先设定的目标和方向发展。当教育活动偏离预先的教育目标和方向的时候，通过评价，教师可以及时发现教育教学中存在的问题，把握学生真实的学习状态，并据此对其教育教学进行必要的调整。

第三，评价作为一种教育形态，承载了教育活动的目的性。任何评价当中都包含着一定的价值标准，不同的价值标准将会对教育活动产生深刻的影响。如果评价所包含的价值标准与教育的本质和目标相符，那么，这样的评价就会给学生的成长和发展提供积极的引导。反之，则会给学生和学校的发展带来诸多消极的影响。教育毫无疑问是一种使人向善的实践活动。而教育的这种向善性在很大程度上是通过教育评价具体展示出来的。可以说，有什么样的教育评价，将会有什么样的教育实践。如果我们在教育评价中强调的是学生的成绩和分数，那么，其所指向的教育实践就必然是应试教育取向的；如果我们在教育评价中凸显的是学生的综合素质和全面发展，那么，现实的教育实践就更趋向于"五育并举""五育融合"。在很大程度上，人们正是通过教育评价去了解和认识一个学校的教育宗旨，而学生也正是通过教师的评价去把握教师的教育意图。因此，评价对于教育而言，具有非常重要的导向性作用，它在很大程度是一种影响学生成长和发展的现实教育力量。

(二)教师评价的伦理要求

评价就其本质而言，是一种价值判断活动，主要指向的是对客体满足主体需要程度的判断。1971年，美国学者格朗兰德明确提出：评价＝测量（量的记述）或非测量（质的记述）＋价值判断。因此，教师不能仅从手段和工具意义上去了解和使用评价，更要从价值层面去把握评价当中所包含的伦理问题。正如有学者所指出的，在21世纪，高质量的评价，其效度和信度固然重要，但它需要纳入第三个同等重要的因素即道德伦理因素，才得以完善。教师在面对教育评价时，需要注意的伦理问题主要有以下几个方面。

第一，确保教育评价"目的善"和"手段善"的统一。教育评价毫无疑问主要指向对学生成长和发展状况的价值判断，其目的是更好地促进学生的发展。但是，在具体的实践过程中，很多教师往往容易遗忘"促进学生健康发展"这一"善的目的"，而只是为评价而评价。在这种情况下，评价就有可能存在诸多问题，比如，只强调评价本身而不重视评价后的有效教育。在这种情况下，评价就在很大程度上沦为一种管理学生的手段，而不是一种教育行为。正如英国伦理学家摩尔所说，"在伦理讨论中提出的论证往往有两类：一类证明所讨论的行为本身是善的，另一类证明它作为手段是善的"。这实际上就需要教师对评价本身的功能有全面的认识，不能仅仅凸显评价的工具价值，更应注重其育人价值的有效发挥。因此，在评价中，教师需要"目的善"与"手段善"的有机统一，不能够以"目的善"本身去论述"手段善"的合理性。"手段善"的实现同样需要遵循教育规律，尊重学生，否则，就特别容易在教育中出现好心办坏事的情况。这实际上要求教育评价必须体现必要的人文关怀，在评价中把学生视为一个完整的、独立的、鲜活的生命个体，而不是将其量化为一系列的指标和分数。

在这个问题上，教师需要重点关注的是教育惩戒权的尺度。教育惩戒是教育评价的一种手段，要想有效发挥其对学生的教育意义，需要重点明确：永远只能将惩戒视为一种教育的手段，而不能将其看作一种教育的目的。也就是说，教育惩戒之所以有必要，是因为它包含了有益的育人价值。因此，教师在实施教育惩戒时，首先需要明确的一个基本原则就是，惩戒的目的要具有教育的正当性。其次，教师在实施教育惩戒的时候，还必须坚持必要性原则（最小侵害性原则）。除了要考虑错误的严重性，还应考虑学生有无承受能力（体质、年龄、性别等）。也就是说，教师所实施的惩戒，应该是学生身心所能承受的，一旦惩戒超出了学生所能承受的范围，哪怕这种惩戒具有教育上的正当性，也不应该实施。再次，教育惩戒应依据正当程序来进行，不能完全依据教师个人的主观意志或喜怒哀乐来任意裁量惩戒学生的方式和手段。最后，教师的教育惩戒应符合法益均衡性原则，即对学生合法权益的干预不得超过预期的教育价值。一般来讲，教师的教育惩戒只适用于学生在道德、纪律等领域中的不当表现。教师不能因为学生在学习能力上存在问题就用惩戒的方式解决，这既不是一种有效的教育方式，其本身也是不道德的。

第二，凸显教育评价的民主性要求。教育评价是一个具有高度利害性的教育行为。因此，教师在评价的过程中，应该充分意识到其评价行为所指向的利益主体，并将利益相关者纳入评价活动中，以确保评价的民主性。这实际上符合古贝和林肯提出的"第四代评估"在评价方面所强调的内容，即"以利益相关者的主张、焦虑和争议作为组织评估焦点决定所需信息的基础"①。对此，《总体方案》在改革学生评价事项中也明确提出，要通过信息化等手段，探索学生、家长、教师及社区等参与评价的有效方式。因此，教师在评价中需要遵循民主性的要求，采用多元主体评价的方式，通过不同主体间的对话与协商，使各方能够相互理解，共同制订评估方

---

① ［美］埃贡·古贝、［美］伊冯娜·林肯：《第四代评估》，秦霖、蒋燕玲等译，24页，北京，中国人民大学出版社，2008。

案、编制、完善评估标准与指标等，确保各自的利益在评价中能被倾听。特别是在涉及学生核心利益的问题时，教师要在评价中充分体现民主性的要求。只有在具有民主性的评价当中，教师评价的公正性才能够得到有效保证。

第三，立足教育评价的教育属性。教育评价从本质而言是一种教育行为，而不是一种管理手段，因此，它必须体现教育应有的基本的育人属性，而不是仅仅停留在对学生发展状况的客观判断之上。也就是说，教育评价与其他评价的最大不同就在于，它更多地服务和服从于学生的健康成长和全面发展，而不是一种纯粹的量化考核。因此，教师应多使用过程性评价、诊断性评价，而非终结性评价。也就是说，教师评价对其教育教学活动的改进、学生的反思与成长，应该具有促进作用。为此，教师一方面需要优化其学业评价指标，另一方面则需要丰富学生的评价体系。

优化学生学业评价，就意味着不能将学业评价简单等同于考试成绩评定，甚至将评价仅仅局限在中考、高考的科目上，更不能一刀切。学业评价应该体现因材施教的原则，对不同的学生应该有不同的考核标准，要让学生体会到学习的成就和乐趣。比如，一位数学老师的授课深受学生喜欢，学生总能在考试中取得较为理想的成绩。原来，这位数学老师根据他对学生的了解程度，每次考试都设计不同的试卷。对于基础差的学生，试卷中所考的大部分是一些基础的、学生能够回答的问题。而对于基础较好的学生，试卷中的题目则较为灵活，具有一定的挑战性。因此每次考试结果都是皆大欢喜。基础差的学生由于在考试中能够看到自己的进步，增强了学习兴趣，最终提高了这门课程的成绩。此外，学业评价不能是终结性的。教师在对学生进行学业评价时，不能采用静止的观点去看待学生，要用一种发展的视角去看待学生的点滴进步。对学生细微的进步要及时给予正面的回应。

丰富学生评价体系，就意味着"多一把尺子就多一个好学生"。在对学生进行评价时，要摒弃单一的学业标准，以一种欣赏的眼光看待学生成长中的方方面面，尽量挖掘学生身上的闪光点。在这方面，一些学校的做法值得我们参考和借鉴。有的学校除了评选传统的"三好学生"，还评选出众多的"明星"，如进步之星、体育之星、音乐之星、助人为乐之星、绘画之星、创造之星、孝顺之星。这些"明星"的产生，主要是由学生评比认定的。一些学校还模仿中央电视台的《星光大道》在全校范围内选拔各类"明星"。这些做法既有利于使学生更好地认识自我，悦纳自我，也有利于教师和学生之间的相互理解。

第四，要从评价后果处理的报应性正义（retribution justice）走向修复性正义（restorative justice）。评价不仅仅涉及对学生发展状况的价值判断，而且也会涉及对这一价值判断的后续处理方式。在这方面最棘手的现实问题是，如果一个学生被判定为违规者，那么，后续该如何处理才能够更好地促进学生的成长？对于这一问题，以往常规的做法基本上遵循着一种报应性正义的原则，即主要由学校或教师作为第三方根据学生所犯的过错给予相应的惩罚。这一原则虽然从法理层面而言并无不当，但从育人的角度来看，则存在诸多需要反思的地方。

首先，这种处理学生违规的方式很多时候见物不见人，忽视了教育的人本属性。在教育现场，我们经常发现，很多教师在处理学生违规行为时将学生视为有待审判的客体，其关心的重点不是这一违规行为给当事者造成的伤害，而是这一行为本身对班级和学校纪律的背离。在这种情况下，不管是违规者还是被冒犯者，他们的真实需要都容易被教师和学校忽视，导致学校教育性的缺失。

其次，基于报应性正义原则处理学生的违规违纪行为，强调的是学校或教师作为第三方在解决学生违纪行为方面的绝对权威，容易忽视学生自我解决问题的能力。这种处理学生违纪行为的方式，更多将当事者具体的冲突放置到抽象的纪律原则之下来审判。其重点在于考虑冲突行为与学校纪律的匹配性，进而依据这种匹配性来对违规者进行相应的惩罚。也就是说，这种处理方式更多依靠外在权威力量来实现对学生行为的控制，但是，却在很大程度上否认了学生本人及其他利益相关者共同解决这一违规违纪问题的能力。

再次，报应性正义作为处理学生违规违纪行为的原则，其所追求的是对违规者本人的惩罚，而缺乏对被违规者所破坏的同伴关系、师生关系及学校氛围的正面修复。很多时候，学校或教师在处理学生违规行为时，其行为的终点只是给违规者施加一定的惩罚。一旦学校或教师给违纪的学生施加他们认为合适的惩罚，对这一违规行为的处理方式就到此结束。实际上，学校处理学生违规行为的终极目的不是惩罚学生，而是"修复"学生的这一违纪行为给自我、他人、班级、学校和社会所造成的伤害，构建和谐校园。惩罚本身并不能自动实现这一修复功能，而且，如果惩罚实施不当，有时候非但不能修复被破坏的社会关系，反而容易引发违规者对教师、学校的敌视，进而引发更为极端的违规行为。

最后，教师以报应性正义为准则处理学生的违纪行为时，往往聚焦当事者本人，在一定程度上忽视了学校和集体的积极作用。报应性正义讲究"罪责相当"，因此，其正义性主要体现在对违纪者的适当惩罚上。但是，学校不同于法庭，其所面对的是成长中的学生。对于违纪的学生而言，"罪责相当"固然重要，但更为重要的是使其更好地意识到错误，获得同伴、教师和学校的支持。另外，过于聚焦违规者本人的"罪责相当"，一方面，容易导致被惩罚学生的标签化和污名化；另一方面，这在很大程度上回避了学校和集体对学生违规行为的责任。从科尔伯格公正团体(the just community)的观点来看，学生犯错不仅仅是个人的事，更是整个集体的事。如果过于聚焦从个体层面解决学生的违规问题，可能会导致集体的涣散。

正是因为以报应性正义原则处理学生违纪问题存在以上诸多不足，一种更有人文关怀和教育性的正义原则——修复性正义（又称恢复性司法、复归公义等）原则正在被美国等西方国家广泛应用于其学校教育中。

在处理学生违纪行为时，修复性正义与报应性正义主要有四项明显的差异。

第一，出发点不同。修复性正义致力于对学生违纪行为所造成的各种伤害的修复，而报应性正义则更多的是强调对学生违纪行为本身的惩罚。与报应性正义一样，修复性正义也重视对学生违纪行为的问责，但是，它更聚焦如何动员一切力量去修复由学生的违纪所造成的各种损害。

第二，解决程序不同。修复性正义主张违规者与其他利益相关者是解决违规问题的第一责任人，而报应性正义则认为学生的违规行为要交由教师或学校等第三方来进行客观的裁定。因此，前者特别强调使违规者和其他利益相关者、教师共同针对违纪行为本身进行相应的调节，目的是达成所有当事人对违规事件的和解。

第三，动机来源不同。修复性正义主张违规者和相关利益者是解决违规问题的第一责任人，因此，它强调解决问题的动机来源于当事者内在的真实需要和价值诉求，而不是像报应性正义那样，主要依靠外在的权威力量来对违规行为进行控制。

第四，规训机制不同。修复性正义对违规行为的规训诉诸情感化的推理，即强调移情等情感在解决违规问题中的重要作用，而报应性正义在很大程度上强调理性有限，控制甚至压制情感在解决学生违规问题上的作用。

借鉴美国犯罪学家霍华德·泽尔的观点，我们可以将修复性正义在解决学生违纪问题上所关心的内容归纳为以下几点：①在违纪行为中，谁受到了伤害？②他们的需要是什么？③这是谁的责任？④导致这一违规行为的原因是什么？⑤这一事件的利益相关者是谁？⑥利益相关者如何选择最佳的方法解决违规问题？

而报应性正义关注的则是：①什么样的规则被破坏了？②谁破坏了这些规则？③规则破坏者该受什么样的惩罚？

综上所述，修复性正义在解决学生违纪问题时，主要强调"3R"：修复伤害（restitution）、解决问题（resolution）和关系和解（reconciliation）。通过修复伤害，学生违规行为带来的各种损害得以弥补；通过解决问题，学生可以提高对集体事务的参与积极性，从而降低再次出现违规行为的风险；通过关系和解，学生在违规行为中的情感创伤因得到同伴和集体的谅解而得以治愈。

由此可见，修复性正义作为一种解决学生违纪问题的基本原则，不是简单地将违纪学生视为需要惩罚的客体，而是将其视作具有自我纠正和修复能力的主体。它不是孤立地将违纪学生从其所属的集体中抽离出来，而是将个别学生的违纪行为与整个集体的文化建设有机结合起来，强调学校的关系生态在预防和修复学生违纪行为方面的积极作用。它不仅仅是一种解决学生违纪问题的程序，更是一种价值追求，主张对学生的尊重，因此具有浓厚的人文关怀特色和教育目的。修复性正义应该成为教师处理学生违纪问题时努力贯彻的基本原则。

第二节　教师道德情操的科研形态

长期以来，人们往往认为教育科研是高校和研究机构的事情，中小学教师的主要任务就是教学。随着时代发展对教师专业素养要求的提高，这样一种关于中小学教师科研的认识，越发显得不合时宜。从世界范围来看，越来越多的国家高度重视教师科研能力，并将科研视为促进教师专业发展的重要途径。2019 年 10 月，教育部颁布了新中国成立以来第一个关于教育科研的规范性文本——《教育部关于加强新时代教育科学研究工作的意见》。该文件明确要求，我们的教育科研要立足中国大地，面向基层一线，坚持问题导向，突出教育科研的实践性。由此可见，科研正成为我国中小学教师日常教育教学工作的重要组成部分。

一、教育科研的意义

教育科研对教师个人的专业成长，对教师教育定力的保持，对整个教育质量的全面提升都具有非常重要的意义。

(一)教育科研是促进教师专业发展的必由之路

1966 年，联合国教科文组织和国际劳工组织在《关于教师地位的建议》这份文件中，首次以官方文件形式对教师专业作出了明确说明，提出应把教育工作视为专门的职业，这种职业要求教师经过严格的、持续的学习，获得并保持专门的知识和特别的技术。1994 年开始实施的《中华人民共和国教师法》也首次从法律层面将教师定位为"履行教育教学职责的专业人员"。这无疑有利于推动教师的专业发展。但遗憾的是，虽然我国已经从法律层面明确了教师作为专业人员的法律地位，但是，在现实中，教师作为专业人员的形象尚未得到社会的普遍认可。在很长一段时间里，人们普遍认为教育是一个经验性的工作领域，其准入门槛并不高，且具有较强的可替代性。在这种情况下，教师的专业形象很难树立起来。造成这一问题的原因是多方面的，但教师个人专业化水平不高可能是其中一个非常重要的原因。

如果说，这样一种低专业性要求的教师形象在传统社会尚且具有其存在的现实土壤，那么，在当前这样一个"知识爆炸""信息爆炸"的时代，低专业性的教师显然难以胜任当下的教育教学职责。随着教育知识的不断累积和教育复杂性的不断提高，教师如果停留在经验层面，按部就班地工作，那么，他显然很难开展行之有效的教育教学。在这种情况下，教育科研的重要性就日益凸显出来。通过科研的不断淬炼，教师一方面能够对自我日常的教育教学经验进行一种自觉的实践反思；另一方面不断提高透过现象看本质的专业能力，从而能够不仅知其然，还知其所以然。因此，教育科研是教师超越教书匠的经验局限，走向教育家的必由之路。

(二)教育科研是教师保持教育定力的基本前提

当今世界正在经历"百年未有之大变局"，当前教育自身也随着社会的发展变化而呈现出不同于传统教育的复杂性。在这种情况下，各种关于教育改革与发展的新主张、新命题、新概念层出不穷。如果教师个人缺乏必要的甄别能力，就容易被这些所谓的"新"教育迷惑而无所适从。因此，如何做到以不变应万变，有效回应时代发展对教育提出的新问题、新挑战，就成为每一位教师不得不面对的重大现实课题。

这实际上要求教师具有自主的意识和专业的能力，在各种似是而非的教育口号和教育概念中，不迷信、不盲从。为此，教师就需要自觉提高科研能力。科研就其本质而言，是一种求真的实践活动。它需要将一个观点或主张，建立在充分有效的科学证据基础之上，而不是建立在一种个人情绪性的意见表达之上。从这个角度而言，科研能力近乎等同于一种求真的能力。在面对众说纷纭的教育概念时，当教师具备了起码的科研意识和能力，他就能够对这些概念进行自觉的反思和澄清，不至于人云亦云，从而也就具有了"穿过教育概念的丛林"①的能力。只有具有了这样一种能力，教师才能够坚守教育的初心和定力。

（三）教育科研是切实提升教育质量的重要保障

经验型的教育很难适应当今社会发展的需要，也很难适应学生成长与发展的需要。当前，各种与教育密切相关的新兴学科和新兴知识，给教育的发展带来了无限的新可能。特别是近年来人工智能等新兴技术的不断突破，更是将教育置于一个新的技术场域当中。如何更好地将这些新的知识、技术应用于教育实践领域，在发挥其优势的同时又要有效避免潜在的教育风险，不仅是专业研究者需要考虑的理论课题，也是每一位教师需要加以思考并自觉实践的现实课题。此外，当代的学生与过去的学生相比，也发生了很大的变化。但是，面对学生的变化，很多时候教师虽困惑却不愿对其加以研究，还是依据过去的经验来教育学生。这必然会导致师生冲突频发，也会影响教育实效取得。因此，怎样把握当代学生的时代特点，并据此开展有针对性的教育，也是一个需要教师努力思考和研究的现实课题。

在很大程度上，专业研究者更多地是以客观中立的立场去看待和研究教育中的诸多问题。这样一种客观中立的立场，固然有助于揭示问题的实质。但教育不是一个形而上的思辨领域，也不是一个仅仅需要我们去认识的客观对象，而是一个需要个体高度介入并对其产生实质性影响的实践领域。在这种情况下，一线教师对现实教育问题的研究就显得尤为重要。中

① 该说法出自石中英《穿越教育概念的丛林》一书。

小学教师的教育科研往往指向有效解决问题的路径探索，因而，其研究成果毫无疑问更多地是实践性的，而非思辨性或描述性的。从这个角度看，教育科研对有效解决现实教育问题具有更加直接的作用。因此，要想有效回应时代发展对教育的新要求，全面提升教育质量，教育科研是非常重要的保障力量。

二、教育科研的伦理要求

科学研究就其本质而言是一项"求真"的人类实践活动。但是，这并不意味这样一种"求真"的活动不需要在"善"的规约下进行。如果"真"没有"善"的规约，那么，"真"本身有可能成为一种破坏力量。同时，"求真"的过程同样应该遵循"善"的基本要求，不能以"不善"的方式来实现"求真"的目的。尤其是对于教师的科研活动而言，其"求真"的活动是发生在教育场域之中的，因此，它所面临的"善"的审判将会更严苛。实际上，科学规范系统的元规范只能有两个：一个是"追求真理"，另一个是"造福人类"，前者是指导科学认知的元规范，后者是指导科学应用的元规范。[①] 对于教师而言，其科研必须在正确观念的引导下进行，同时，必须遵守科学研究的基本规范。

---

① 徐梦秋：《科学规范的内涵、类别、功能、结构和形式》，载《自然辩证法通讯》，2004(3)。

(一)树立正确的科研观念

对于教育科研而言,教师树立正确的科研观念尤为必要。当前,科研在教师的评价、职称晋升等方面所占的分量越来越重。这一方面固然有利于激发教师的科研热情,但另一方面也衍生出了诸多的不良后果。一些教师在观念上并不真正认同科研的价值和意义,而只是将其视为职称晋升所不得不为之的无奈之举。在这种情况下,教师的科研主要不指向现实教育问题的解决,也不指向教育专业素养的提升,而是指向其所可能带来的诸多荣誉或奖励。一旦教师实现了科研之外的其他目的,科研对于教师而言就很难再具有吸引力。在这种情况下,科研就容易变成一种压迫教师的异己力量。因此,怎样认识科研的价值,怎样认识科研对自我成长和学生发展的意义,就成为教师开展科研前需要在观念上明确的重要问题。

首先,在观念上明确教育科研的本体价值。不可否认,科研对于一线教师而言的确具有诸多工具性价值,如职称晋升。但是,科研的工具性价值应该服从和服务于教师个人专业素养和学校教育质量的提升。这就要求教师在进行科研选题的时候,从自我成长和学生发展的角度出发确定研究课题,主动把课题研究与自己的日常教育教学结合在一起,而不是为了其他外在的功利性目的而选择那些看似高大上,实则与自己教育教学没有多大关系的课题。

其次,具有科研的人文关怀意识。教师的时间和精力是有限的。因此,教师在开展科学研究的时候,就会面临一个价值排序的问题。哪些问题更应该纳入自己的研究视野,需要教师进行价值判断。在这种情况下,教师也许更应该将有限的时间和精力投入到那些事关教育公平的课题之中，体现教育科研的人文关怀。

最后，要有科研的"求真"精神。教育科研不仅要体现在教师专门的科研行为上，更要体现在教师的日常教育教学和言行举止当中。教育科研既是教师的一项具体工作，同时，也渗透着教师为人处世的标准和原则。这种标准和原则就是科研的求真精神。求真就意味着教师有独立的人格，不随波逐流，也不故意标新立异，一切以真理为行动标准。这样一种求真的科研精神，应该成为每位教师的自觉遵循。

(二)遵守科学研究的规范

研究不但要讲科学，也要讲伦理。不讲伦理的研究者，到最后连研究的科学性都会失去。在具体的科研行为过程中，教师需要遵守学术共同体所制定的科学研究规范。这些规范大部分都与伦理有着非常密切的关系。总体而言，教师在科研活动中，需要遵循的伦理主要指涉两大领域："对研究过程的诚信"和"对研究对象的尊重"。

1. 对研究过程的诚信

科学研究的求真属性就决定了诚信之于科研的极端重要性。如果一项科学研究不是建立在诚信的基础之上，那么，其研究结论必然是靠不住的。为确保科学研究的整个过程是建立在诚信这一基本伦理规范的基础上，学术界形成了一系列的研究共识，这些研究共识往往也被称为"学术规范"，主要包括学术引文规范、学术成果规范、学术评价规范。这些规范的存在，在很大程度上就是为了尽可能地确保科学研究的真实性。

学术引文规范

科学研究离不开对已有研究成果的参考。这就涉及在科学研究中对他人研究成果的引用问题。

> 引文应尽量使用原始文献和第一手资料。凡引用他人的观点、方案、资料、数据等，无论上述内容是否曾经发表，无论发表形式是纸质还是电子版，均应详加注释。凡转引文献资料，应如实说明。

> 学术论著应合理使用引文。对已有学术成果的介绍、评论、引用和注释，应力求客观、公允、准确。

> 伪注，伪造、篡改文献和数据等，均属学术不端行为。

参考文献中的科研伦理

> 引而不著

有些学术论文明明参考、借鉴了他人的研究成果，甚至有对原文的直接引用，却不指明出处并准确著录出参考文献，借此抄袭剽窃他人成果。

> 著而不引

有些作者把与自己论文内容不相关的文献，统统以非常"规范化"的格式列在文后，而在论文里却根本找不到相关的内容。

> 过度他引

有些论文引用参考文献多而不当，就像是对他人观点的拼接或转述。

> ➤ 模糊著引

有的作者本人并没有亲自查阅过所引用的参考文献内容，而是在其他"中介文献"中看到别人曾经引用过这些文献，就直接转引。

学术成果规范

> ➤ 不得伪造与篡改(在自己的研究结果中，故意捏造、篡改实验数据、结论等行为)。

> ➤ 学术成果不应重复发表。另有约定再次发表时，应注明出处。

> ➤ 学术成果的署名应实事求是。署名者应对该项成果承担相应的学术责任、道义责任和法律责任。

> ➤ 凡接受合法资助的研究项目，其最终成果应与资助申请和立项通知相一致；若需修改，应事先与资助方协商，并征得其同意。

> ➤ 研究成果发表时，应以适当方式向提供过指导、建议、帮助或资助的个人或机构致谢。

> ➤ 不得伪造学术经历(在填写有关个人学术情况时，不如实报告学术经历、学术成果，伪造专家鉴定、证书及其他学术能力证明材料等行为)。

学术评价规范

> ➤ 学术评价应以学术价值或社会效益为基本标准。对基础研究成果的评价，应以学术积累和学术创新为主要尺度；对应用研究成果的评价，应注重其社会效益或经济效益。

> ➢ 学术评价应坚持程序公正、标准合理，采用同行专家评审制，实行回避制度、民主表决制度，建立结果公示和意见反馈机制。

> ➢ 评审意见应措辞严谨、准确，慎用"原创""首创""首次""国内领先""国际领先""世界水平""填补重大空白""重大突破"等词语。

> ➢ 评审教师应对其评价意见负责，并对评议过程保密，对不当评价、虚假评价、泄密、披露不实信息或恶意中伤等造成的后果承担相应责任。

> ➢ 被评价者不得干扰评价过程。否则，应对其不正当行为引发的一切后果负责。

---

2. 对研究对象的尊重

对于教师而言，其科研的对象在很多时候是教育现场中活生生的人。在这种情况下，教育科研涉及的伦理问题将会变得更加复杂。因为，当我们以人为对象开展研究时，就会与一系列的权利和利益问题紧密纠缠在一起。处理不当，就容易给研究对象带来极大的伤害。第二次世界大战期间，大规模的暴行在临床研究的名义下得以实施，这一系列不良研究事件引起了人们对研究伦理的反思。人们为此对相关研究进行了严肃的讨论，并制定了相关的科研伦理条件和审查机制。《纽伦堡守则》（1949 年）规定医学研究的被试必须是自愿参与的和不受伤害的。《赫尔辛基宣言》（1964 年）提出了最基本的科研伦理原则，并建立了相应的科研伦理审查机制。《贝尔蒙报告》（1979 年）则总结了科研的三条准则，即"尊重个人准则"、"善意准则"和"公平准则"。总体而言，这些有关科研伦理的原则要求和审查机制，都指向对研究对象的保护与尊重。

"对研究对象的尊重"主要包括如实告知和保密承诺、伦理评估、抽样公正等内容。

如实告知和保密承诺

➢ 将个体看成自主主体，尊重个体的意见和选择(参与及退出)。

➢ 因疾病丧失劳动力或未成年的弱势个体有受到额外保护的权利。

➢ 研究被试有权使用匿名，研究者必须采取适当措施保护研究被试，即使无法保证绝对机密，亦需告知研究被试保护限制及可能产生的后果。

➢ 对于第二手资料，研究者应尊重并保持第一手资料研究者的机密。

伦理评估

研究者要对研究进行"风险—利益"评估。"风险—利益"评估是判断潜在伤害发生的可能性和其对被试造成伤害的程度，以及通过研究获得利益的可能性和获利程度。

要考虑风险：《伦理协议申请书》的主要内容包括研究背景、目的、目标和理论基础的概述，材料收集和分析方法，对研究参与者的选择标准，选择研究对象的方法，研究对参与者可能带来的危害或益处，保护隐私和保密承诺，研究对象的劳动补偿，研究参与者可能遭遇的利益冲突等。

要考虑如何回报研究对象。

抽样公正

➢ 包括"对个体的公平"和"对群体的公平"。

➢ 对个体的公平是指，研究人员不能只向对他们有利的被试提供有益的研究，或只选择另一部分被试参与危险的研究。

➢ 对群体的公平是指，研究人员需要根据被试群体承担风险的能力及匹配度，来区分应参与实验的群体和不应参与实验的群体。

(三)教育研究的特殊伦理要求

教育科研，除了需要遵循"对研究过程的诚信"和"对研究对象的尊重"这些一般性的科研规范，还需要结合教育教学实际处理好一些关键性的问题。

当研究对象为学生时，教师在科研中就要处理好教师权力与学生权利的关系。虽然我们都主张师生平等，但教师往往由于制度上的权威、年龄上的优势等因素，在与学生交往时处在一种主导位置。这样一种教育与被教育的关系的存在，就容易使得教师在以学生为对象进行科学研究时，面临一些隐含的伦理风险。这些伦理风险大致集中在以下几个方面。

风险1：征集被试和被试自愿同意过程中存在的伦理问题。学生担心拒绝参加实验会危害与教师的关系，并且会导致一些不良后果；如果是有关教学方法的研究，学生可能会认为新的教学方法和教学策略比当前的更有利，不参加实验会影响自身的学习。

风险 2：数据收集过程中存在的伦理问题。在高压下，被试的自我决定权和自治权会妥协，师生关系可能迫使学生泄露个人信息。出于保护自己隐私的目的，他们会提供一些错误的或不完整的信息以服从研究者的意愿。

风险 3：有关被试中途退出的伦理问题。学生虽然知道研究过程很辛苦、压抑，但也不会退出。

风险 4：保密性和匿名性问题。在将教师任课班级的学生作为被试的研究中，被试也可以使用匿名，但是很难不让研究者知道自己的身份。

风险 5：回报问题。由于面对的研究者是教师，学生不敢索要相应的研究回报。

当研究对象为教师自己或其他同事时，教师也同样面临着一些伦理上的挑战。比如，如何处理好研究主体和研究客体的关系？在研究过程中是否存在对自我评价的不当问题（如对自我进行一种形象上的美化等）？这就需要教师秉持基本的科研规范来约束自我的价值偏好。

总体而言，教师要想在科研工作中展示良好的道德情操，就需要尤其关注科研的伦理要求，真正实现科研的"目的善"和"手段善"的有机统一。

第三节　教师道德情操的社会形态

教育系统并不是完全独立于社会之外的"象牙塔"。教师不仅要处理好其在学校中的各种事务，同时也要把握好学校与社会的关系。在很大程度上，教师如何处理与社会的关系会对教育产生直接的影响。因此，教师道德情操不仅体现在日常的教育教学工作当中，也广泛存在于社会生活中。总体而言，教师道德情操在社会这一维度上，重点体现在家校关系及教师的社会公共生活当中。

一、家校关系中的教师道德情操

家校关系的重要性毋庸置疑。家校关系处理得好，会极大地提升学校教育的质量，反之，则有可能严重干扰学校教育教学活动的正常开展。因此，如何构建良好的家校关系，是每一位教师都需要面对的重要现实教育课题。从教师道德情操的角度来看，教师要在与家长打交道的过程中展现发自内心的尊重，并且坚持廉洁从教，在合作中构建良好的家校关系。

(一)尊重家长

尊重主要是指对他人的权利、尊严和意见等持有一种敬重的态度，不侵犯或轻视他人。尊重别人是自尊的表现，也是得到别人尊重的前提。正如《孟子》中所说："敬人者，人恒敬之。"教师只有真正做到对家长的尊重，才能获得家长的信任。有了家长的信任，教师不但可以充分动员家长参与学校教育活动，而且可以有效避免来自家长的不当干预。总体而言，教师对家长的尊重主要体现在以下几个方面。

首先，尊重家长的人格。尊重他人的人格，是一个现代公民的基本素养。对于教师而言，尊重家长的人格主要包括积极尊重和消极尊重两个方面：从积极的角度看，教师要能够主动维护家长的人格尊严；从消极的角度看，尊重家长的人格则意味着教师不做有损家长人格尊严的事情。前者更多的是一种道德上的倡议，而后者则主要是一种义务性的要求。教师在与家长交往时，需要将尊重的义务性要求摆在首位。因为义务性的要求体现了尊重的底线，这个底线是受到法律保护的。一旦突破这个底线，就势必会对他人的人格尊严造成损害。这就要求教师在与家长交往的过程中时刻守住这个"不伤害"的底线。为此，教师需要以"平等"为价值根基来处理自己与家长的关系。一方面，教师要意识到他与家长在人格上是平等的，不能凭借自己的身份对家长任意训斥、指责甚至辱骂；另一方面，教师也要平等地对待每一位家长，尤其是那些后进生的家长。教师若是因学生的表现不佳而迁怒于家长，不仅会使教师与家长之间产生心理上的隔阂，还有可能造成教师与家长之间的对立，甚至剧烈冲突。虽然积极尊重并不是一种法定的义务要求，但是，如果教师能够在消极尊重的基础上，争取做到对家长的积极尊重，那么就会进一步密切家长与教师的关系。在教师的积极尊重中，家长能够感受到教师设身处地地为自己着想，感受到教师对家长权利的维护，从而由衷地信任和感激教师。在这种情况下，就必然容易形成良好的家校关系。

其次，尊重家长的知情权。学生是将家长和教师紧紧联系起来的重要纽带。在很大程度上，教师和家长是以学生为中介而产生互动的。尤其是在少子化的时代，家长对自己孩子的关注更为全面，也更为急切。在这种情况下，教师应该主动与家长沟通学生的教育情况，让家长的教育知情权能够充分实现。有的教师只在学生出现问题的时候才主动联系家长，这样一种消极的沟通方式在很大程度上是因为教师只将家长视为解决问题的工具，而未将其视为教育的合作伙伴。如果家长总是在被动的情况下获取学生的教育信息，久而久之就会产生对教师的消极期待。家长哪怕内心十分期待了解学生在学校中的表现情况，也不希望接到学校教师的电话。因为，一旦接到教师的电话，就意味学生在学校里又遇到问题了。因此，教师需要从一个更为积极、日常的角度去主动回应家长的关注需求。一方面，教师要对家长所提出的期待抱有必要的理解，并给予相应的回应；另一方面，教师要以一种更日常化的方式增加与家长沟通的频率。

最后，尊重家长的隐私。诚然，教师需要加强与家长的沟通与合作，但是也要有必要的边界意识，不能超越教育关系而过多地介入学生的家庭生活。在这方面，尤其需要注意的是，不要刻意去打探学生的家庭隐私。教师应该秉持的一个基本原则是，如果不是家长自身的问题给学生的成长带来了负面影响，那么，就不应该过多地打探家长的情况。如果教师本人在偶然情况下（比如家访）了解到家长的某些私人情况（如家长的婚姻状况、职业、信仰等），也不能够到处宣扬。在与家长交往的过程中，对于家长明确说明不宜向第三者公开的信息，教师更应该保守秘密。只有真正感受到教师对隐私的尊重，家长才能在与教师互动的过程中获得安全感。在这种情况下，家长才更愿意与教师交流真实问题。

（二）廉洁从教

东汉著名学者王逸在《楚辞章句》中注释说："不受曰廉，不污曰洁。"

也就是说，不接受他人馈赠的钱财礼物，不让自己清白的人品受到玷污，就是廉洁。因此，廉洁从教，主要就是指教师在其教育生涯中，既不贪占他人钱财礼物，也不沾染黄赌毒等恶习，始终以清正纯洁的道德人格为学生和世人作出表率。

教师廉洁不仅仅是事关教师个人品行的重要问题，同时也是教师从教的基本前提。教师作为学生成长的重要他人，对学生的健康成长有着非常重要的影响。教师对学生的影响，不仅在于授业、解惑，更在于世界观、人生观、价值观方面潜移默化的深远影响。后者的影响主要是通过教师言行举止对学生的示范作用而实现的。也就是说，学生品德的发展主要不是靠教师的语言水平，而是靠教师在与学生打交道过程中的道德感染力和人格光辉。如果学生在与教师交往的过程中，体会到的是一种积极、正面的价值观，那么，学生就容易形成相应的价值观。反之，如果学生发现教师身上主要体现的是一种消极的、负面的价值观，那么，这种价值观也往往会被学生模仿。因此，教师个人的道德修养不仅仅是私人的事情，它本身已经成为教师教育学生的重要力量。廉洁从教对于教师个人和整个教育事业而言，都具有十分重要的意义。

为此，国家高度重视教师的廉洁从教问题。教育部、全国教育工会于1984年颁发了我国第一份关于教师职业道德规范的文件——《中小学教师职业道德要求（试行草案）》。这份关于教师职业道德的文件虽然在随后的二十多年中作了三次修改（分别是1991年、1997年和2008年），但是，教师廉洁从教一直是其中的重要要求。2005年，教育部印发的《教育部关于进一步加强和改进师德建设的意见》指出，坚决反对向学生推销教辅资料及其他商品，索要或接受学生、家长财物等以教谋私的行为。2018 年，教育部印发了《新时代中小学教师职业行为十项准则》。该准则再次强调教师要严于律己，清廉从教；不得索要、收受学生及家长财物或参加由学生及家长付费的宴请、旅游、娱乐休闲等活动，不得向学生推销图书报刊、教辅材料、社会保险或利用家长资源谋取私利。同时，教师也要规范从教，勤勉敬业，乐于奉献，自觉抵制不良风气；不得组织、参与有偿补课，或为校外培训机构和他人介绍生源、提供相关信息。由此可见，廉洁从教不仅具有道德层面的意涵，还体现了国家对教育的要求。

教师要真正做到廉洁从教，一靠法律法规的外在约束，二靠内在的自我坚守。从法律法规的外在约束而言，教师需要对有关廉洁从教的法律、法规和规章要求有充分了解，不做廉洁从教的"法盲"。从内在的自我坚守而言，教师需要自觉提升自我的道德境界和审美品位，不沾染一些虽然不违法，但在生活格调方面过于低俗、庸俗的习惯。唯有做到内外兼修，教师的廉洁从教才能有坚实的实践根基。

(三)善于合作

当教师能够充分尊重家长、廉洁从教的时候，家校合作的道德根基就已经筑牢。在此基础上，教师应该致力于建立更有质量的家校合作关系。这就需要教师懂得合作、善于合作。

首先，教师要把握好与家长合作的度，防止学校教育越界。从学生的健康成长和全面发展的角度而言，教师和家长在教育目的上是一致的。但是，这并不意味着家长的教育和教师的教育在性质、形式和具体目标上是等同的。从性质的角度看，家长对孩子的教育是建立在家庭生活的基础之上的，家长和孩子之间是一种私人性的亲密关系。而教师对学生的教育则是以学校空间为其基本场域，教师和学生之间本质上是一种基于职业的公共关系。因此，两者在具体的教育目标上是不同的。就家长而言，其教育更多地是一种"养育"，其要点是在"养"的基础上"育"。因此，家长的教育更多地体现在日常生活的点滴之中，是一种非制度化的生活教育。但是，教师的教育是在制度化的现代教育体系当中进行的，其核心任务指向"建设者"和"接班人"的培养，具有鲜明的国家意志。因此，教师在与家长合作时，要明晰双方的教育重点，不能将学校教育所承担的教育功能不加区分地交给家长承担。当前家校合作的最大问题之一就在于，学校教育功能过度外溢到家庭教育当中，家长承担了教师的诸多教育工作，比如检查学生作业、辅导学生学习。在这种情况下，不仅家庭教育的原初功能被挤压，而且容易引发亲子关系和家校关系的紧张。因此，教师要把握好家校合作的度，不能将原本由学校承担的教育责任无限转嫁给家长和家庭。

其次，教师要锚定家校教育的主体责任，避免责任推诿。在家校合作的过程中，除了有可能会出现学校教育过度渗透于家庭教育的问题，还可能存在家校双方对教育责任主体认识不清，进而导致教育责任推诿的情况。现实中一些教师经常会发出"5＋2≤0"的感叹，认为学校 5 天的教育是好的，之所以会出现教育效果不佳的问题，是因为学生周末在家的 2 天受到了负面影响。如果教师秉持这样一种立场去审视学校教育与家庭教育的关系，那么，就容易出现教师教育责任的推诿问题。因此，教师需要锚定其在学生发展过程中的教育主体责任，不宜将学生成长的所有问题都归结为其家庭教育问题。具体而言，教师需要从《中华人民共和国教育法》等法律文本中去把握国家对教师职业的具体要求，明确自我在学生成长中的法定教育责任和教育义务，以此作为与家长合作的责任前提。同时，当面对学生问题的时候，不能想当然地就指责家长教育失当，而是要学会"反求诸己"。即使学生的一些问题的确是由家长方面的因素造成的，教师也不宜得理不饶人，以一种居高临下的姿态批评甚至谴责家长，而是要尽可能地为家长有效解决这一问题提供建设性的意见和建议。

最后，教师要能够利用自身的专业优势，引导家长正确认识孩子的教育问题。在教育问题上，相比于家长而言，教师毫无疑问是专业人士。因此，教师在与家长合作的过程中，要有意识地根据自己的专业特长，帮助家长更好地认识教育、认识自己的孩子。在这方面，教师最核心的工作是要从教育理念上引导家长与学校达成一致。只有在教育理念一致的前提下，各种具体的教育变革才容易得到家长的理解与支持。在此基础上才能考虑教育方式、方法的指导。如果教师在与家长一开始交往时，就直接对家长具体的教育方式方法"指手画脚"，既容易引起家长反感，也难以使家长理解这些方式方法的真正意图。因此，教师在与家长互动时，要将教育理念的引导放在首位。

二、公共生活中的教师道德情操

教师不仅是教育人，同时也是社会人。作为社会人的教师，同样也存在着与之相对应的道德情操要求。中国自古就十分强调教师的社会地位和社会形象。孟子就讲过"天降下民，作之君，作之师"，他将教师与君王并列。另外一位儒家大思想家荀子也将教师与天、地、君、亲并列，认为"国将兴，必贵师而重傅；国将衰，必贱师而轻傅"。因而古代社会一直强调"一日为师，终身为父"。正是因为如此，人们一直以来都用一些美好的词汇来描绘教师，如"园丁""春蚕""灵魂工程师"等。

当前，教师的社会地位和社会形象遭受到了前所未有的挑战。一些媒体在关于教师形象的报道中，采用了诸多负面的词汇来描述教师。这在很大程度上了破坏了教师成长的社会环境，也严重干扰了学校教育教学工作的正常进行。如何更好地重构教师的社会形象，是一个重大的现实课题。在这方面，教师道德情操扮演着十分重要的角色。在很大程度上，人们对教育、教师的认识是通过教师个人在社会生活中展示出来的道德风貌来判断的。因此，教师尤其需要重视道德自律。

（一）言行自律

现实的教师概念包含着事实与价值两个主要维度：作为事实而存在的教师，是一种现实的职业类型；作为价值而存在的教师，则更多地指向一种道德的期待和判断。因此，教师这个概念既是描述性的，同时又是规范性和表达性的。从后者来看，教师实质上已经具有了一种道德范型的意义，这就使得教师自身成为一种道德评价的标准。也就是说，当公众将一个人称为教师的时候，他不仅是从职业类型的角度来使用这个称谓，同时，还从道德期待的角度来使用这个称谓。这实际上表明，教师这个身份在当下的语境中，其发生作用的空间并不局限于学校教育这个场域，而是弥散于整个社会生活的方方面面。它不会因为教师的上下班而转移。这同时也表明，教师在公共生活中的言行举止，不仅是一种个人性的行为，而且是一种具有社会后果的公共性行为。在这种情况下，教师需要高度重视在公共生活中的言行自律。

首先，切忌将私人生活公共化。作为一般公民，其私人生活只要不违法、不违背公序良俗，就可以按照自己的意志在公共空间中自由呈现。但是，教师身份在中国的文化中内含了道德和公共的属性，因此，教师的私人生活不宜过多在公共生活中呈现。尤其是一些涉及教师个人审美偏好、生活格调等方面的内容，一旦进入公共领域，容易引发社会公众的过度关注和讨论。教育关乎千家万户的切身利益，因此，教师的行为在社会公众面前就天然具有高度的话题性。在这种情况下，如果教师不能够很好地处理私人生活和公共生活的边界，将私人生活过多地暴露在社会公众的眼皮底下，那么就有可能引发各种不必要的非议。特别是在当前的自媒体时代，教师更应注意管理好自我的社会公共形象。什么样的事情能够在自媒体上公开？对谁公开？公开可能产生的后果是什么？这些问题是需要教师谨慎处理的。

其次，避免对专业领域外的事情进行公共表达。在社会公众眼中，教师是以专业人员的形象而出现的，但是，这并不意味着教师就可以随意评论任何社会事件。在很大程度上，教师的专业性主要体现在教书育人上。对于不属于个人专业领域的事件，教师可以有私人性的看法和讨论。但是，这种讨论需要被限制在非公共场合之中。一旦教师超出个人专业领域去对一些社会事件进行评价，一方面会容易产生知识性的错误，另一方面也容易产生对公众的错误诱导。因此，教师在公共场合中以"专家"的身份进行意见表达时，要恪守自我的专业立场，不宜过多地越界表达。否则，就容易变成社会公众戏谑的对象——"砖家"。

最后，谨防被资本绑架。先进教育理念和方法的普及，是教师的一项社会责任。但是，在这个过程中，需要提防的一个陷阱是，自我的教育普及沦为一种资本背书行为。当前，教育领域充斥着各种资本力量的强势介入。这些力量的介入固然为教育的发展与普及提供了资金上的支持。但是，资本的本性是追逐利润。这就使得一些资本为了利润，向公众兜售各种似是而非的教育口号、教育产品。在这种情况下，资本为了增强其教育口号、教育产品的科学性、先进性，往往就会聘请具有一定知名度的教育工作者为其代言。面对这样的资本诱惑，教师要具有教育定力和职业操守，不能变成一些劣质教育产品的代言人，否则，这既有可能影响学生的健康发展，也有可能损害教师的社会公信力，同时，还有可能造成社会财富的浪费。

(二)引领示范

如果说，言行自律更多地是从消极的角度来看待教师的社会道德形象要求的话，那么，引领示范则是对教师社会道德形象的积极表达。"言为士则，行为世范"的道德情操是中国特有的教育家精神的重要组成。这深刻揭示了教师的道德情操在社会生活中具有特别重要的社会引领和示范作用。

实际上，在人类发展的历史长河中，教师一直具有非常重要的社会教化作用。教师的这种社会教化作用，不仅体现在其对社会年轻一代——学生的培养之上，也体现在其对整个社会风气的引领和变革之上。这实际上表明，教师有着一个超越学校围墙而存在的社会身份——知识分子。作为知识分子，教师不能仅固守学校内的一亩三分地，还要能够以自己的专业知识服务社会，自觉推动一个更加富强、民主、文明、和谐，自由、平等、公正、法治社会的构建。作为万世师表的孔子，其周游列国的初衷也毫无疑问指向的是他关于理想社会的追求。当代教师更要有这样一种"兼济天下"的社会使命与责任担当。

首先，教师要做一个社会生活的道德能动者（moral agent）。所谓道德能动者，主要指的是教师在社会公共事务中要具有道德能动性。这种能动性一方面表现在教师对公共事务的热情投入之上，即教师能够以一个社会生活的主人翁的姿态参与公共事务，而不是一个被动的旁观者。另一方面也表现在教师对公共事务和社会事件的审慎判断和自主思考之上，拒绝沦为"平庸的恶"（evil of banality）。"平庸的恶"主要表现为"不思想"而失去判断是非的能力，刘铁芳在《面对我们生命中"平庸的恶"》一文中指出，"平庸的恶"把个人完全同化于体制之中，服从体制的安排，默认体制本身隐含的不道德甚至反道德行为，或者说成为不道德体制的毫不质疑的实践者，或者虽然良心不安，但依然可以凭借体制来给自己的他者化的冷漠行为提供非关道德问题的辩护，从而解除个人道德上的过错。这实际上要求教师在面对来自社会不正义的、有违教育规律的要求的时候，要能够具有独立的理性判断意识和能力，不能将自我应该承担的道德责任完全推卸到外在不合理的制度要求之上。

其次，教师要主动引领社会风气的变革与发展。教师在社会生活中具有非常重要的示范作用。因此，教师要充分发挥其在移风易俗、促进社会主义精神文明建设方面的引领作用。对于当下而言，教师对社会风气的引领，主要就体现在对社会主义核心价值观的坚守和践行之上。当前世界正处于"百年未有之大变局"中，各种不同立场的思想观念相互激荡，而社会主义核心价值观毫无疑问是我们身处这样一个价值多元的社会所必须坚持的主流价值观。教师应该自觉以社会主义核心价值观来武装自己的头脑，指导自己的行动，努力成为社会主义核心价值观的实际践行者、示范者和推动者。这必将会带动整个中国社会风气的积极健康发展。

最后，教师要致力于促进教育公平的真正实现。构建一个更加公平而有质量的现代教育体系，是建设社会主义教育强国的应有之义，也是每位教师义不容辞的时代责任。为此，教师既需要从微观层面切实提升自我的教育教学质量，同时，也需要从宏观层面积极响应党和国家的号召，通过支教、轮岗等方式支援教育欠发达地区的教育发展，努力为整个教育公平的真正有效落地，贡献自己作为一名教育人应有的力量。

第五章

教师道德情操的养成路径

教师道德情操在本质上并不是对教师的外在规范，而是教师内心对教育价值的主动认同和自觉遵循。也正是在这个意义上，教师高尚道德情操的养成，应当注重的不是外部力量的强制塑造和矫正，而是要遵循道德成长规律，凝聚系统化的多路径合力。因此，教师道德情操的养成应当协同自我修养、环境涵养和教育滋养三个维度，实现"渐于礼义而不苦其难，入于中和而不知其故"。

第一节 自我修养

道德心理学的研究表明，道德教育本身也是一个心理建构的过程，它并不是对道德规范的被动接受，而是主动建构内部心理表征的过程。[①] 教师道德情操的养成过程也是作为道德学习主体的教师不断加强自我修养的过程，即"自主、自觉追求在教育行动上确立专业道德准则，并不断提高自己的教育美德、形成良好的教师人格"[②]。

从认知、意志、情感三个维度看，教师道德情操自我修养的具体路径包括：道德自省修炼、道德实践修炼、情感素养修炼。

一、道德自省修炼

自省是中国儒家倡导的道德修炼基本方法。无论是曾子的"吾日三省吾身"，还是孟子的"行有不得者，皆反求诸己"，都强调道德修养离不开个体长期不间断的自我察看、自我审视、自我检查。

对于教师来说，道德自省同样重要。具体来说，可以从以下几个方面

[①] 刘晓明：《行为取向的道德教育：现实困境与内在机制》，载《中小学德育》，2016(3)。
[②] 金生鈜：《何为好教师？——论教师的道德》，载《中国教师》，2008(1)。

来进行有效的道德自省。

（一）为什么做教师——职业目的反省

"为什么做教师"关乎教师从业的根本驱动力。这个问题不仅仅涉及一个人选择当教师的现实动机，更涉及对"人生的意义与价值是什么""教育的目的是什么""教师职业的价值是什么"等价值问题的深度思索。这个问题的重要性在于：第一，它关涉教师职业生涯的初心。不可否认，有很多人选择从事教师职业并非出于对教育使命的高度认同，或是对教育工作的热爱，而仅仅是因为一些现实或偶然的原因。即使有人抱着喜欢教育、帮助孩子的初心走进教育，内心也会因为各种现实困境而摇摆。此时，尤其需要通过反思，让自己一点点累积对教师职业和教育对象的亲近感，在内心深处建立和强化职业信念。第二，它关涉教师职业的尊严。如果教师只是出于"谋生"的职业定位，满足于传递知识和完成任务，那么就无法体会到教师职业的尊严，也无法赢得社会的尊重。职业定位上的自我矮化与职业追求上的懈怠，很大程度上源于缺乏对"为什么做教师"这一原初问题的真诚反思。第三，它关涉教师的生命成长。教师如果缺乏对职业价值的深刻认识和情感认同，甚至产生对教师职业价值的庸俗化理解，在经历工作和生活中的不如意时，就容易出现职业无力感和倦怠感，失去专业成长、精进的目标和动力。

从内容上看，职业目的反省可以具体分为以下几个方面。

一是，为什么需要我做教师？这个问题主要是引导教师从国家和社会的角度思考自己的责任与使命。国家的发展、社会的进步、家庭的幸福，无不需要教育培养出合格的公民与优秀的人才。教师需要站在国家和社会的视角，更多更深入地去反思和感受社会的现状与问题，尤其是去共情和体验教育的社会价值。

二是，我为什么需要做教师？这个问题重在引导教师关注个人独特的职业需求，反思选择教师职业对自己意味着什么，如何通过这一职业满足自己的成长需求、实现个人目标。通过对这一问题的反省，教师才能形成对教师职业的真正认同，努力通过自己的教育实践获得职业成就与价值感。比如，广东的尹军成老师通过三问，不断明确和强化自己的职业需要："我想成为什么样的人？我想培养什么样的学生？我以什么方式来培养优秀的学生？"

三是，我为什么能做好教师？这个问题着眼于引导教师关注和挖掘自身的从教优势和潜能。通过对这一问题的反省，教师可以评估自己在教学、沟通、管理等方面的强项和有待提升的领域，进而利用自己的优势和潜力来提高教育效果，促进学生发展。

对上述三个问题的自我反省绝不是哲学意义上的形而上思考，而是对现实性问题的思考和澄清，藉此，教师能够描绘和确立个人的职业志向和前景，从而激发个人投入教育事业的理想与热情。

(二)我的教育做得如何——职业行为反省

"我的教育做得如何"是对教育行为是否符合从教初心、教育伦理的实践性反思，这有利于教师及时改进和纠正自己的教育教学。理想的状况是，每个人希望自己能够像孔子那样"从心所欲，不逾矩"。但现实是，没有人可以做到每一天、每一件事、每一句话都符合理想的师德标准。也因此，我们不难理解为什么曾子也要每日三问自省："为人谋而不忠乎？与朋友交而不信乎？传不习乎？"曾子侧重以"忠"（竭尽全力）、"信"（诚实守信）、"习"（躬行实践）作为标准来对照审视每天的行为，如同照镜子，可以照出自身在行为上的得与失、对与错。如果个人言行符合规范准则，则欢欣鼓舞；如果违背规范准则，自当愧疚遗憾，进而改过迁善。

从自省的全面性与权威性角度看，行为策略反省的最佳依据是教师的职业道德规范或专业伦理。2018 年教育部发布的《新时代高校教师职业行为十项准则》《新时代中小学教师职业行为十项准则》《新时代幼儿园教师职业行为十项准则》虽然并不是从专业伦理角度提出的规范要求，但也为教师的自我省察提供了较为明确的参照和指引。当然，每个人行为策略的自省不需要也不可能做到面面俱到。每位教师所处的成长阶段、教育理念不同，其关注点也会有很大差异。因此，不需要每个人都以同样的问题和内容来反省自己的行为。

总体来说，行为策略反思的关注点一般包括以下几个方面。

一是自我。对自我的追问，是切实提升教师个人道德情操的重要起点。1942 年在育才学校三周年纪念会上，教育家陶行知先生鼓励师生员工每天问自己四个问题，作为进德修业的参考。第一问：我的身体有没有进步？第二问：我的学问有没有进步？第三问：我的工作有没有进步？第四问：我的道德有没有进步？在公德上，陶行知进一步引导师生深思："我们在每一个行动上，都要问一问是否妨碍了公德？是否有助于公德？妨碍公德的，没有做的即打定决心不做，已经开始做的，立刻停止不做。若是有助于公德的，大家齐心全力来助他成功。"①陶行知先生的四问指向的是个人的成长。这些问题也应该成为教师在修炼个人道德情操时经常追问的重要问题。

二是学生。学生是教师锤炼道德情操的一面镜子。曾获美国密尔肯教育奖的玛丽·科黑老师坦言自己并不是见到学生第一天就喜欢所有孩子的，但她以"要去爱他们所有人，培养他们所有人"为目标和使命，站在学生的角度，长期不断地自我提问："什么能让他们开心，他们还关心什么别的东西？他们现在是否觉得痛苦？以前是不是有人伤害过他们？如果这个人情绪不稳定，有时候会有暴力倾向，我怎么能在保证自己安全的情况下与之保持联系？"②带着这样的好奇和疑问，玛丽老师去家访班上的每一个学生，因为她相信"孩子需要我的注意、倾听和关爱"。苏霍姆林斯基的文章中时刻流露出基于学生成长的反思意向："一个真正的教育者……要在很长的时期内用心灵来认识学生的心思集中在什么上，他想些什么，高兴什么和担忧什么。这是我们教育事业中的一种最细腻的东西，如果你牢固地掌握了它，你就会成为真正的能手。"③对学生细腻的关怀，也成就了苏霍姆林斯基的伟大。

三是关系。在教育学意义上，好的教育意味着师生主体间的和谐共生关系，好的教师是有能力建立良好关系的教师。因此，对关系的审视应当

① 《陶行知全集(第四卷)》，429页，成都，四川教育出版社，2005。

② [美]索尼娅·尼托：《我们为什么做教师》，郑明莉译，上海，华东师范大学出版社，2008。

③ 蔡汀，王义高，祖晶主编：《苏霍姆林斯基选集(第二卷)》，539页，北京，教育科学出版社，2001。

成为每位教师的必修课。詹大年在创办丑小鸭中学之前，始终在思考一些根本性问题：什么是教育？什么是家庭教育？山东省济南市潘清霞老师发出了"课堂三问"："课堂上教师应该和谁对话？课堂上应该让谁来表现？课堂上应该教给学生什么？"这三问实质上也是关注师生的关系状态。通过对课堂对话对象、表现主体、教学内容的审视，教师既可以将课堂教学的关注焦点从单方面的教转换到学生的学习方法和能力提升上，又可以识别出哪些师生关系错位会扭曲教学的方法和内容，从而为学生成长腾出时间和空间。

四是创新。在自我行为审视的基础上，教师应当反思的是如何能够让自己成为一名更好的老师——道德情操更高尚的老师。随着现代科技的日新月异，教师会面临更多的道德问题，此时，教师需要有创新意识，重塑那些已经不合时宜的教师伦理规范，补充一些顺应培养创新人才的新专业伦理规范。例如，在人工智能时代，好老师的定义应当拓展到保护学生数据隐私、利用人工智能工具进行个性化的教学指导、使用人工智能进行学术研究时注重伦理规范等要求上。

(三)我的教育未来如何——职业发展反省

"我的教育未来如何"是教师对职业发展目标和生涯发展路径的自省。职业目标的选择需要以教师的优势才干、兴趣爱好、有利资源等条件为依据，职业生涯路径涉及教师准备在什么阶段实现什么目标。

1. 职业目标的设定

教师需要根据时代、社会、学校和自我发展的需要，深入思考自己的职业目标，对自己的职业目标进行多层次的明确设定。基于人生使命和价值追求，设定长期、中期和短期的职业生涯目标。长期目标是教师职业生涯的长远甚至终极追求，可以进一步分解为明确的中期目标和短期目标。长期目标一般为 5 年以上，中期目标一般为 3～5 年，短期目标为 1～2 年。当然，具体时长因人而异。就目标的内容看，应倡导教师遵循终身学习理念和成长型思维，以聚焦认知水平、专业能力、实践业绩、道德修养等相对确定的指标为宜。比如，系统学习和掌握一门新的学科，系统学习教育学或管理学思想理论，训练和掌握某种工具和技能，研究和解决某个教育管理问题，等等。一方面，这些指标具有较大的确定性和较强的可控性；另一方面，与追寻职称、职务、荣誉等外在指标相比，追寻这些指标不容易迷失方向、失去动力。

2. 兴趣与资源的匹配

教师在进行职业发展反省时，需要认真分析自己的兴趣所在，以及为实现职业目标可以调动的资源。兴趣是职业发展的重要动力，对教师长期从事教育工作至关重要。资源包括个人的性格、时间、精力、知识、技能及外部的支持系统（如学校资源、专业组织、社会关系等）。教师需要思考如何将个人的兴趣与可用资源相结合，以最有效的方式推动自己的职业发展。

3. 发展途径的探索

教师应当根据职业目标和个人情况，选择最合适的发展路径。比如，有的教师教而优则仕，在行政管理的岗位上推动区域教育的发展；有的教师则把更多的精力放在发现和培养年轻教师上面。教师应该考虑职业发展的可持续性，即选择的发展路径是否能够使自己的职业生涯实现长期可持续发展。

4. 职业发展调整

职业发展是一个动态持续的过程，教师需要把职业发展规划问题当作重要的研究课题来做，在独立思考的基础上，适当参考他人的意见，在讨论和交流中对自己的职业目标、兴趣、资源和发展路径进行反思和评估。[①]这包括回顾过去一段时间的职业发展情况，分析自己的强项和弱点，以及面临的挑战和机遇。尤其要注意的是，教师要结合当地教育行政部门和学校发展规划要求来反思和调整自己的职业发展目标与路径，以适应教育环境的变化和个人成长的需要。

总而言之，每一位教师在不同的职业发展阶段、面对不同的教育对象和环境，会遇到许多值得反省的具体问题，每天的关注点都可能会发生动态的转移。但我们深信，每一位教师都需要始终关注一些根本性的问题，把上述道德反省框架和内容作为一棵大树的根与枝，在框架之下，对教育生活现象保持开放性，持续觉察和深度反思教育对象、教育情境和教育者自身，如此就会使大树之上逐渐长出繁茂的叶子与绚烂的花朵。

二、道德实践修炼

知行合一是道德修养的必经之途。正如明代儒学大家王阳明所言："人须在事上磨炼，做功夫乃有益；若只好静，遇事便乱，终无长进。"[②]亚

---

① 金连平：《中小学教师职业生涯规划：概念、问题及对策》，载《上海教育科研》，2010(9)。

② 王阳明：《传习录注疏》，185 页，上海，上海古籍出版社，2015。

里士多德也论述过德性养成的过程，"我们先运用它们而后才获得它们。……我们通过造房子而成为建筑师，通过弹奏竖琴而成为竖琴手。同样，我们通过做公正的事成为公正的人，通过节制成为节制的人，通过做事勇敢成为勇敢的人"①。

如果说"道德自省"可以理解为道德认知的"知"的问题，那么，道德实践则是"将何者为善、何者当行之'知'转换为实际的'行'（道德行为）"②。教师的道德实践力是教师有意识地将教师的职业价值观和伦理道德规范转换成教育行动的能力。从实践活动的场景或空间看，教师的道德实践力需要通过以下领域活动来培养：个人学习成长；课堂教学活动；师生日常交往；家校沟通合作；社会活动参与；等等。

（一）个人学习实践与道德情操养成

教师个人的学习成长不仅是职业的要求，本身也承载着深厚的道德要求。教师对教育事业的敬畏和尊重，以及对教育对象的负责等，也是一种道德实践。早在 20 世纪 70 年代，联合国教科文组织就在《学会生存——教育世界的今天和明天》一书中提出，那种想在早年时期一劳永逸地获得一套终身有用的知识和技能的想法已经过时了。传统教育的这个根本准则正在崩溃。无论从知识技能掌握的角度，还是从道德成长的角度，教师都不可能不终身学习，以确保自己在专业知识、教育理念、道德修养等方面

---

① ［古希腊］亚里士多德：《尼各马可伦理学》，廖申白译注，36 页，北京，商务印书馆，2003。

② 杨国荣：《伦理生活与道德实践》，载《学术月刊》，2014(3)。

能够不断进步，更好地履行教育使命。当教师的学习是出于对自己职业角色的认真对待、对学生发展的负责任态度，以及对社会使命的担当时，这种学习行为就超越了个人兴趣或职业发展的层面，上升到了道德实践的高度。通过不断的学习、思考和实践，教师能够更好地理解教育的意义，提升自己作为教育者的道德标准和层次。

教师个人的学习成长方式有许多种。在阅读、研究和写作活动中进行教育实践反思是最基本的成长途径。通过阅读，教师能够接触和吸收不同的思想文化、教育理念、道德观念，拓宽视野，深化对教育的理解；通过研究与写作，教师能够总结自己的教育教学实践经验与教训，并通过写作传播自己的教育观点，从而不断提升自己的道德感和责任感。在反思中，教师能够不断检视自己的教育行为和决策，确保它们符合道德要求。

四川特级教师李镇西曾长期倡导和践行教师专业成长的"五个一"工程：上好一堂语文课，找一个学生谈心或书面交流，思考一个教育问题或社会问题，读不少于一万字的书，写一篇教育日记。长期不懈的学习积累，让李镇西老师在学科教学、德育、班主任工作、学校管理与家庭教育等许多领域都取得成绩的同时，也实现了自身格局境界和师德修养的跃迁成长。

苏州市名校长沈黎明曾讲述自己通过反思实现专业成长和师德成长的经历：

自从参加本地多所学校的特色展示以后，我陷入迷惘：全班甚至全校学生都打篮球，那就叫篮球特色学校(班)？全班甚至全校学生都练武术，

那就叫武术特色学校(班)？我在想，那不喜欢篮球或者武术的学生，怎么办呢？办学目标到底是满足不同学生的不同选择，还是牺牲学生的选择权而在某一方面特别专注呢？学校特色到底是学生个个有不同特长，还是学生人人都有同一特长呢？带着困惑，我开始思考、研究，多元智能理论帮我解开了这个结：正是每个人所拥有的智能的不同，才构成人与人的差异，也构成人类社会的丰富性。因此，我们应该充分尊重任意一种智能，按照每个学生所具有的不同智能结构，提供发展、成长的条件和机会。什么是教育？就是帮助每个人得到最适合他的天性和意愿的发展和成长，就是让他在发展和成长中体验到人性的尊严。①

通过上述两位教师的事例，我们可以看出，教师的个人学习成长不仅是提升自身专业素养的过程，更是一种深刻的道德实践，体现了教师对自己职业的敬重、对学生的负责，以及对社会的贡献。这种学习成长对构建健康、正向的教育环境至关重要。

(二)课堂教学实践与道德情操养成

课堂教学实践与教师的道德成长关系密切。第一，在教学内容的选择上，高品质的课堂教学要求教师不仅考虑授课内容的学术价值和教育价值，还要考虑其所蕴含的道德意义。合适的教学内容能够引导学生形成正

---

① 案例选自教育部师德师风建设基地(华南师范大学)编写的《生命与使命的双向奔赴：新时代师德故事 30 例》，内容有改动。

确的世界观、人生观和价值观，促进学生的全面发展。因此，教学内容的选择反映了教师的价值取向和师德素养，是其道德实践的重要体现。第二，在教学流程和组织形式上，一个优秀的教师可以发挥创新精神，设计出包容性强、互动性高的教学流程，体现对学生的尊重和关怀，以及教育的平等和公正，确保每个学生都有参与的机会，获得归属感和价值感。第三，在课堂互动过程中，教师的言谈举止、对学生问题的应对，都直接影响学生对教师和学科的认同感和亲近感，进而影响他们对学习的信心和兴趣。教师在课堂互动过程中的耐心、尊重、包容、幽默等道德品质，会给学生形成积极的道德示范。第四，在教学评价上，教师围绕学生的成长，肯定学生的努力和进步，并给出专业引导，能够激发学生的学习动机，培养其自信心和责任感，这也是师德素养的直接体现。

一位语文教师讲述了她在课堂中的教育故事：

在2019年春天的一堂诗歌课上，孩子们都在欣赏着美好的春光，认真创作自己的诗句。这时，我却看见教室后排角落里有个小姑娘，趴在座位上默不作声。我走了过去，看见她写了这样一首诗：

小树的难过

我是一棵生病的树，

他们知道我生病了，

却不来看我，

没有人和我一起玩。

春天到了，

我却不停地

掉叶子。

　　我顿时停住了，这是怎样一种孤寂和无助？让这位小朋友成了一棵生病的树，没人探望，没人想起，万物复苏的时节，它却慢慢枯萎。这让我想起了一句话：热闹都是他们的，我什么都没有。这小小的躯体中，竟然藏了这样的苦楚。

　　小姑娘叫丹丹，坚强、勇敢是我一直以来对她的印象。在教室里有同学不小心弄断她的铅笔，她不生气；文体活动时跑步摔跤，她只是皱皱眉头；在夜里感冒发烧，苦等爸爸来接时，她不会哭泣……

　　经了解才知道，她的父母一直闹离婚。上学期开学不到一周，她的母亲便偷偷离家，外出打工，留下四个孩子在家，谁也联系不上，过年都没有回家。想必丹丹很想念母亲，此后她的成绩直线下滑，上课心不在焉。晚上查寝时，总听到她躲在被子里啜泣的声音。她甚至和我提出："钟老师，我可不可以不读书了？我想去找妈妈。"我每周都会找丹丹谈心聊天，其间也在积极联系她的母亲，给她打电话、发信息。可电话那头传来的永远都是忙音。当我将这首诗发给她的妈妈时，许久没有亮起的微信对话框那头终于有了回音，她的母亲回话了。她说，她没有想到她的离开，会给孩子带来这么大影响。丹丹和妈妈逐渐恢复了联系，她期中考试成绩也有了显著进步。在两个月后的一堂诗歌课上，她写下了这样的诗句：

小树与大鸟

我是一棵小树，

妈妈是一只大鸟。

大鸟飞去远方，

小树慢慢长大。

等大鸟回来了，

小树给她一个家。

当丹丹的妈妈看到这首诗后，她终于回来看孩子了，小树终于等到了她的大鸟。诗歌成了连接孩子与母亲之间情感的桥梁，诗歌让生命里最重要的温情得以回归，也让这个家庭得以团圆。在孩子的诗歌里，我似乎突然发现了教育的真谛：好的教育从来不是说教，而是用心发现、唤醒和激发，让每个孩子找到自己成长的空间。我相信，诗歌的力量，也是教育的力量。[①]

教学中的一次互动成为发现孩子的一个难得的窗口，借助对这次课堂教学实践以及后续行动的记录和反思，这位教师的教育敏感性得到了强

---

① 案例选自教育部师德师风建设基地（华南师范大学）编写的《生命与使命的双向奔赴：新时代师德故事 30 例》，内容有改动。

化，信心得到了增强，也实现了自己在师德认知和师德情感上的重大
升华。

(三)师生交往实践与道德情操养成

师生日常交往是课堂教学以外教师道德实践的重要组成部分，也是教
师道德情操呈现和养成的重要场域，它以更加真实自然的方式影响师生关
系的品质。在日常交往中，教师的价值追求、生命状态、言行表达等都体
现了教师的道德情操，并对学生产生深远影响。

北京师范大学檀传宝教授曾回忆自己与路华青老师交往的细节：

老师对我们几个语文成绩好的孩子，简直喜欢得不得了。业余时间，
他常常召唤我们到他的办公室，教我们当时高考完全不会考的"平平仄仄
仄平平"。虽然我到最后也没有掌握老师特别希望我们掌握的格律，但老
师吟诵古典诗词时的那种陶醉，却已让我们一辈子都心向往之。高考范围
之外的许多诗篇，如"绿遍山原白满川"之类，我至今仍然能够倒背如流。
实际上，路老师教学偏执的另外一面，其实是对语文、对教育、对学生的
真诚与痴情。1991 年，我在母校皖河中学执教 8 年之后，考入北京师范大
学读研究生。路老师高兴不已，竟然亲手制作了一本厚厚的红布封面的笔
记本相送。笔记本扉页上，老师用工整的行楷写满了鼓励的话，并勉励我
七律一首：

皖水经年沃野流，

荣枯稻麦自春秋。

平畴拍起垂云翼，

沧海轩然映古丘。

举目古今当褒贬，

驰心中外善开收。

回观翠竹空藏节，

永葆英姿再上楼。

买一本笔记本送人，尤其是送升学的学子，是当年较流行的做法。用手工制作的笔记本作为贺礼，老师的用心、老师的本事，自然最为特别。而这一最为特别的礼物也随我辗转南北几十年，一直珍藏于随手可以及的地方。[①]

从路老师对待学生的方式，我们看到了一位教师对教育教学的痴心和热爱，以及对学生超越功利和超乎寻常的纯粹呵护与关怀。

首都师范大学刘慧教授在回忆自己中学时的班主任魏书生老师时，讲到了影响她一生的一件小事：

---

① 檀传宝：《先生之德风》，60～61 页，北京，北京师范大学出版社，2022。

当时，我在班里做学生干部，班里有一位女同学经常"挑衅"我，我心里很不舒服，虽不想和她对抗，但也不想事情就这样。于是，我就把这件事情婉转地向魏老师说了。说完之后，我就站在那里等待着，等待着他批评我也好，帮助我也好。但他只是看了我一眼，然后就说了一句："嗨，大事清醒点，小事糊涂点。"说完转身就走了。当时我就傻了——这算是批评我呢，还是帮助我呢？什么叫"大事清醒点，小事糊涂点"？经过许久，我才明白这句话的意思。这句话也成为我一生的座右铭。每当我心烦、难过的时候，我都会问自己，这是大事还是小事呢？大事，要清醒了；小事，就糊涂点呗。这让我的人生过得很轻松。①

魏书生老师以寥寥数语就轻松化解了学生心病，不经意间成为学生人生的指导者，让学生受用终身。魏老师的人生智慧和教育智慧，也生动诠释了什么是好老师。

(四)家校沟通合作与道德情操养成

家校沟通合作是教师践行教师伦理、提升个人道德情操的重要途径。首先，家校沟通合作影响教师育人责任与使命的实现。随着《中华人民共和国家庭教育促进法》的出台，学校和教师更加充分地意识到，没有家庭

---

① 刘慧、刘惊铎编著：《践行师德》，76页，北京，北京师范大学出版社，2021。

的参与，没有与家长的有效沟通合作，就难以充分实现教师的育人责任和使命。其次，家校沟通合作要求教师遵循相关伦理要求。除了职业行为准则中的"廉洁自律"要求，教师还应做到：平等尊重，不因家庭经济状况、学生能力差异而对学生家长区别对待；保护学生隐私；智慧地帮助家长共同解决学生的问题，促进学生健康发展。最后，家校沟通合作有助于提升教师的同理心、沟通合作的技能与智慧、专业成长的责任感等，进而提升教师道德情操。

家校沟通合作的实践，既可能成为引发家校矛盾冲突和教师伦理问题的导火索，也可能蕴藏着教师展现和提升自身道德水平的重要契机。浙江省温州市苍南县梁世累老师讲述了他处理一次家校冲突的案例：

一次课间，两个孩子在教室玩耍，一个在前面跑，一个在后面追。跑在前面的孩子一不小心摔倒了，脑袋撞到了桌角，被送到医院缝了 12 针。当天的处理过程正常顺畅。然而，到了第二天，受伤孩子的家长带着家族一帮人，气势汹汹地来到学校，并提出七条诉求。对此，梁老师和家长商量结果如下：医疗费大部分由保险公司承担，差额部分由对方家长补足；孩子的健康成长最重要，学校会安排专业的心理老师对孩子进行心理疏导；换班对孩子的成长很不利，换了班后也需要和新同学磨合，而且孩子只是意外受伤，不存在校园欺凌问题，在原班级对孩子的成长更好。家长给予认可，态度也大大缓和了。在随后谈妥一些具体问题后，梁老师才用平和的语气向家长澄清了几点事实：孩子是先追赶同学，继而转身"逃跑"

才受伤的；孩子摔倒的瞬间，两人没有直接的肢体接触；整个过程中两人只是在玩耍，彼此没有恶意。当梁老师向家长讲述这些情况时，家长已经不再气势汹汹了，并表示会重新考虑刚才提出的要求。最后，经三方商定，对方家长赔偿1500元的慰问金，矛盾得以化解。①

此次危机之所以能够比较顺利地化解，与梁老师基于同理心的换位思考有很大关系："如果我是家长会怎么想？如果是我的孩子我会怎么样？在此基础上，我们才能理解家长的言行，了解家长要表达的'隐形信息'。有这样的认知和视角，我们就能以同理心对待家长，并有原则地'偏袒'他们。建立起信任关系之后，沟通才可以进行，双方才能以共商的方式寻找解决问题的最佳方案。"梁老师的行动与反思体现出他能够在教师伦理原则范围内采取智慧的沟通策略，这次冲突事件对他来说是一次难得的师德实践和师德成长的契机。

(五)社会活动参与与道德情操养成

教师不仅是负责教育教学的员工，也是社会公民，还是社会主义核心价值观和中华优秀传统文化的传播者。教师通过参与社会活动，能够在社会和文化层面实践其教育使命，展现职业的社会责任和道德担当。具体来说，参与社会活动对于道德情操的养成有以下几个方面的意义：第一，强

---

① 梁世累：《家校沟通当有家长立场》，载《新班主任》，2023(28)，引文内容有改动。

化教师的公民意识。教师作为社会的一员，通过积极参与帮助处境不利群体等社会公益活动，能够直接参与到社会公共问题的讨论、思考和解决中，从而深化自己的公民责任与身份意识，促进社会公平正义。第二，树立良好的师德形象。教师在学生面前呈现的不只是教学专业素养，还有其全部的人格品质。教师积极参与社会活动，推动社会进步，就为学生树立了一个可模仿的公共形象，也会因此赢得学生、家长和社会的尊重。第三，增进教育理解。参与社会活动能够帮助教师更全面地理解教育在社会中的作用和意义，深化其对教育使命的认识。在深入理解教育的基础上，教师才能够更加自觉地反思教育理念方法与社会需求的匹配度，实现教育教学创新，培养具有创造力的现代人才。

　　教师可以通过参与多种形式的社会活动，提升公民素养和人生境界，促进社会进步，如资助式辅导学生的教育支持活动、保护动植物生存环境的环保活动、社区发展建设活动、服务老人或残疾人等弱势群体的公益活动，以及公共文体活动。湖北省宜昌市长阳土家族自治县龙舟坪镇花坪小学副校长刘发英从 2005 年开始，以"英子姐姐"为网名开展网络助学，并首创全透明的"一对一"网络助学模式，搭建起网络公益的信义桥梁。起初，她满怀爱心，却遭遇质疑，但她不改初衷，用 12 年的执着与真诚书写了一段网络助学诚信传奇。刘发英在成就孩子学习梦想的同时，也让自己受益于这份助学事业。她在接受采访时说："这一路走来，我都被满满的感动包围着。感动于爱心人士的无条件信任，感动于受助家庭那纯朴的笑容。"她言语间流露出的幸福已经超越了作为一名教师的幸福，走向了作为一个公民、一个大写的"人"的开阔高远境界。

总之，教师道德情操的养成不可能离开真实丰富的道德实践情境。在道德实践的过程中，教师能够不断提升对道德情操的认识，提升道德实践的能力，真正成为名副其实、知行合一的好老师。

三、情感素养修炼

在教育生活情境中，存在着大量的师德悖论：教师明知道应该耐心教育指导每一位学生，但常常表现得急躁或不耐烦；教师明知道需要不断学习和更新知识，但实际上停止了自觉的自我学习和成长；教师明知道不应该羞辱学生，但却在很多时候用语言贬低成绩差的学生；教师明知道应该公正评价每个学生的表现，却因为偏爱或其他原因给予某些学生更高的评价。以上悖论的频繁出现，从一个角度说明，要想真正将道德修炼落实到行动上，仅仅靠道德反思，是非常困难的。走出这一困境的核心之一是教师加强自我的情感素养修炼。

随着学术研究的深入和社会发展需要，情感素养越来越得到学校教育的重视。1990 年，美国心理学家梅耶和萨洛维最早提出情绪智力（Emotional Intelligence，EI）的概念。1995 年，美国哈佛大学心理学教授丹尼尔·戈尔曼提出了情商（Emotional Quotient，EQ）的概念。此后，与情感能力相关的概念和理论进一步得到丰富和发展，社会情感技能（social and emotional skills）、社会情感能力（social and emotional competence）等概念不断出现。中国学者朱小蔓教授早在 20 世纪 80 年代，就曾关注情感教育，并专注于研究学生和教师情感品质和能力的发展。自 2002 年以来，联合国教科文组织在全球范围推广实施社会情感学习（Social and Emotional Learning，SEL）项目。以北京师范大学毛亚庆教授为代表的团队，也在近些年的研究中专注于提升师生的社会情感能力，推进社会情感学习在中国的实践。

对于教师来说，情感素养同样需要得到更多的关注。教师的情感素养在很大程度上影响着教师道德情操的养成。在教育实践中，我们发现情感素养高的老师更能够关注后进学生，更容易心生怜悯，进而通过家访、私下交谈等方式，去改善学生的不利处境；同情心较弱、低情感素养的教师则常常难以觉察或体验到学生内心的无助、自卑等情绪，也不会想办法去帮助孩子摆脱不良处境。

实际上，情感素养是教师在教育教学活动中表现出来的决定其教育教学效果，并对学生身心发展有直接而显著影响的情感品质和情感能力的总和。[①] 根据现有的研究，教师的情感素养修炼应该着重从情感认知、情感表达、情感管理三个方面努力。[②]

(一)情感认知的修炼

教师要能够觉察、识别和体验到自己、他人与情境的情感信息和教育意义，能够意识到自己的眼神、语言和肢体表达所传递的情感信息，能够体验、洞察和理解学生的感受，能够识别具体情境或事件的情感

---

① 沈嘉祺：《论道德情感的生成与培育》，博士学位论文，华东师范大学，2006。

② 徐志刚：《教师情感能力的研究》，硕士学位论文，南京师范大学，2007。

流动。

在情感的自我觉察方面，教师需要成为自己情绪的观察者，学会识别自己在教育教学活动中涌现的各种情绪，如厌恶、恐惧、快乐、窘迫、焦虑、慌张等，通过对情境和体验的描述，记录当时的真实情绪，以及这些情绪的触发因素。教师还需要识别自己情感所属的类型。按照高德胜教授的分类，道德情感大致分为三类①：第一类是对善的认可反应、认可态度，包括崇敬、勇气、感恩、自豪等；第二类是对恶的不认可反应与态度，包括愤怒、愧疚、恶心、羞耻、后悔、蔑视等；第三类是善恶混合所引发的混合反应与态度，包括同情、原谅、宽容、自爱、关爱等。此外，教师还应能够深入探究这些情感产生的原因，包括个人价值观、信念系统、教育经历及教育情境。通过自省、阅读、与人交流，分析特定情感反应背后的深层原因，并评估引发这种情感反应的认知或行动有无合理性，是否符合实际的教育教学情况，是否有误判误解的情况发生。例如，湖北省武汉市的桂贤娣老师每周给自己提出三个问题："你爱你的学生吗？你会爱你的学生吗？你的学生感受到你的爱了吗？"对这三个情感状态问题的审视，将有助于教师提高情感的自我觉察能力。

在对他人情感的觉察方面，语文特级教师于漪就是透过眼睛体验到了学生内心微妙的情感，并在对学生情感的体验过程中，升腾起教育的责任感。她描述道：

---

① 高德胜：《道德情感：本质、类别与意义》，载《当代教育与文化》，2021(6)。

生命的闪光莫过于站在课堂上面对着几十双眼睛的时刻。每当我兴冲冲地走进课堂，看到一双双仍带着几分稚气而又充满期望的眼睛时，我总觉得有一种奇异的力量注入自己的肌体。它不断提醒我：别忘了肩上有重担千钧，挑着现在，更挑着未来，容不得丝毫的疏忽和懈怠；它深情地启示我：老师啊！学生只有一个青春，一个青少年时代，你要珍惜，百倍、千倍地珍惜啊！……

眼睛，心灵的窗户。课是不是教到学生心中，一双双眼睛会告诉你。我执着追求的是这样的目光：发亮、惊喜、渴求、自信……

眼睛，又是多么富于变化。有时我为此而自责，而焦心，又有时为此而喜悦，而欢乐。课中，学生的目光突然出现迷茫，显然，学得卡壳了，立即反躬自省，弥补不足；课中，有的学生目光时聚时散，走神了，赶紧寻觅激发兴趣的突破口，悄悄地暗示，不着痕迹地提醒；有的学生恍惚的目光凝聚了，集中了，稳定了，流露出追求和欣喜……几十双眼睛，几十扇各具特色的"窗户"，几十道富于变化，寓含深意的目光，是对教的方法、教的质量最生动最及时的检测。教师要练就一双敏锐的眼睛，通过"窗户"洞悉学生心灵的秘密，敏捷地捕捉他们在课堂上瞬息之间的变化，适时适量地撒播智慧的种子，开启求知的欲望。[1]

---

① 于漪：《我和语文教学》，147～148 页，北京，人民教育出版社，2003，引用时有改动。

于漪老师对学生内在情感状态的同理心启发我们，教师应该具有教育敏感性，应该关注到学生情感需求，并且通过学生的细微表现理解他们的内在情感信息，进而激发自己的教育情感，展开教育行动。教育者敏感性的意义在于，它是一种贴近和影响真实生命的价值追求，它能察觉到沉默中的呼唤，看见微笑背后的泪水，它让我们跨越语言和表象直达生命的内核，触摸个体最真实、最深层的需求，它也让教育不再只是知识的传递，而成为生命的引领。①

(二)情感表达的修炼

教师应当以适时、适度、适当的方式表达自己的情感，建立良好的情感关系和教育目标。有的教师内心激动但表面上却轻描淡写，缺乏生动的情感符号展现，学生难以从他的外在表达中感受到他的情绪波动。他们常常只会用语言符号来解释情感，似乎这样便可向学生传达某种情感，让学生感受并理解这种情感。但事实上，教师情感符号上的无动于衷，使学生的情感也岿然不动。也有些教师极力想通过表情体现出情感，可是在情感符号的使用上却会出现种种不当做法，或是表现过火，过于戏剧化，缺乏真实感，或是用错表情符号，起到了相反的作用。为此，教师应注意以下几点。

第一，情感表达需要价值反思。情感表达并非是完全随意的、自然的情感流露，而是需要经过价值反思和价值引导的，它是人用一定的价值准则控制、调节自己的情感表现和情感体验的产物。吉林一位小学教师在刚

---

① 刘华杰：《聆听心灵的细微颤动》，载《中国教师报》，2023-09-27。

工作时，班上有一个不讨人喜欢的小男孩，她情感表达的方式常常是"一看到他就火大，给他辅导时经常声嘶力竭"。离开这个班级之后，她深感愧疚，尤其是在经过阅读和学习之后，她进行了深刻的自我反思："这个孩子这么喜欢他的老师，我却从没和他聊过天，给他关心、爱护、包容和理解，我怎么能不愧疚？怎么配做他的老师？我真想让时间倒流，重新做回他的老师，把这一切都弥补回来，然后和他说一声对不起，求得他的原谅。"多年以后，她终于联系到这个男孩，通过电话真切地表达了心疼和愧疚的情感："老师教过这么多学生，唯有你，让老师感到最心疼、最愧疚。"[①]这样一种对情感表达的价值反思，无疑有助于教师不断提高自我的道德情操。

第二，了解不同的情感表达方式。人的情感表达方式一般分为三类[②]：一是动态无声的非言语行为——体态语，包括面部表情和身体姿势。以"看"这一动作为例，就有"看、望、瞧、瞅、溜、扫、盼、瞪、盯、瞄、瞥、眯、眈、窥"等表达方式，不同的表达方式背后都是不同的情感。在心理学和教育学领域，有很多研究涉及情感表达的不同选择。教师需要根据情境和事件差异选择不同的情感表达方式。第二类是有声的非语言行为，包括辅助语言和类语言。辅助语言是指人们言语中非词语方面的特点，如音量高低、声音的起伏、音域、音质、声调、语速、节奏等；类语言包括口头语、叹息、呻吟、笑声、哭声、咳嗽及各种叫声等。第三类是有声的语言行为。人们常常依赖有声的语言来表达情感，非语言的情感表

---

① 案例选自教育部师德师风建设基地（华南师范大学）编写的《生命与使命的双向奔赴：新时代师德故事 30 例》，内容有改动。

② 沈嘉祺：《论道德情感的生成与培育》，博士学位论文，华东师范大学，2006。

达方式没有得到应有的重视。事实上，语言行为受意识的监护，经常有修饰和伪装的成分，而非语言行为大多是潜意识的自然流露，所以它更能透露个体的真实信息。因此，教师应当在学会一些有声语言的情感表达方式外，着重加强非语言的情感表达修炼。

第三，依据情境变化采取灵活的情感表达。这里的情境包括情感表达的对象、时间、地点等外部因素。在有的情境下，我们要表达出愤怒、遗憾、愧疚的消极情感；有的时候，我们要表现出关爱、同情、宽容等积极情感。许多教育类的书籍或课程提供了大量操作性和实用性强的情感沟通策略，比如美国的教育专家简·尼尔森曾经提出赢得孩子合作的四个步骤：①表达你对孩子感受的理解："你感到……"②表达同情，而不是宽恕："我能理解……。当我……时，我也觉得……"③和孩子分享你的真实感受："我希望你……"④让孩子专注于解决问题的方法："我们怎样才能找出一个办法，使你……"尽管这四个步骤很有价值，但教师或家长在使用时仍然需要根据自身、孩子、时间、地点等特殊性，灵活调整情感表达与沟通方式。正如《教育的情调》一书所说，智慧的教师有这样一种本事：能够非常细腻地理解这个孩子在这个时候的体验，从而即刻回应"对这个孩子，此时此刻我该怎么做才是最好的"这一问题。该书的作者还描述了一个不具智慧的教师：

那是一堂数学课。王老师正在向同学们解释关于"直线、射线和线段"的概念，同学们都在聚精会神地听着。讲完之后，王老师问我们还有没有

问题，如果有的话，就提出来。我猛然想到了一个问题，觉得很好，于是举起了右手。"王老师，为什么'射线'只有一点而不是两点呢？"我歪着头，认真地问道。提完问题之后，我对我的问题很是自豪，期望老师能够表扬我动脑筋了。然而，整个教室一下子变得鸦雀无声。接着，我听到同学们的嘘声。我感到不安了，希望老师能够快点儿给我答案。只见王老师的脸由晴转阴，最后变得铁青。啪！王老师突然猛地一拍桌子，大声训斥道："你为什么有两只眼睛，而不是一只眼睛？为什么你叫崔琴，不叫崔牛、崔马呢？"全班同学顿时哄堂大笑。我被他的回答和如雷咆哮吓得目瞪口呆。眼泪在我的眼眶里打转。我不知道我是怎么坐下来的。我的耳边全都是嘲讽的声音。我忍不住趴在桌上哭了起来。从那以后，我在那所学校多了一个外号。那年我才九岁。①

在这一案例中，该教师的情感表达至少存在两个方面问题：第一，缺乏同理心，无视学生的心理处境。学生提出问题说明他在积极参与和思考，需要得到教师的鼓励和支持。但教师没有考虑学生的感受和需求，而是选择了一种让学生感到羞辱和尴尬的方式，伤害了学生的自尊和情感。第二，破坏了积极提问的学习氛围。教师没有选择鼓励、赞赏的情感表达方式，而是通过训斥和嘲讽的方式回应学生的提问，破坏了课堂的积极氛围，导致学生从此害怕提问，抑制了学生的主动探究精神。

---

① 案例选自李树英、王萍的文章《教育现象学：一门成人与儿童如何相处的学问》，内容有改动。

(三)情感管理的修炼

情感管理是教师对已知的情感矛盾冲突进行转换、调节的过程。在面对高强度的工作生活环境及复杂的问题情境时，如果教师不会情感管理，就会常常陷于消极的情绪状态，如焦虑、抑郁、烦躁等。如果不能及时调节和管理，找不到转换情绪矛盾的方式，教师很容易产生职业倦怠，产生心理危机，影响身心健康。教师需要运用某种方式影响他人的情感，具体包括以下三个方面。

第一，调整认知。情感的产生和体验往往建立在一定的认知和经验基础上。改变认知也可以对情感体验带来积极的影响。例如，很多教师，尤其是小学教师会对"问题"男孩表达厌烦的情绪，并责怪男孩"为什么静不下来？""为什么老像没长耳朵似的？"而事实上，男孩并非故意调皮、不听话，惹教师生气，而是他们血液中多巴胺含量高于女孩，流经小脑的血量多，小脑活跃，因此相对好动。此外，男孩之所以会对教师的话"不上心"，那是因为他们胼胝体的体积不同，处理多项任务的能力相对女孩较差。如果教师更多地掌握一些脑科学知识，就会对男孩的行为有更多的理解。此外，如果我们能够掌握更多青春期孩子在生理、心理及社会交往等方面的变化特征，或许对他们的叛逆就会有更少的惧怕和反感，更好地理解他们追求身份认同、自主独立的心理和文化需求。因此，教师需要持续不断补充对社会、教育和学生的新知识、新理念，尽量多地掌握科学文化知识，这样在面对一些人、事、物时，就能够更加从容平和。

第二，减压策略。高效的时间管理可以提高自我效能感和胜任感；倾诉和求教有助于获得他人的情感支持，获得解决问题的有效办法；深呼吸、正念冥想、音乐、体育锻炼等减压方法可以帮助人保持情绪稳定。

第三，共情感染。情感管理的修炼包括对共情感染力的修炼，即教师用自己积极的情感影响学生的情感，达到情感上的同频共振。情境教学的提出者李吉林老师善于创造真实的情境，用真实的情感体验激发学生的真情实感。这一点是值得每一位教师学习和借鉴的。

第二节　环境涵养

教师道德情操的养成，除了依靠自我的不断修炼，还有赖于环境的熏陶和涵养。环境的涵养对教师道德情操的形成和发展具有十分重要的作用。总体而言，要提供一个有利于教师道德情操养成的良好环境，主要包括榜样引领、制度支持和文化熏陶这三个方面。

一、榜样引领

榜样具有非常重要的人格感召力。正所谓"见贤思齐"，榜样的引领是教师道德情操养成的重要途径。

(一)教师为什么需要有榜样

在《说文解字》中，"榜，所以辅弓弩也"，即用来矫正弓弩曲直的工具。"样"通"像"，有形状的意思。根据《集韵》的注释："样，法也"，即仿效、模仿的意思，可以理解为用来识别某类事物的标准模型或典范。二字结合，在《现代汉语词典》中被解释为"作为仿效的人或事例（多指好的）"。在教育学的意义上，榜样被理解为"他人的模范行为"，通过榜样，教育者影响受教育者的思想、感情、行为，以达到教育要求。

无论词源学的考察，还是教育学的解释，都认可了榜样示范的教育价值，这种价值既体现在对学生道德成长的影响，也体现在对教师道德情操养成的深刻影响。根据道德心理学的研究，人们会出于崇敬心理而倾向于模仿作为规范体现者的榜样，自觉遵从道德规范和价值标准。这种基于榜样的行为模仿和价值认同，为教师提供了一种超越语言的、直观的道德标准，可以帮助教师应用标准或原则，及时作出正确的道德判断和选择。

榜样的巨大教育价值源自榜样的教育机制。榜样的教育力量不仅限于直接的示范，通过观察榜样人物的行为和其产生的结果，教师可以获得践行道德的信心、勇气和智慧。在面对教育实践中的各种挑战和困境时，榜样为教师提供了解决问题的直接指引，帮助教师在职业生涯中持续成长。之所以会出现"长大后，我就成了你"的职业传承佳话，正是榜样长期引领的结果。

(二)教师需要什么样的榜样

从教师道德情操养成的角度看，教师需要的应当是多维度的、全方位的榜样。换句话说，教师需要的榜样不是一个个单一的人，而是一个榜样生态系统。这个系统的每一种榜样类型都可以让教师获得成长的力量，勉励自己成为更好的教师。我们可以从领域、层级和品质内容三个角度来探讨教师需要哪些榜样类型。

1. 榜样的领域

这里的领域是指榜样所在的行业范围。从这个意义上讲，教师榜样的领域可以简单区分为教育领域和非教育领域。

教育领域的教师榜样是指在学校内的全体教育工作者，包括从事教学研究工作的教师，以及从事各类管理活动的工作人员。具体可以细分为：第一，管理者榜样。校长和各级管理者应当成为贯彻学校办学理念和教育理想的榜样，在管理专业素养和道德修养方面率先垂范。第二，教师团队成员榜样。身边的榜样，如同学科组的榜样、同年级的榜样、同班科任教师的榜样、同龄的榜样、同性别的榜样等更容易拉近与榜样学习者的心理距离。第三，后勤教辅员工榜样。学校不应忽视后勤教辅员工的榜样作用：做饭美味健康的食堂厨师、保障师生安全的保安、保证校内卫生清洁的保洁阿姨、呵护花草树木的园丁……都可以成为教师的榜样。2020 年，南通市通州区就以"具有较强的吃苦耐劳和乐于奉献精神，政治觉悟高，思想品质好，服务意识强；态度和蔼，服务周边，讲求效率，工作自觉，责任感强，勤俭廉洁"作为评选标准，把后勤教辅教职工纳入教育系统榜样的评选中，评选"十佳后勤服务工作者"。这一榜样范围的扩大，不仅认可了不同岗位的劳动，而且形成了榜样生态系统的样貌。第四，不同区域和时期的教师榜样。即使在不同的工作单位，由于工作环境、工作对象、工作任务、工作问题的相似性，教师榜样更容易激起共鸣，更容易引发自我反思：为什么在类似的工作环境下别人可以做到更优秀？我可以怎样向他学习让自己变得更好？总之，直接从事教书育人工作的教育者应当成为教师榜样的中坚群体。教师榜样，不应有古今中外、远近亲疏之别，孔子、苏格拉底、苏霍姆林斯基、杜威、蒙台梭利、裴斯泰洛齐、陈鹤琴、陶行知、蔡元培、张伯苓、黄大年、孙维刚、霍懋征、于漪、李吉林、魏书生等教育家型的教师都从多个层面呈现了为师者的伟大与卓越，各具魅力和风采，都应成为广大教师学习模仿的对象。第五，不同类别学校的教师榜样。由于培养目标、服务对象、办学条件、资金来源、体制机制等差异，我们的教育体系中包含了丰富的学校类型，既有普通大中小学，也有职业技术学校、艺术体育学校、国际学校、工读学校、特殊教育学校；除了公办学校，还有民办学校。不同学校的教师各具特色和优势，这些多样化的教师榜样，能够满足不同学生的独特需求和兴趣，同时也为教师提供了与各类学生沟通交流的机会，使他们能够更深刻地理解学生、理解教育，成为更好的教师。

　　非教育领域的优秀人物也应当成为教师学习模仿的榜样。考虑到经验和环境的相似性，我们常常把教育领域内的工作者树立为教师的榜样。但单一的榜样类型，一方面会降低学习者的兴趣，另一方面也没有考虑到教师全面发展的需要。事实上，榜样的形象应当像这个大千世界一样，丰富多彩。例如，科学家榜样探求未知并解决前沿问题，能够启发教师以探索新知的批判性思维审视教育教学中的现象与问题；企业家的冒险精神和创业态度启发教师提升团队领导力，不断协作，开辟教育的新领域，发现新方法；艺术家在创作过程中表现出来的审美感知、审美理解、审美创造能力，可以鼓励教师在教学设计中展示自己生活和专业上的审美趣味和审美创造力，勇于突破专业的界限；体育运动员展现出的专注、自律、坚持等精神品质，鼓励教师专注于自己教学水平的提升，以科学的训练方法，不断超越自我的舒适区，迈入新境界；政治家的责任、勇气、演讲沟通能力，启发教师着眼于未来，提升语言表达的感染力，提升学生的公民意识，培养合格公民；医务工作者在日常工作中所展现出的精湛艺术和对患者的深切关怀，启示教师提升敏感性，及时发现学生的情感和学习需求，建立一个更加包容和支持的学习环境。

2. 榜样的层级

在榜样的选择上，当前学校主要存在三个局限：第一，忽视了其他学段榜样的共性和独特价值。小学数学教师可以从幼儿园教师的游戏化教学方法中获得灵感，但如果忽视这一学段的榜样，就可能错过改善自己教学方法的机会。第二，忽略了优秀人才的稀缺性。事实上，在任何一个组织内，顶尖人才都具有稀缺性，专注于那些近乎完美的极少数榜样将会极大限制学习者的选择范围。第三，忽略了榜样教师的层级适应性。每个教师都有权利以适宜层级的榜样教师作为学习对象，如果过分强调完美、统一的榜样标准，那么教师就很难找到适合自己当前发展阶段和具体需求的榜样。基于以上局限，地方和学校在树立榜样时，应当认识榜样的多层级性，并据此在多层级范围内开发榜样资源。

（1）学段层级

教师可以从不同教育阶段的榜样行为中获得启发和成长，不应排斥、拒绝来自其他学段的榜样学习机会。大学教师需要学习和了解中小学及幼儿园的教师榜样，中学教师也要学习和了解其他学段的教师榜样。因为每个学段都有其独特的教育目标、教育对象和教育方法，我们可以从其他学段优秀教师身上学到他们如何根据本学段学生的独特性、情境的独特性来设计课程，开展教育实践，获得创新和成功经验，从而丰富自己的教学实践。

（2）能力层级

能力不仅指教育专业能力，也包括道德能力。教育专业能力涉及教师在不同能力领域的发展，如教学技能、班级管理、学科知识学习、信息技术应用等。不同经验水平和专业化水平的教师都有榜样价值。第一梯队的优秀教师可以作为榜样，第二梯队的优秀教师也可以作为榜样。这是因为相邻梯队的教师榜样在经验和技能上的差距较小，这使得第三梯队的教师可能会感觉到第二梯队的教师经验更加值得借鉴。同理，在道德能力方面，第二梯队教师的道德能力和境界并不是最高的，但由于刚刚经历过从更低道德能力和境界向上提升的过程，他们可以分享具体的经验、策略，帮助第三梯队的教师克服提升道德能力中的挑战。教师在学习榜样的过程中，要特别避免把榜样拔高到遥不可及的"圣人"高度，同时要避免将榜样降格为与其他行业谋生者无异的"凡人"。[①] 师德榜样应是那"跳一跳，够得

---

① 戴双翔、王本陆：《教师职业道德养成》，7页，北京，北京师范大学出版社，2015。

着"的桃子，让人想学，又可学、易学。

总而言之，强调关注榜样的层级性，并非是要降低榜样的含金量，而是希望通过展示各个层级、不同风格的榜样，为教师提供更广阔的选择范围，让他们能够找到更多与自己处境相似、阶段需求相适应的榜样。这意味着在树立榜样时，不仅要展示已经取得巨大成功的教师，也要关注那些处于职业生涯不同阶段、面临相似挑战和问题的教师。"三人行，必有我师焉。"此话正是强调了每个人都有值得学习的品质。

3. 榜样的品质内容

榜样的品质内容是指榜样所承载或展现的关键能力或品质。榜样的选择一般有两条路径：一是从品质着眼，寻找榜样；二是从优秀人物着眼，发现和提炼品质。无论是哪条路径，都要求对榜样的具体品质内容有一个基本的理解。

(1)榜样品质内容的获取渠道

榜样的品质内容，可以从多个渠道获取。首先是官方师德文件。从国内外各级各类管理部门和组织机构制定的教师职业行为准则，或职业道德规范，可以找到许多榜样的品质内容。比如，2018年教育部印发的《新时代中小学教师职业行为十项准则》就提炼出许多榜样应当遵循的准则：教书育人、爱护学生、言行雅正等。2019年，教育部等七部门印发《关于加强和改进新时代师德师风建设的意见》，提出"大力宣传新时代广大教师阳光美丽、爱岗敬业、甘于奉献、改革创新的新形象"。美国教师教育院校协会与21世纪技能合作组织提出了职前教师应掌握的"21世纪素养"框架，该框架内含九大素养，从中可以提取出合作、终身学习等榜样品质内容。①
其次是优秀人物传记。传记承载着传主本人或他人记录的个人思想或行
为，其中闪现着传主的很多优秀品质。我们可以从国内外的教育家或优秀
教师的传记中获取很多榜样品质，也可以从教育行业以外的名人传记中获
取有价值的品质内容。最后是教育奖项和荣誉。国家和地方级别的奖项和
荣誉都会说明评选标准。如在"全国模范教师"荣誉评选标准中，就有如下
要求：全面贯彻党的教育方针，积极实施素质教育，热爱学生，促进学生
的全面发展，教书育人，为人师表，在培养人才方面成绩突出；高质量地
完成教育教学工作任务，努力推进教育创新，在教学改革、教材建设、实
验室建设、提高教育教学质量方面成绩突出；在教育教学研究、科学研
究、技术推广等方面取得创造性的成果，产生较高的科学价值或者社会效
益、经济效益；在学校管理、服务和学校建设方面成绩突出。

当然，由于每个学校的办学理念和价值导向不同，榜样的品质内容也
可能因校而异，而这种差异也为教学管理的创新，以及发挥榜样引领的实
效性留下了空间。

(2)榜样品质内容的创新

在确定榜样的品质内容时，既要依据国家和社会的要求，也要尊重教
师作为学习者的内在需求，这就要求我们与时俱进、因地制宜、因人施
策。在新时期，榜样的设立应当尤其注重涵盖以下几种类型。

---

① 王美君、顾銮斋：《论国际视野中的教师核心素养》，载《天津师范大学学报(社会
科学版)》，2018(1)。

第一，创新榜样。榜样应具有突破传统思维模式的能力，能够在面对问题时提出并实施创新解决方案。他们乐于尝试、勇于冒险，并从失败中学习和成长，推动所在领域或组织向前发展。例如，埃隆·马斯克作为特斯拉(Tesla)和太空探索技术公司(SpaceX)的创始人，在电动汽车和私人航天领域的创新工作，不仅颠覆了这两个行业，还激发了全球对可持续能源和太空探索的新兴趣。

第二，数字化榜样。榜样应当关注数字化转型的机遇与挑战，主动学习，有效利用人工智能数字工具和资源，不断优化教学，提高学生的学习效率。美国开放人工智能研究中心(OpenAI)的创始人萨姆·奥尔特曼凭借其对人工智能趋势的预见与团队的努力，推出了ChatGPT、SORA等划时代的人工智能产品，使人工智能技术更加开放，更易获取，也启发和鼓励教育工作者积极探索和整合新兴技术，实现人工智能在个性化学习、教育内容创新等方面的应用。

第三，合格公民榜样。榜样应当具有公共精神和公民意识，在日常生活中履行社会责任，遵守社会公德，并具有广阔的国际视野和跨文化理解能力，具有人类命运共同体意识，推动世界和平与发展。特级教师孙维刚在建班理念中，鼓励学生"诚实，正派，正直；树立远大理想，要为人民多作贡献；做有丰富感情的人，要因为我来到世界上，而使别人更幸福"。这是值得我们借鉴的。

第四，领导力榜样。榜样应当具有清晰的教育愿景，能够以有效的沟通和激励，以及合理的决策，赢得学生、同事和家长的支持，共同实现教育愿景。曾任北京市十一学校校长的李希贵就是一位领导力榜样，他倡导放权、民主、平等的管理方式，推动包括"走班制教学"在内的一系列课程与教学改革，创造适合每一位学生发展的教育。

第五，关怀者榜样。榜样在自我关怀和获得身心健康、家庭幸福的同时，能够敏锐地发现他人的被关怀需求，并为他人提供情感的支持和实际的帮助。这种关怀者也会着眼于社会的需求，推动关怀型社会的形成，以及社会的整体进步。

第六，智慧榜样。榜样能够关注到工作对象（学生、家长等）的特殊性、情境的特殊性，实施不同的策略，实现教育管理的目标。针对子路和冉有提问的同一个问题："听到好的意见就要马上去做吗？"孔子给出的回答是完全相反的，他告诉鲁莽的子路要谨慎三思，告诉懦弱的冉有要马上去做。因人而异的教育方式体现了孔子高超的教育智慧。

总之，丰富的榜样内容和层级，不仅能够帮助不同类型的教师从多方面找到适合自己的榜样，还能鼓励教师持续探索和学习，以实现个人和职业上的全面成长。

(三)如何发挥榜样的道德引领作用

发挥榜样在教师道德养成中的引领作用，旨在通过榜样的力量激发教师的道德意识和职业责任感。这是一个系统化的过程，以下是实现这一目标的具体步骤和策略。

1. 培育和优选榜样

这一步骤着重解决榜样从哪里来的问题，主要是依照榜样类型多样化、榜样形象人性化、榜样品质多元化等原则从校内发现和培养具有榜样品质和行动的教师。[①] 学校管理者要积极主动地观察，并通过各种渠道调研校内具有榜样品质和榜样行动的教师，给他们提供展示和发展的机会，帮助潜在榜样进一步提升道德水平和职业能力。优选榜样主要是将榜样的遴选范围由校内扩大到全社会，有利于教师道德成长的各行业优秀人物都可以作为榜样的候选人。比如，学校存在教师职业倦怠的现象，那么，管理者就可以寻找和选择有"从倦怠到热爱"经历的人作为榜样；学校存在师生关系冲突的现象，那么，管理者就可以寻找和选择有"冲突到和谐"经历的人作为榜样；学校存在后进生被冷落歧视的情况，管理者就可以寻找和选择有"关怀素养"的人作为榜样。这些榜样既可以是校园内的资深教师，也可以是其他行业的职业道德榜样。

2. 研究和认识榜样

这一步骤着重解决榜样的学习价值和学习内容的问题。学校要通过故事分享和反思交流等方式，鼓励教师研究榜样的生平、思维与决策、具体的行动过程与结果，探讨其行为与教师职业道德要求的连接点，包括他们面对问题情境如何想和做；交流榜样行为对自己的启示，比如，如果自己面临同样的工作和生活情境，应该如何分析判断，作出具有教育智慧的行动反应。通过这一步骤的活动，增进教师对榜样行为的认识理解。

3. 实践中融入榜样

这一步骤着重解决榜样学习如何从认知走向实践的问题。融入意味着鼓励教师在日常的教育教学生活中，将榜样的理念情感转化为符合自己的

---

① 袁贵雨：《从榜样到偶像的启示：道德教育的人性化转向》，载《小学德育》，2008(14)。

行动，创造性地模仿榜样的思维方式、行为选择。比如，像苏霍姆林斯基那样坚持写教育日志，研究学生的个性差异和成长规律；像苏格拉底那样尊重学生的主体性，把自己的教师角色定位为学习热情的点燃者和灵魂的唤醒者，不断启发学生的智慧生长。要让实践伴随着反思，即进行反思性实践，在行动中总结，在行动中研究，在实践中增进对学生的理解，提升教育行动的针对性和实效性。

4. 认可与支持榜样

这一步骤着重解决教师如何实现对榜样的价值认可和情感接纳问题。学校需要通过表彰活动和媒体报道，公开认可和赞扬那些展现出优秀道德品质的榜样教师，持续为榜样提供发展的资源和平台，提升榜样教师的尊严感和价值感。建立榜样教师的梯队和网络，促进不同榜样教师间的交流合作，让更多的榜样教师涌现出来，形成积极健康可持续的榜样生态。

通过以上系列步骤，可以有效地发挥榜样在教师道德情操养成中的引领作用，形成榜样推动、个人主动、网络联动、良性循环的学习环境，最大程度地激发教师模仿学习榜样的动机，提升教师的职业素养和道德水平。

二、制度支持

(一)为什么道德情操养成需要学校制度支持

在中国语境下，"制"强调约束、限定，"度"强调界限、标准。制度一般是指要求大家共同遵守的办事规程或行动准则，或在一定历史条件下形成的政治、经济、文化等方面的体系。在英语中，制度对应的是 institution 和 system。前者强调规则、条文和组织，后者强调系统、体系。我们大致可以把制度理解为在一定原则指导下制定的强制性规范体系。我们之所以制定某种制度，不仅因为它具有规范组织的强制力量，而且因为它可以作为规则的载体来表达、传递和推行一定价值原则和要求，并得到组织成员的认同和遵循。[①]

对于教师道德情操的养成来说，学校制度具有重要意义。首先，学校制度提供参照标准。学校制度是组织成员基于价值基础的行为框架和解释系统，它告诉教师"什么是能做的"，以及"什么是不能做的""怎样做""做到什么程度"，从而为教师遵循制度提供稳定、可预测的参照标准。其次，学校制度激发道德行动。道德行为常常是情境性的，容易受到情境的暗示和诱导。制度体系中的奖惩机制有助于促进正向行为的发生，并通过增加道德失范成本等方式，在一定程度上压制和弱化违反师德规范的动机和行为，从而总体上激发教师的道德直觉等道德潜能。最后，学校制度保障道德成长。良好的教师专业道德发展制度也为教师的道德学习和持续成长提供空间和支持。良好的制度或机制，能够为教师的自主和非自主道德学习提供学习资源和时间保障。

(二)如何发挥好学校制度对教师道德情操养成的支持作用

1. 制定符合伦理的学校制度

(1)学校制度的伦理基础

学校制度应当先具备伦理道德属性，才能具有道德示范和引导的意

---

① 傅淳华：《学校制度与教师道德学习》，84 页，北京，科学出版社，2019。

义，实现"好人更好，坏人也更容易变好"的目的。学校中的一切制度，无论是针对教师的制度，还是针对学生的制度，或者是针对学校管理者的制度，都应当经得起制度伦理的审视，否则这些不合伦理的制度就会引发对其背后价值导向的认同、接纳和效仿，诱发不合伦理的行为。从这个意义上说，教育价值是任何教育制度的灵魂而不是"奢侈品"。[①]

从伦理的视角看，学校制度需要考虑到诸多共识性价值基础：关怀、公正、平等、尊重等。其中，最基本的包括关怀和公正。

关怀，意味着学校制度的设计要始终坚持以人为目的，把关心人、维护人的尊严和权利，以及实现人的价值作为目的，为个人智慧、才能、力量充分自由的发挥创造更加广阔的空间。学校是由一个个作为鲜活生命体的人组成的，学校应当把人的发展和幸福作为制度制定的根本出发点和最终目的，而不是追寻外在的功利目的。关怀的价值观，要求学校根据师生的真实需要审视、制定和修正学校各项管理制度，为教师减轻不必要的工作负担，将教师的工作重心聚焦到学生的健康成长和素养提升上，将管理的目标聚焦到教师职业效能感和职业幸福感的提升上。关怀的价值观，是对教师从家庭生活到组织生活，从身心健康状况、教学管理到职业幸福及自我实现等完整的关怀意向和行为。例如，有的学校制定了"推门听课"的教学管理制度，但随意的、突袭式推门听课，让学校管理者扮演了检查者的角色，教师被当成了"嫌疑人"和"假想敌"，因而可能失去应有的教学自

---

① 侯定凯：《教育改革：批判和后结构主义的视角》，译者序，上海，华东师范大学出版社，2002。

主权和应得的尊重。在一个不受尊重和关怀的环境下，教师尊重他人的动机和行动也就失去了制度环境的有力支持。湖南桃源的一所中学制定了以下关怀后进生的学校管理制度：与优等生相比，后进生享有"谈话优先、座位优先、辅导优先、作业批改优先"的四个优先权。为了让每一位教师真正关心后进生，学校还有一个"后 25％"的评价体系，即以班级后 25％的学生成绩作为评价标准，考核一个班级的管理水平。

公正，意味着学校制度应当具有三个要点①：第一，保证每个人得其应得，失其应失，奖其当奖，罚其当罚。第二，保证个体和群体间资源利益的合理分配，学校对不同教师、不同学生都应当一视同仁，给予尊重。第三，对相对弱势个体和群体给予帮助和照顾。

学校师德建设制度的公正性主要通过以下三个路径加以落实②：第一，师德建设的制度安排要符合公正性。一方面，相关制度的设计和安排应重视和切实保障教师群体的合法权利与正当利益，坚决避免片面强调教师的义务、责任而忽视权利、利益的不公正做法；另一方面，制度的制定过程应充分尊重教师的主体地位，坚持程序公正原则，有效实现教师群体的民主参与。第二，师德规范的内容要具有公正性。教师所奉行的道德规范对教师群体而言必须是公正的。片面强调教师的无私牺牲奉献，对"高大全""圣人化"教师形象的大力弘扬，对义务加班、带病上岗等无视教师权利现象的过分鼓励宣传，本质上是一种对教师权利义务分配的不公正。2020 年

---

① 杜时忠：《制度德育论》，121 页，福州，福建教育出版社，2023。

② 檀传宝、姚尧：《论新时代师德建设的逻辑转型》，载《中国电化教育》，2022(10)。

《关于加强和改进新时代师德师风建设的意见》提出，要大力宣传新时代广大教师阳光美丽、爱岗敬业、甘于奉献、改革创新的新形象。这一意见，在一定程度上可以看作对以往师德形象宣传方式的纠偏。在设计师德宣传、评价等制度时，要充分平衡好崇高师德与底线师德的关系，尽可能符合新时代教师的心理认同和社会认同。第三，师德建设制度顶层设计者要行为公正。师德建设的制度设计者，尤其是学校层级的领导者一定要正直做人，正确处理上下级关系，并维护每一位教师的合法权益。

（2）制定合乎伦理的师德管理制度

根据已有的师德管理实践经验和研究成果，合乎伦理的师德管理制度至少包含以下几个方面。

第一，把师德素养作为教师录用和晋升的制度性标准。学校招聘录用教师时应把师德素养标准放在首要的位置上。要通过面谈等方式，了解准教师对教师职业的理解认知，以及他们的职业理想、职业情感等。不仅要了解他们"为什么做教师"的初始从教动机，还要了解他们对职业责任与使命的理解认知，即"想要做什么样的教师"。在晋升制度上，明确教师在师德表现上的具体要求，如敬业度、师生关系、同事关系、家校关系等方面的师德表现。

第二，建立健全师德考评制度。当前的师德评价在很大程度上是一种附属性、装饰性的存在。有研究者指出，当前的师德评价更多关注的是底线道德，对于常态道德和高尚道德缺乏具有区分度的评价。如果教师的职业生活中没有出现"安全意外""家长投诉"或者"媒体曝光"等"硬伤"性"失德"事件，在师德评价中就没有"把柄"，这样"大家的师德都一样"，从而造成了"只要不出事，师德就没问题"的现象。① 师德优秀的教师没有得到应有的认可，容易导致师德评价失去应有的激励价值。为此，学校的评价考核制度应当更加专注于教师长期稳定的师德表现，同时基于教师道德发展的初衷，制定专业的伦理考核指标和考核机制。这套机制在主体上，可以包括自我反思、同行评价、学生反馈、家长意见等多个维度和不同主体。在考核指标上，强调专业性。美国学者围绕公平、正直、沟通、承担义务四个方面的师德品质研制了师德评估的范畴和具体的行为指标。② 其中，"正直"这一师德评价范畴被描述为两个判断维度："考虑不同教学法选择带来的道德/品行影响；考虑规则和规范之间相关的本质"，相对应的具体行为则被描述为：展现学术诚信；帮助学生学习促进公平和民主立项的规则；找到课程材料和评估中潜在的偏见；保守秘密；参与课堂管理中的民主原则；和学生在校内外都保持师生关系。这样，原本抽象的师德范畴和原则被具体化为行为指标，这对发挥师德评价的考核与导向功能更具有操作性和指引性。

第三，建立公正严格的师德奖惩制度。公正严格的奖惩制度对教师道德养成有着多方面的重大意义。其中，尤其重要的是，教师可以通过制度内容清晰地认识到什么样的行为是被鼓励的，什么样的行为是不可接受的，从而在日常工作中自我监督和调整行为。此外，公正合理的奖惩制度

---

① 蔡辰梅：《依赖于概率性事件的师德评价：表现、原因及矫正》，载《中小学校长》，2021(9)。

② ［美］穆雷尔、迪茨、费曼-纳姆塞，等：《中小学教师职业道德培训手册：师德的定义、养成与评估》，麦丽斯译，82页，北京，中国青年出版社，2016。

也可以有效维护教育环境的公正平等，不让教师队伍中的"雷锋"吃亏、心寒，保护教师的正当权益。在奖励制度方面，主要包括几个方面：首先，发展奖励。主要通过职务晋升、评优评先等方式实现对教师的激励，同时也为优秀教师的服务和贡献创造机会。其次，物质奖励。各个地区和学校根据财政状况，调整或建立激励教师成长的经济制度。再次，教育奖励。为师德表现优秀的教师提供更多专业发展机会，比如外出学习、职称评审。最后，精神认可。要创造条件，让教师得到来自学校、家长、同事、学生的精神奖励。比如，在区域和学校层面建立教师荣誉制度，授予优秀教师以"最美教师""最美班主任"等荣誉称号，为退休教师建立荣休仪式制度。在这样一些情境下，教师感受到职业的荣耀和价值。在惩罚制度方面，对于违反师德规范的教师，如体罚学生、学术不端、营私舞弊等行为，不袒护、不包庇、不纵容，要依据法律和管理规定，作出开除、解聘、吊销教师资格证等处罚措施，同时按照报告、调查、裁决、处罚和申诉的机制流程，确保教师有机会解释和辩护，保护教师的合法权益。

第四，建立师德研修制度。科学设计并定期组织开展师德教育培训活动，一方面，通过调研诊断，了解教师的道德学习需求；另一方面，通过个案诊断指导等有效形式，帮助不同职业发展阶段的教师理解和掌握师德准则，提升他们在实际教学中应对伦理挑战的能力，唤醒教师的伦理自觉。

第五，建立教师心理关怀制度。建立这一制度的逻辑在于，让教师在被关怀的过程中体验到被关怀者的心理状态，进而自觉关注、了解和满足学生作为被关怀者的需求，实现关怀的传递和循环。针对教师在工作和家庭生活中的问题与压力，学校要创造具有人文情怀的工作环境，并提供心理健康方面的指导和帮助，维护和提升教师的身心健康水平，让教师获得充分的被关怀体验。

综上所述，支持教师道德情操养成的学校制度不仅包括那些直接指向师德的管理制度，也包括其他学校制度。这些具有伦理属性的制度共同构建了学校隐性的价值观，并影响教师对这些价值观的认同和遵循。

2. 以民主的程序制定和实施学校制度

学校制度要发挥对教师道德情操养成的涵养作用，仅仅依靠静态的制度内容远远不够，还需要通过动态的民主程序来制定和实施学校制度。这样既能发挥制度对师德涵养的作用，也符合学校制度的程序伦理要求。

学校应当遵循以下两个原则：第一，高参与度。通过动员全体教师参与制度制定和实施过程，增加制度的接受度和有效性。广泛动员教师参与制度制定的讨论过程和制度实施的监督反馈过程，充分了解教师对学校教育管理制度的意见和诉求，可以给各个利益相关主体平等表达的机会，这样才能够使得最终的决策具有广泛坚实的民意基础，也才更有可能保证最终决策的科学性和公平性。第二，高透明度。这要求学校在制度制定和实施过程的各个环节，都要尽可能保持开放性和有效的沟通，确保所有人都能参与到制度的制定和实施过程中，从而增加制度的公平性、有效性。具体来说，透明度原则要求学校在制定新制度或修订现有制度时，应通过广泛调研、邀请专业人士诊断咨询、召开内部会议等方式，报告制度的意图、内容、方式、步骤、评估等信息，获得利益相关者关于实施成效的反馈意见和改进建议。

当我们习惯这样一种制度化的管理方式时，就必然会在这样的环境中受到潜移默化的陶冶。当教师亲自参与师德制度(教师伦理规范、师德考核奖惩制度、师德培训制度等)的建设和执行时，就会自然在这一过程中自觉地思考和领悟师德规范背后的专业考量，思考学生的权利和义务，反思教育的目的与教师的责任使命，从而让自己受到最深刻、最真切的师德教育陶冶。尤其重要的是，通过民主的程序，教师也培育了现代社会的民主价值观和协商理念，从而让自己的教育教学行为更有可能契合现代教育的专业伦理要求，并使自己在培养学生权利意识、责任意识、公共道德、民主意识、独立精神等方面更具有胜任力。

3. 以务实态度评估和校准学校制度

在制度实施的过程中，我们往往会发现实际的效果与制定时的预期有较大的距离，主要有两种表现：第一，制度的越位。经过实践和反思，有些制度缺乏存在的合理性，这样的制度应当终结。北京市十一学校的李希贵在管理中发现，科研处这一部门的设置，导致教师课题任务太重，连批改学生作业的时间都难以保证，结果弱化了一所学校以学生为本、以教学为中心的理念。于是他撤销了科研处及其相关的科研制度要求，仅将科研作为教学机构的一项职能，而不是单独成立一个平行的部门。这一做法将教师从科研压力中大大解放了出来，使教师回归到教学的本职工作中来，保证了教师履行教书育人的主要职责。第二，制度的错位。有些制度制定者并没有弄清楚需要规范和引导的行为的类型，结果制度定错了方向，效果适得其反。以教师评价制度为例，按照教师教学班的成绩排名来评价教师，貌似公平，但引发了同事间的竞争而不是合作互助。这不是学校所需要的。更好的制度是，通过奖惩制度促进学科教师之间的合作和共同提高，"引导他们进行无边界分享，用所有教师的智慧不断刷新整个备课组的高度"，也让不同学科教师"不争时间、不压作业，共同呵护每一个学生的成长，既立足于提高每一个学生的总分，同时又不伤害学生的个性发展"。[①]

为保障学校制度对教师道德情操的涵养作用，学校需要持续以务实的态度和智慧的方式评估和校准各项制度，通过持续的过程评估与反馈机制，监控制度执行的效果，基于发现的问题实现制度创新。

三、文化熏陶

(一) 为什么教师道德情操养成需要学校文化的熏陶

真正有道德情操的教师应当言行皆发自内心、出于自然，即"出乎道德"，而不仅仅是"合乎道德"。如前文所述，教师道德情操的养成不能仅仅依靠个人的自我修炼，也要得到学校文化环境的熏陶。

从组织文化的角度看，学校文化是学校全体成员共同创造和经营的文明、和谐、美好的教育生活方式，是学校核心价值观及其指导下的行为方式和物质形式的总和，包括学校精神文化、制度文化、行为文化和物质文化。[②] 该定义一方面强调了学校文化的弥散性特征，文化是一种生活方式，就像空气，我们看不见摸不着，但学校里的所有成员都可以时刻感受到，

---

① 李希贵:《学校制度改进》，190 页，北京，教育科学出版社，2021。
② 张东娇:《学校文化建设:"穿越概念丛林"之后我们去哪儿?》，载《清华大学教育研究》，2021(2)。

并且以人的观念和行为等形式弥散在教育生活的方方面面；另一方面强调其结构性、系统性特征，在学校文化系统中，精神文化是学校文化的核心与灵魂，制度文化、行为文化和物质文化是精神文化的载体与表达呈现方式。这些学校文化要素构成一个生态化的整体，对生活在其中的人产生潜移默化的持久影响。

在真正形成了某种独特文化的学校里，教师很容易观察或感受到文化潜在的、柔性的力量，并自然地被文化中的价值共识牵引，逐渐认同和接纳学校文化，逐渐融入学校团队中，"化"为共同体中的一员。

对于教师道德情操的养成来说，优秀学校文化的陶冶不可或缺。第一，学校文化影响教师价值观的建立。学校文化就如同"空气"一样，无时无刻不在影响着学校每一位成员的思想和行为。对于教师而言，学校文化中蕴含的价值观、信念和态度能够潜移默化地影响他们的道德判断和职业行为。一个强调诚信、公正、尊重和爱的学校，能够帮助教师形成相应的职业道德标准，并使之内化为个人的行为准则。第二，学校文化提供道德行为的具体范例。学校文化中的故事、杰出人物、仪式等都是传递和强化道德标准的重要手段。通过这些文化元素，教师可以观察到道德的具体行为表现，学习到如何在日常工作中践行师德。例如，通过对优秀教师的表彰，学校不仅奖励了师德榜样的道德行为，同时也为全体教师提供了行为的典范和参考。第三，学校文化能够营造促进道德发展的环境。在支持道德成长的学校文化氛围中，教师能够在同行的互助与支持下进行道德探讨、反思和实践，营造一种积极向上的职业成长氛围。这种氛围鼓励教师主动探索和解决道德困境，从而在道德认识和行为上不断完善。第四，学校文化能够增强教师的组织认同感和归属感。当教师认同学校文化中的道德标准，并将这些标准视为自己行为的指南时，他们更有可能将这些标准内化，并在实际工作中加以践行。归属感还强化了教师对学校的忠诚和对教育事业的信念，这是教师道德情操养成不可或缺的部分。

(二)如何构建有利于教师道德情操养成的学校文化生态

1. 生态学思维与学校文化建设

不少学校的文化建设存在着实效性不高的问题，其中很重要的原因是缺乏生态思维。在实际建设工作中，很多学校常常把本应该作为整体考量的文化建设工作拆分为一个个孤立要素的集合，学校文化建设主体的协同性缺失、学校文化建设过程的碎片式割裂、学校文化建设内外系统的交互不足、学校文化建设模式的样态趋同、学校文化建设内生动力不足等问题随之而来。究其根源，学校往往以割裂的、机械的、孤立的要素式思维而非整体的、有机的、联系的生态学思维审视学校文化。[①] 这样一种生态学思维主要表现在：第一，一切现象之间都存在一种基本的相互联系和相互依赖的关系。第二，事物之间的关系和过程与事物本身同等重要。生态学思维实质上是一种整体性思维、关系性思维、动态性思维。就教师道德情操的养成而言，学校文化建设也应该秉承生态学的思维，以整体的、联系的和动态的思维来构建学校文化。

---

① 岳伟、王欣玉：《作为复合生态系统的学校文化及其品质提升的实践理路》，载《南京社会科学》，2021(8)。

2. 学校文化生态建设目标及路径

从以往对学校文化的研究可以看出，学校文化按照不同标准可以分为许多不同类型。[①] 从活动类型来看，可以分为教学文化、管理文化等；从学校成员的身份来看，可以分为教师文化、学生文化、管理人员文化等；从空间上看，可以分为礼堂文化、教室文化、操场文化等；从参与者的表演程度来看，可以分为前台文化和后台文化；从价值取向来看，可以分为关怀型文化、民主型文化、成长型文化等。考虑到关怀对教师道德养成的重大影响，下文以关怀型文化为例，论述学校文化生态建设的目标及路径。

(1)关怀型学校文化生态的建设路径

关怀型校园文化是学校文化建设的核心目标之一。关怀型文化是把教师作为"人"的文化，是让学校中的每个人感受到自己被平等关注、挂念，作为生命体被尊重的文化。就情感而言，关怀型校园文化使教师感受到组织、学生和身边其他人的关怀，感受其中蕴含的温馨而富有人情味的氛围，增强教师的幸福感。就观念而言，关怀型校园文化使广大教师理解关怀背后的善意和希望，认识到提升道德修养应内化在对职业幸福的追求过程中。就行动来说，教师在感受和接纳关怀的基础上，产生对家人、学生、同事、社会和自然的关怀行动。

按照生态化思维，关怀型学校文化建设首先应当遵循整体性原则。学校关怀文化生态的构建应当尽可能兼顾更多的关怀对象。这就意味着，学

---

① 余清臣：《论学校文化生态系统》，载《教育发展研究》，2005(10)。

校应不只是关怀教师，还要有对学生、社会和自然等方面的整体关怀。从关怀的具体内容看，关怀包括对教师的身心健康、专业发展、家庭生活的关怀。从关怀型文化呈现的载体看，精神文化、物质文化、制度文化、行为文化应当协同进行。这就意味着，学校不仅要通过学校价值观来表达和倡导关怀，还要通过渗透关怀的校园物质环境呈现关怀，通过校长、师生的关怀行动展示和传播关怀，以及通过学校的制度建设强化关怀文化。

具体来说，对于教师的道德成长来说，以下构建关怀型文化生态的路径和策略值得重视。

第一，通过办学理念、故事、校史等载体，倡导关怀的价值观。例如，湖北省水果湖第二中学提出以人为本，让学生享有成功的快乐，让教师拥有创新的舞台，促进师生共同成长，实现学校持续发展。教育故事是学校价值观的重要载体，是推动学校文化形成和发展的力量。学校可以鼓励教师撰写教育故事，以文字、演讲或影像等形式分享和传播教育故事，使教师深化对学校价值观的理解和认同，进而将价值共识内化于心、外化于行。南京市雨花台中学每年都会鼓励教师申报和撰写"最令我感动的一件事"和"自己身边爱的故事"。"最令我感动的一件事"的精彩内容还会在每年一度的师德报告会上被宣讲。此外，校史也是学校文化建设的重要资源，以校史文化为主题的研究性学习不仅能让师生了解另一个时代的学校及社会生活，更重要的是能让师生思考当前的学校生活，带着自己的问题与校史中的人物展开对话，感受校史文化中的精神力量。①

第二，通过传统、制度等载体，呈现和强化学校的关怀型价值观。传统与制度通过告知人们什么该做、能做，什么不该做、不能做，来规范和约束不符合学校价值观的行为，激励和引导符合学校价值观的行为。比如，湖北武昌实验小学通过三个传统培育和形成关怀型文化。传统一：要求学生做到的教师要先做到。学校全体教师每天都和学生一起做操，一起参加大课间体育活动。如果学生站在太阳下，教师绝不会站到树荫下。传统二：教师会给学生准备好奖品和必需品。低年级班主任都有一个习惯，在自己的办公室抽屉里备有一两套干净的内衣裤，方便低年级小朋友弄湿、弄脏了衣裤后及时更换。在大多数教师的办公桌上都放着一个装着糖果点心的盒子，用于奖励孩子。传统三：把为学、为事、为人融为一体。先到校的教师到办公室之后，会抓紧时间烧好开水，灌满热水瓶，再把办公室地面拖干净、桌面抹干净，等到后到校的教师到办公室，就会有热气腾腾的开水和整齐干净的办公环境。

第三，通过优化校园空间环境，凸显和孕育关怀型文化。校园空间环境主要包括学校建筑、校园景观、学校文化设施等。有的学校在校史业绩长廊里最醒目的位置挂着的照片不是校长或者开拓进取的领导班子，而是那些为学校的发展作出过创造性贡献、德高望重的人。在湖北武昌实验小学，学校的门卫室里常年摆放着几十把"爱心伞"，以备突然下雨时师生借

---

① 闵正威、谢登斌：《学校文化的生态性建构》，载《河南理工大学学报（社会科学版）》，2009(2)。

用。如果哪天放学时突然下大雨，就总会有教师主动从办公室跑出来，人手一把"爱心伞"，组成一支独特的"护送队"，每个教师牵着一两个孩子，一个班一个班地将孩子送出校门，将每一个孩子安全地交到家长手上。①总之，关怀型文化的构建是以整体性为原则的系统性构建。

第四，通过仪式典礼、教育教学活动等方式，强化和体悟学校精神文明。行为是学校价值观、精神的折射和载体，具体包括管理者行为方式、教师行为方式和学生行为方式。李希贵曾经要求每年毕业典礼上"给最优秀的学生发放毕业证书的不是校长，而是学生最爱戴的教师"。这一仪式性要求，在不知不觉中助推了学校尊重和关怀教师的文化氛围形成。北京市丰台区草台小学开展感恩教育，通过"倒背书包"和家庭岗位等活动让学生体验到父母的辛苦；通过开展做小老师、做清洁工或食堂工人的体验活动及观察采访活动，了解教职工的辛苦，从而主动学习，养成不乱扔垃圾、不浪费粮食、尊重教职工的态度和习惯。②香港大学程介明教授讲述过一个在学校中孕育"关爱"文化的故事：一天，全体教师开会，会上教师互相抽签，每一名教师匿名成为另一名教师的"守护天使"，暗中关怀对方。于是教师不断接收到匿名的问候："听到你今天对那名经常迟到学生讲的话，真棒！我也很受启发。""今天看到你好像不太开心，不妨找人谈一下。""今天你们班得了奖，真替你高兴！""听说你今天病了，给你一个苹果。不如早点回家。"两个月后，再开会时，公开当初的抽签名

①　张基广：《用美好感召教师》，载《中小学德育》，2023(3)。
②　张东娇：《学校文化管理》，24页，北京，教育科学出版社，2013。

单，大家相认，有的教师激动地流下了眼泪。① 在这样一个持续且深度的体验式学习活动中，教师们体验到了关爱的美好和温暖，关怀的种子悄然生长。

(2)学校文化生态的整体建构

以上只是从组织文化四个构成要素的角度，解释说明了如何构建一个完整包含精神文化、制度文化、物质文化和行为文化的关怀型学校文化。按照生态学思维，包括关怀文化在内的其他学校文化建设品质的提升，不囿于学校文化某一部分的修补改进，而是与之关联的文化要素、结构、环境的统合推进推动学校文化建设从局部的、静态的、孤立的传统模式向整体的、动态的、有机的生态系统模式转化。② 教师的道德情操养成也要转向建构整体的、动态的、有机的文化生态系统。具体来说，至少从以下三个方面努力。

第一，加强多主体协同。在共同愿景的引领下，基于多元参与、重心下移，形成"校长主导、师生参与、家庭与社会辅助"的协同机制。校长要征求师生意见和建议，师生深度参与文化建设，建立校长、教师和学生之间的交流对话模式。教师要以高度的文化自觉，转变"局外人"的立场和态度，积极参与学校文化建设的讨论和实践，进而实现学校文化建设向具体、可操作的管理文化体系、课程文化体系、课堂文化体系、人才培养体系的转变。学生要在教师的鼓励和制度支持下，大胆表达自己的意见与想

①　程介明：《"关爱"是一种氛围和文化》，载《上海教育》，2023(16)。

②　岳伟、王欣玉：《作为复合生态系统的学校文化及其品质提升的实践理路》，载《南京社会科学》，2021(8)。

法，并通过美术创作、手抄报展示等方式装点校园，力所能及地参与学校文化建设。对于家庭和社会来说，要充分整合与调动文化建设资源，建立家庭、社会与学校协同的学校文化共建机制。①

第二，多系统融通建构。构建包括管理、教学、课程等子系统在内的整体融通的学校文化生态。例如，李希贵曾经讲述了一个涉及管理文化系统的个人案例。有一年高考，学生第一次使用代码填写高考录取信息。由于疏忽，有四位学生因为代码填写错误而影响了录取。尽管这四位学生后来还是被补录了，但在社会上造成无法挽回的不良影响。从责任来说，班主任有责任，教导处有责任，学生本身更有责任，但是对学校来说，校长自然也有不可推卸的责任，于是在学校的处分通报里，赫然出现了校长的名字。校长的这一行动，对学校公正平等的管理文化形成，对课程与教学等文化子系统的建设，对教师认同和遵循公正、关怀等教师专业伦理，都有着至关重要的里程碑意义。

第三，文化系统动态平衡。学校也要适应内外部文化环境的变化，实现文化系统间的动态平衡，以及自主创新。例如，有的学校可能会面临竞争性文化的挑战压力。如果不注意平衡，竞争性文化有可能导致教师过于注重个人的教学业绩，而忽视了教育的初衷和本质是促进学生的全面发展，也会削弱教师间的合作精神和协作关系，甚至一些教师可能为了获取竞争优势，采取不正当手段或牺牲道德原则，严重损害教育公平和自身的

---

① 岳伟、王欣玉：《作为复合生态系统的学校文化及其品质提升的实践理路》，载《南京社会科学》，2021(8)。

教师道德形象。对此，学校在文化建设的过程中，一方面，要向外部文化系统开放，吸收优秀文化因素，不断进行文化的自我革新和创造；另一方面，也要根据时代发展和国家发展需要，抵御不良文化的侵蚀，以正确的价值立场，进行价值选择和内容调整。此外，对崇拜权力的官僚文化、拒绝成长的保守文化、追逐私利的功利文化都要加以警惕，防止对教师道德情操养成产生严重的负面影响。[①]

第三节　教育滋养

2013 年，《教育部关于建立健全中小学师德建设长效机制的意见》专门提出针对不同层次的教师或准教师开设师德教育课程，"将师德教育纳入教师教育课程体系。师范生培养必须开设师德教育课程，新任教师岗前培训开设师德教育专题，在职教师培训把师德教育作为重要内容，计入培训学分"。在国家层面上，师德教育的重要性得到确认和强化。如前文所述，自我师德修养是自我相对独立和自主的道德修炼活动；环境的涵养更多强调外部环境对教师道德情操养成的隐性熏陶，逐渐达至教师对环境背后价值或精神的理解接纳。师德教育则强调学校或教育培训机构通过科学专业的师德教育课程，有目的、有计划、有组织地实现对教师道德认知的激

---

① 岳伟、王欣玉：《作为复合生态系统的学校文化及其品质提升的实践理路》，载《南京社会科学》，2021(8)。

活、情感的激发、行动的改善，从而将教师培养成时代和社会所需要的理想教师。有效的师德教育是激发教师成长要求、发展内需、实现自我愿望的"点火器"，是深度激活教师参训热情的"动力源"。①

一、师德教育的现实困境

无论是学校还是专门的教师培训机构，在开展师德教育的过程中都会面临来自教师的困惑：师德需要培训吗？师德能否培训出来？有这些困惑的教师不在少数，这些困惑和质疑甚至也衍生了教师参加师德教育前的反感和抵触情绪。来自黑龙江省佳木斯市第十九中学的罗大涛老师，在参加一次"国培计划"师德培训前，就曾带着这样的疑惑："毫无疑问，我们都在自己的岗位上关爱着孩子，践行着师德。但当我跟我的同事们说起要参加这次全国性的师德培训时，他们都满脸疑惑和惊讶：师德还用培训吗？师德能培训出来吗？师德培训会怎么进行？"②

冷静分析，教师的困惑所指向的到底是全部的师德教育，还是"不好的"师德教育呢？2013 年，《中国教育报》上的一篇文章得到了颇多共鸣，"很多教师说，那些空洞无物、脱离实际的长篇大论，每每让人昏昏欲睡，但既然来了又不好意思中途退场，不免对这种培训讲座心生厌倦……教师职业决定教师需要终生学习，培训自然成了教师生活中必不可少的一部

---

① 龙宝新：《论"师德＋"培训》，载《中国教师》，2019(8)。

② 戴双翔、王本陆：《教师职业道德养成》，137 页，北京，北京师范大学出版社，2015。

分。这些教师不是不想培训，而是较少遇到真正有价值、有针对性、能够解决实际问题的培训"①。显然，教师真正反感的不是师德教育本身，而是那些无视教师道德成长需求、违背教师培训规律的师德教育。

尽管如此，当前的师德教育面临着诸多困境，如果不能正视和正确应对这些困境，那么有可能在投入巨大人力、物力、财力之后，教师们在师德表现上，仍然一如既往，我行我素。总体来说，师德教育面临的困境主要集中在以下几个方面。

(一)内在驱动力缺失

新中国成立以来，师德政策长期以工具理性为主导，并未确立教师德性的本体性和目的性意义②；改革开放前，理想教师的画像表现为"又红又专"的政治公民。改革开放后，"人类灵魂的工程师""以服务社会为己任的知识分子"等具有经济和社会功能的职业形象又被树立为理想的标准。党的十八大以来，党和政府已经意识到师德规范的实效性须以教师德性精神为内在基础，并在《教育部关于建立健全中小学师德建设长效机制的意见》(2013)、《关于加强和改进新时代师德师风建设的意见》(2019)、《教育部关于在教育系统开展师德专题教育的通知》(2021)等文件中进一步突出了师德教育在师德建设中的地位和价值。尽管师德培训重外部规范控制的情况正在逐步好转，但由于长期以来师德政策和教育模式的惯性，仍

---

① 朱郁华：《教师培训缘何让人爱恨交织》，载《中国教育报》，2013-02-20。

② 龚旭凌、曲铁华：《中国共产党百年师德政策：回望、逻辑与前瞻》，载《教育科学研究》，2022(3)。

有相当多的师德教育培训活动，遵循着"外驱逻辑"："教师其实成为了被约束、被改造、被监管和被防范的对象和客体，而那些简单的说教、灌输乃至粗暴的训诫，那些生硬冰冷的规范条文和自上而下的外部强制，都表现着对教师主体人格、尊严体验与内在需要的严重忽视和漠视，从而难以获得教师的情感与道德认同，也难免招致教师内心的排斥和抵触。"①

(二)因材施教缺失

当前的很多师德培训是把全体教师集中起来学习，无论是青年教师、骨干教师还是资深的老教师，都要无一例外深入学习已经耳熟能详的职业道德规范要求，也不加区分地接受同样的师德培训方式和时长。这样的培训方式无视了教师的道德认知和实践水平，无视了不同教师的道德学习需求。在实际工作中，不同学段、工作岗位、学科和职业生涯阶段的教师在师德教育上的需求不尽相同，在师德认知、师德情感、实践能力等方面也存在差异。比如，年轻教师往往对一些基本的伦理规范和具体要求有更强烈的学习动机。中年骨干教师则对复杂教育情境下教师的道德判断和决策更感兴趣，而资深老教师则更需要在帮扶年轻教师的过程中提升自身的师德境界。不加区分强调共性统一的师德教育导致大部分教师都在陪着别人接受师德教育，真正适合他们的师德教育内容却并没有相应的课程设置。师德教育的实际效果因此具有偶然性，有的课程恰好适合某些教师的学习

---

① 檀传宝、姚尧：《论新时代师德建设的逻辑转型》，载《中国电化教育》，2022(10)。

需求，因而教育效果较好；而运气不好的教师就只能复习巩固师德内容了。越来越多的研究者认识到，师德教育要在一些统一课程的基础上，更加重视根据教师的学段特征、岗位特征、能力层级、生涯发展阶段，来因材施教，以便更好地满足这些多样化的需求，促进教师的个性化发展。

(三)深度反思缺失

师德教育的成效需要触及教师的底层价值观或教育信念。而教育信念的强化或改变，需要经过深度的反思，引发认知上的失调，进而改变认知，改变行为。深度反思的缺失有三种表现：第一，直面冲突的师德讨论缺失。我们的师德教育较少创设师德讨论情境，让教师结合自己的经验和立场进行师德行为选择的讨论。而事实上，面对同一情境，不同教师的道德判断和道德决策可能会有较大差异，充分的道德讨论，让我们看到更多师德选择的可能性，增长教育经验和智慧，也让我们对不同的行为选择有更多的理解和包容。第二，强烈的情感体验缺失。不少师德培训者满足于高深的师德理论分析、干瘪的政策法律规定要求，远离教师真实的生活，因而无法激发起教师情感共鸣，深度的反思动机也就无法形成。第三，输出性的反思缺失。这里的输出性的反思，包括教师以写作或口头讲述的方式，讲述自己的师德成长故事，分享自己师德成长的困惑与感悟，在输出的过程中，反思自身的行为和想法，提升师德认知水平和境界。

二、师德教育的基本目标

针对上文所述的现实困境，师德教育需要确立针对性的目标，满足社会、学校和教师的真实需求，提高教育实效。如果从整个学科的系统培养来说，全面完整的师德教育目标可能涉及的层级和方面非常多，何光辉博士将中小学教师的专业伦理培训目标设定为"教师认识并理解中小学教师专业伦理知识，了解中小学教育教学活动存在的伦理危机与困境，掌握了基本的教育专业伦理技术，能够有效进行道德推理和伦理决策，体验到教师专业伦理的尊严，从而提升自己的教师和生命境界，进而促进教师实现自我价值，享受幸福人生"[①]。从教师道德情操养成和学习需求的角度看，师德教育重在"养"，即通过一个持续的培育滋养过程，提升教师的道德认知和认同水平，点燃、唤醒和激发教师内在的师德情感动机，提升师德行动的智慧和师德境界。具体来说，师德教育着重实现以下目标。

(一)学会关怀

北京师范大学曾进行过一项调查，请学生在几种好教师形象的描述中选择"你心目中的好教师"。这几种好教师包括学生思想的启迪者、和学生打成一片的朋友、学校生活的管理者、知识学习的引导者、知识学习的传授者、师德尊严的权威者、赏罚分明的公正者、体谅和尊重学生的关怀

---

① 何光辉：《中小学教师专业伦理培训研究》，40 页，广州，华南理工大学出版社，2020。

者。结果显示，选择关怀者的比例高居第一。这一调查显示出学生对"关怀"这一品质的渴求和期盼。关怀不仅是学生的需要，也是人类对爱和归属普遍心理需要的体现。

之所以强调培养教师的关怀素养，是基于对"人性本善"道德主体性的科学认识和对教师群体的整体信任。信任教师意味着相信教师在感受到被关怀之后，会自觉地将这份爱和关怀传递给学生。

基于关怀的师德教育的核心机制是：关怀教师—教师被关怀—教师关怀学生。教师之所以可能从被关怀者转化为关怀者，主要是出于三方面原因：第一，在追求职业幸福的过程中教师自觉提升了自身师德素养。职业幸福的实现离不开师德素养，教师意识到只有提升自身师德素养，才有可能实现职业幸福，获得充实美满的人生。第二，在关怀教师的过程中，教师逐渐提高了作为被关怀者的品质，包括对关怀的敏感性、感恩等，这些品质将使作为被关怀者的教师感受并理解关怀背后的善意，自觉将对组织关怀的感激转化为关怀学生的行动。第三，教师在实践活动和教育培训中，提升了关怀学生的智慧和能力。教育智慧和能力的不足往往是师德问题形成的原因。提升教师作为关怀者的能力，建立关怀型的师生关系也是实现教师由被关怀者向关怀者转化的重要影响因素。

基于以上原因，我们认为应该把培养有关怀素养的教师作为师德教育的最重要目标之一。关怀型教师具有教育敏感性，能够从学生的眼神、语言或行为上的表现或细微变化，感知和觉察到他们在交友、学习、家庭关系等方面的真实需求；关怀型教师具有共情能力，总是会挂念学生的喜怒哀乐，并能够站在学生的角度，将心比心，因学生的情感和境遇变化而担心忧虑或兴奋欣喜；关怀型教师关注具体的对象和情境，不同情境下的关怀对象具有独特的需求，要求关怀者给予不同的关怀内容和方式；关怀型的教师善于通过对话等方式了解学生的真实需要和渴望，真正在"我懂你"的基础上给予恰当的回应和反馈，比如，鼓励或安慰的话语、真诚有效的帮助等，进而与学生建立、维持和强化关怀关系。

如果学校或培训机构能够通过适当的师德教育内容与方法设计，促进教师认同关怀的理念，提升教师的尊重、信任、倾听、共情、对话等关怀的素养，那么，对于学生和整个社会来说，都会是一件幸事。

(二)学会判断

学会判断包括两个方面：第一，对教育现象或教育行为的是非对错，能够作出符合职业道德或专业伦理的正确判断。第二，对教育行为的潜在道德后果，能够作出合理评估。从已有的师德失范典型案例看，不少教师的违反师德行为源于他们对行为的道德性缺乏正确的判断，对潜在的道德后果没有作出准确的评估。

就道德判断而言，有的教师习以为常地给予成绩好的学生更多的机会和资源，向成绩不佳的学生投以冷眼、语言暴力，却并不知道这是违反教师职业道德的行为。另外，还有的教师心安理得地将别人的原创成果据为己有，却不知道这是严重违反学术伦理的行为。现实中很多教师的失德行为都源于对道德判断的无知和无视。此外，还有一些不正确的道德判断与教师的道德认知水平不高有关。因此，师德教育要设置课程让教师学习国家对教师职业道德或专业伦理规范的政策要求，传授道德心理学的理论知识，并通过案例分析和讨论来提高教师对师德问题的道德判断力。

就道德风险评估而言，有的教师依仗自己的出发点是"为了学生好"，但对自身行为的潜在道德风险缺乏充分准确的判断。2020年山东一位优秀班主任杨老师在处理学生上课玩扑克的问题时，采取了体罚的惩戒措施，结果被家长投诉，并被教育局以违反师德为由进行纪律处理。我们当然可以理解这位杨老师"恨铁不成钢"的善意出发点，但我们不能以此忽视了动机的善不能改变对行为过程和结果的道德评价。在日常教育教学活动中，存在着很多游走在道德与失德边缘的行为，如果不能进行专业的识别和评估，教师就可能对自己和他人造成难以挽回的道德伤害。

(三)学会实践

学会实践，主要包括两个方面：第一，遵循教师道德规范，践行教师职业伦理要求。这要求教师充分认识和理解规范背后的道德意义，以及违反规范的道德后果，凭借道德责任感和道德自律能力成为一个具备师德的人。第二，以实践智慧解决师德实践中的问题。实践问题包括学生德育的伦理问题、师生交往沟通的伦理问题、家校沟通的伦理问题、课堂教学的伦理问题等。现实中出现的许多师德问题并不是由教师错误的师德判断认知导致的，而主要是由于师德实践能力的欠缺。为了使教师养成优良的道德情操，师德教育需要提升教师的实践智慧，提高他们解决德育与师德实践问题的能力。妥善解决实践问题，需要经过教育的启迪和训练。对于教师来说，越是复杂的问题，越是需要具备高超的实践智慧，否则一不小心就会将自己置于违反师德的境地。

要想具有解决问题的实践智慧，教师需要注意：第一，理解学生。理解学生所处的发展阶段，以及个体在心理特点、学习风格、需求等方面的差异。第二，理解教育。这需要对教育目的、原则、方法和工具等方面有深入的了解和把握，并做好相应的准备。第三，理解自己。理解自己的个性特点、优势与局限。第四，理解情境。情境总是千差万别，敏锐地把握到不同情境的微妙差异需要教育者具备教育敏感性。而且，情境总是动态变化的，一分钟前和一分钟后的情境可能截然不同。除了理解力，具有实践智慧的教师还需要具有教育行动的信念和勇气，否则也无法解决实践问题。

可见，师德实践并不简单，被动机械地按照师德规范去采取教育行动的教师，很可能是一个谨小慎微、无所作为的"庸师"。真正具备良好师德的教师一定能够以自己的智慧和创造力不断解决新问题、不断赢得学生的尊重。

三、师德教育的内容与形式

师德教育内容与形式的重要来源是国家相关的法律法规和政策文件，包括最新的《中华人民共和国教师法》《中华人民共和国未成年人保护法》，各个学段的"教师职业行为十项准则"，以及违反师德行为的处理办法，等等。2021 年，《教育部关于在教育系统开展师德专题教育的通知》对师德教育的内容与形式提出了要求并指明了方向。另外一个重要来源是课程标准。2020 年，教育部发布了由北京师范大学项目组研制的《中小学教师培训课程指导标准(师德修养)》，为全国的教师培训机构和中小学校提供了更为详细、全面和分层的指引。

(一)师德教育的内容选择

《中小学教师培训课程指导标准(师德修养)》以培养"四有"好老师为目标导向,以"理想信念""道德情操""扎实学识""仁爱之心"为一级指标,以党和国家对新时代教师队伍建设的要求为指导,以国内外中小学教师师德建设理论与实践成果为参考,共包含 12 个二级指标。其中,"理想信念"包括爱国爱党、爱岗敬业、乐于奉献;"道德情操"包括为人师表、团结协作、廉洁自律;"扎实学识"包括严谨治学、科学施教、与时俱进;"仁爱之心"包括以人为本、关爱学生、公平公正。从这些二级指标中又分别或交叉细化出 28 个研修主题,例如,在"爱岗敬业"二级指标下面,设有"教育理想、守护生命"的研修主题;在"乐于奉献"的二级指标下面,设有"诲人不倦、生涯规划"的研修主题;在"为人师表"的二级指标下面,设有"榜样示范、人文素养"的研修主题。围绕每个研修主题,构建了包含 A、B、C 三个层级的师德培训课程。其中,A 类课程是必修的通识性、基础性课程,重在明确教师必须遵守的基本规则与要求;B 类课程是基于学科育人与课堂实践的拓展性、体验性课程,重在激发教师对师德进行自我反思、自我感悟与自我升华;C 类课程是以问题解决为出发点的专题化、特色化课程,重在促进教师在教学生涯中自觉践行高尚的师德行为。

2021 年,教育部发布了《关于在教育系统开展师德专题教育的通知》,通知强调师德教育的内容围绕以下四个方面:第一,组织深入学习习近平总书记关于师德师风的重要论述,如"三个牢固树立"、"四有"好老师、

"四个引路人"等重要论述精神。第二，强化教师"四史"学习教育，包括党史、新中国史、改革开放史、社会主义发展史教育。第三，开展师德优秀典型先进事迹宣传学习，包括深入学习"人民教育家"、"时代楷模"、教书育人楷模、最美教师、优秀教师、模范教师的先进事迹。第四，引导教师学习践行新时代师德规范。第五，集中开展师德警示教育，以典型案例作为主要学习内容。

从教育机构的角度看，教育部发布的师德修养课程标准和师德专题教育内容提供了较为丰富全面的内容选择及专业的实施建议。一方面，教育机构可以方便地获取满足基本师德学习要求的基本主题，保障师德政策、理论与实践知识的学习目标的达成；另一方面，以上师德学习内容也可以满足不同学段、教龄、学科、区域、层次教师的差异化学习需求。

在培训课程指导标准的基础上，师德教育应当借助专业的调研，了解教师个性化、多层面的伦理成长需求，并通过分层分类的主题培训课程，满足教师个性化的伦理学习需要。

1. 强化需求调研

需求调研的科学性和专业性决定了师德培训内容的适切性和创新性。为了保障和提升师德教育的实效和满意度，教师机构应特别重视随需施训。"需"包括两个层面：第一，国家或时代的客观之"需"。比如，党和国家层面要求教师学习的最新政策精神和领导人讲话要求（如"践行教育家精神"等），数字时代客观上要求教师具有数字伦理素养。客观之"需"还包括临时出现的一些棘手的教育问题（如校园欺凌等）对教师提出的师德或专业伦理要求。第二，教师主观之"需"。根据教师群体或个体的短板和兴趣点明确相对迫切的师德学习需求。教育机构要综合采用问卷调查法、文献分析法、访谈法、观察法等多种调研方法了解教师的显性和隐性师德学习需求。

2. 回应价值冲突

在我们生活中存在着不同的价值观和伦理观点，这些观点之间常常会发生冲突碰撞，阻碍我们按照伦理道德要求去行动。为了帮助教师真正认同国家层面倡导的主流价值观和专业伦理，使之成为教育信念，师德教育就需要提供不同价值观和伦理学理论供教师们学习，在民主讨论的氛围中，深化对不同价值观及其师德理想和规范的认识。不同伦理学理论流派，如义务论伦理学、德性伦理学、功利主义伦理学、实用伦理学、社群主义伦理学、关怀伦理学都是需要思考和学习的。

3. 开发个性内容

教师培训机构和学校在师德教育上不能局限于对师德培训课程标准的简单机械执行，更重要的是结合对教师专业伦理学习需求的了解，开发个性化的师德教育内容。这种个性化包括学段的个性化、学科的个性化、职业发展阶段的个性化、区域的个性化、年龄的个性化、工作岗位的个性化、道德发展水平的个性化、性别的个性化等。随着教师伦理研究的深入，适合不同个体和群体的师德教育内容资源日益丰富，这为个性化师德教育内容的开发创造了优越的条件。

(二)师德教育的形式选择

1. 管理方式

我们对管理往往会产生刻板印象，似乎管理就应当是机械化、冷冰冰的，是缺少温暖和人情味的。如果我们从内心深处认同管理也是一种教育，将师德培训的价值立场从任务取向转向幸福取向和关怀取向，通过精细化的管理打动人、温暖人，那么，管理也将成为一种更有效的、无痕的教育形式。

2. 教育形式

随着社会的进步和教育观念的变化，仅仅依靠传统师德教育方法不足以满足多样化、高品质的师德教育需要，这要求师德教育综合丰富多元的教育形式，适应崭新的教育理念和学习需求。此外，数字技术，尤其是人工智能技术的极速发展，为师德教育形式的创新提供了新的可能性。海量的数字化资源、大语言模型的广泛应用，使得教育可以突破时间和空间的限制，更加灵活和个性化。

在师德教育领域，已有的研究与实践给我们提供了许多具体的师德教育方法和策略，列举如下。

(1)讲授说理法。培训者以语言为主要媒介向教师直接讲授师德理念、教育政策法规和职业道德或专业伦理准则。这种方法的优点在于效率高，知识和信息输出量大，对授课环境的要求低，但对授课教师的课堂驾驭能力有着很高的要求，比如语言清晰、逻辑性强、生动、实用、有感染力等。如果不针对学习者的师德学习需求和成人学习特点，语言表达和内容缺乏吸引力，课程将陷入大谈理论、言之无物的误区，学习者很难从中受益。

(2)故事宣讲法。通过讲述具有启示意义的教育故事或案例，激发教师的情感共鸣。这种方法利用故事的情感影响力，促进教师对师德规范的接受和实践，其效果取决于两个方面：第一，有好的故事。好故事往往具有真实的情节，其中，可能有悬念、波折，有当事人的心理期待、纠结，过程可能是有趣的。当然，好的故事更重要的是应当符合教育伦理，具有教育性和指导价值。第二，会讲故事。有了好故事之后，讲述者要以自然、生动的方式把故事讲好。好的故事宣讲首先要吸引人、打动人，引发情感共鸣，这样才可能发挥其教育的价值引领作用，激励学习者关注和模仿，进而改变其师德认知和行为。

（3）实践体验法。这种方法通过让教师参与角色扮演、模拟教学或田野学习等活动，创造机会让教师在沉浸式的实践体验中，生成未曾有过的情感体验和认知。一般来说，这一方法强调创设学习者参与的情境和体验活动，如分享自己的师德故事、扮演学生或家长等他人角色、到特殊学校的课堂或大课间等真实场景中观摩师生的日常生活等。该方法主要由创设情境、主体参与、分享交流和反思提升等阶段构成。培训者需要结合培训课程的具体要求，充分考量教师的需求、特点与兴趣，灵活多样地设计教师乐于参与的教育场景。教师在小组或集体内分享交流、互相激发、互助反思。除此之外，美国的师德培训者还提出了非常有趣的问题，让参与的教师体验不同伦理立场的思维和决策[①]：一位义务论伦理学支持者会如何处理这个问题？一位后果论伦理学支持者会如何处理这个问题？一位关怀伦理学支持者会如何处理这个问题？这样，学习者能够体会到每一种立场和观点都值得被倾听和尊重，有助于提高道德认知水平。

---

① ［美］马修·桑格、理查德·奥斯古索普：《师德教育培训手册》，刘玉琼译，88页，北京，中国青年出版社，2015。

（4）案例教学法。这种方法是教师以教学案例为基础，在课堂中帮助学习者达到特定学习目标的一整套教学方法及技巧，包括问题、证据、解决方案等部分。[①] 案例可以是真实的，对真实教育生活事件进行再现和浓缩，也可以是虚拟的，从小说、电影等文艺作品中提取虚构的事件情境。案例教学贴近教师真实的工作环境，结合具体的实践问题，因而有利于增强教师解决实际问题的能力。此外，案例的情境性和问题的开放性，有利于教师对价值信念进行深度反思，并有可能改变或强化原有的教育信念。

华东师范大学叶王蓓老师曾提供了案例教学的一个范例[②]：一位高校的研究生导师开通公众号，要求他的研究生完成公众号的撰文、编辑排版等工作。但不少学生因为导师要求的工作量大，且与其研究方向不紧密相关，完成情况不佳，因而被批评、被罚重做，一些学生产生了抵触心理。授课人提出如下供学生讨论的问题：你觉得这个案例说明哪些潜在的问题？这个案例中的教师可能违反了哪些师德规范，会造成哪些负面影响？案例中的教师、学校可以如何改进？学习者就以上问题展开讨论和交流，并引出课程所学的知识内容。

斯特赖克和索尔蒂斯在《教学伦理》一书中对师德两难案例采用的教学流程如下[③]：第一步，使用一个伦理两难问题，激活学生的思维；第二步，

---

① 叶王蓓：《新时代教师师德修养：案例教学研究》，7 页，上海，华东师范大学出版社，2023。

② 叶王蓓：《新时代教师师德修养：案例教学研究》，95 页，上海，华东师范大学出版社，2023。

③ 叶王蓓：《新时代教师师德修养：案例教学研究》，20 页，上海，华东师范大学出版社，2023。

呈现针对该伦理两难案例的伦理争论，以直观的形式展现该案例中的伦理争端；第三步，呈现两难问题所涉伦理"概念"的讨论，从伦理学的视角理解争端；第四步，分析使用的观点是结果论还是非结果论，遵循的原则是尊重人还是利益最大化，其思考过程和作出的决定各是什么样的；第五步，提供此类阅读书目供进一步思考和研究。

案例教学法有时也会采用多种教学组织形式和策略来实施。例如，第一，主题论坛。嘉宾围绕特定主题或案例进行集中讨论，论坛主题通常涉及教育伦理、职业道德规范、面临的师德挑战等议题。第二，角色扮演。角色扮演让参与者扮演案例中的不同角色，如教师、学生、家长等，得以模拟真实情境下可能的互动和冲突。通过这种模拟，参与者可以更深入地理解不同立场和角色的想法及其背后的动机，从而形成对师德问题更全面的思考。角色扮演强化了教师对教育伦理决策的实践体验，有助于提升处理类似情境的能力。第三，专题辩论。这是一种围绕特定师德案例或主题进行的正反两方观点的对抗讨论。通过辩论，教师被鼓励从不同的角度审视问题，挑战自己的思维并评估不同立场的理由和论据。这种教学策略激发了批判性思维，促使教师在辩证的过程中深化对师德问题的理解。第四，小组讨论。有时会以"世界咖啡"的课程形式开展，在实施过程中，教师分组探讨案例中的师德问题，分享各自的见解和解决方案。这种形式促进了知识的共享和集体智慧的产生，使教师能够在互动中学习新的观点和方法。教育者还可以组织教育类电影赏析，选取有关师德话题的电影或电影片段，引导教师展开思考和讨论，深化其对师德问题的理解，激发他们对职业的认同感。

（5）自我反思法。自我反思法是师德教育中的一种关键方法，它通过引导教师借助特定活动进行内省和思考，促进其对自身教学实践、职业行为等方面的深入理解，识别自己的优点和不足。自我反思法通常涉及阅读、写作、讨论等活动。培训机构或学校主要通过布置阅读和写作的学习要求，来促进教师深度的自我反思。

阅读反思要求教师阅读相关的教育哲学、教师伦理学、榜样故事等论著，以获取反思的信息和观点基础。通过阅读，教师可以接触到不同的教育观念、实践智慧，为自己提供反思的参照和启发。

写作反思通常包括撰写教育日记、教育叙事、教育随笔、经验总结等。通过写作，教师能够更系统和深入地表达自己的思考，梳理教学经验中的道德思维过程，反思自己的职业行为和背后的信念或价值观。持续的写作将能够让自己成为一个专业的、幸福的教师。

讨论反思通过小组讨论、研讨会或同事间的对话等形式，让教师有机会分享自己的反思和经验，听取他人的观点和反馈。这种互动性的反思方式有助于教师从不同角度审视问题，深化对教育问题的理解。

总体而言，提升教师道德情操的教育途径是多样的。根据实际情况选择最适合教师的方式方法，才能更好地发挥教育对教师道德情操的涵养作用。

后　记

不管是在"四有"好老师还是"教育家精神"的表述中，道德情操都是重要的品质要求。这就凸显了道德情操之于教师素养的重要性。在很大程度上，教师的道德情操是确保教师教育实效、提升教师教育幸福感、改善教师社会形象的重要条件。

一、道德情操是确保教师教育实效的应有之义

教育作为有意识地影响学生成长和发展的实践活动，不仅发生在制度化的师生交往过程中，而且广泛存在于日常的生活实践当中。也就是说，教育既可以通过课堂这样显性、直接的方式作用于学生的成长和发展，也可以通过师生的日常互动对学生产生深刻的影响。

实际上，学生有着极强的向师性。学生从教师那里所学到的东西，不仅仅是教师在课堂上所讲授的各种知识，而且包括教师的人格修养和言谈举止中所包含的价值取向。教师在学生面前天然就具有非常重要的榜样作

用，其一言一行都会在无形中影响着学生世界观、人生观和价值观的确立。教师劳动的最大特点就在于，它要求教师不仅注重言传，更要注重身教，是身教和言传的统一。对此，有学者就明确指出，教师劳动是劳动主体和劳动工具的统一。教师自身既是其开展教育活动的主体，同时，教师的个人修养和言谈举止本身又是其确保教育获得实效的重要工具。此外，教师的人格修养不仅影响学生思想道德观念的发展，而且会对良好师生关系的形成、教师权威的树立等方面产生十分重要的作用。这反过来也会激发学生学习的内在积极性和主动性，从而全面提高教师的教育实效。在很多情况下，学生只有在"亲其师"的基础上才能够"信其道"。"身教"的客观存在就意味着教师个人的道德修养不仅仅是个体的私人性问题，而且是其获得教育资格的必要条件。

这实际上表明，教师的教育影响是存在于他与学生交往的每个空间当中的，而这种影响甚至是不以教师个人的主观意志为转移的。不管教师主观上是否意识到这种影响的存在，它都会在客观上作用于学生的成长与发展。这种不在教师意识之内的教育影响本质上就是一种隐性教育。不同于显性教育，隐性教育更多地作用于学生的人格和思想道德的发展。因此，从隐性教育的角度看，教师个人的道德修养对学生的影响是不以教师个人的主观意志为转移的。不管教师个人在主观上是否有"育人"的意识，由于学生的向师性和隐性教育的存在，他在面对学生时，客观上都会产生"育人"方面的影响。从这个角度而言，教师的道德情操示范就是一种重要的隐性教育，深刻影响教育实效的真正取得。

二、道德情操是提升教师教育幸福感的必要条件

教师的教育过程，不是单方面的情感投入和知识输出，而是一个师生双方彼此相互成全的双向建构过程。在教育中，教师不仅可以收获"教学相长"意义上的专业成长，而且可以收获教育幸福。

幸福最大的特点就在于它的自足性，即幸福自身就是其存在的目的，不需要假借其他外在东西来证明其存在的正当性。对此，亚里士多德曾有过一段精彩的论述："既然目的是多种多样的，而其中有一些我们为了其他目的而选择的，例如钱财、长笛，总而言之是工具，那么显然，并非所有目的都是最后的目的。只有最高的善才是某种最后的东西……总而言之，只有那种永远因自身而被选择，而绝不为它物的目的，才是绝对最后的。看起来，只有幸福才有资格称作绝对最后的，我们永远只是为了它本身而选取它，而绝不是因为其他别的什么。"[①]由此可见，一旦幸福被附加上了其他额外的目的，那么，幸福本身也就失去了其作为人生目的的终极性。从这个角度看，教师要想获得教育幸福，就需要有一颗为了教育而教育的初心，就要主动认同教育的根本任务——立德树人，而不是仅仅将教育视为一种不得已而为之的谋生手段。如果教师对其所应承担的教育任务、所要实现的教育目的都不认同，那么，他是几乎不可能享受到教育幸福的。

---

① ［古希腊］亚里士多德：《尼各马科伦理学》，苗力田译，10～11页，北京，中国社会科学出版社，1990。

此外，教师的教育幸福不同于其他幸福的重要特点就在于，它是一种对象性的存在，即教师只有在促进学生的成长和发展中，才能够真正享受到这种幸福。这一方面意味着教师要有促进学生成长和发展的目的性诉求，另一方面也意味着教师要有促进学生成长和发展的专业能力。从日常经验中我们会发现，如果教师的教育不能够得到学生的认可，那么，教师必然就会有很深的挫败感，在这种情况下，他就很难真正感受到教育幸福的真谛。但凡能够在教育中获得幸福感的教师，无一不是真诚投入于学生的成长和发展之中的。当学生真正感受到教师对其成长和发展的毫无保留的奉献与投入，感受到教师的善待纯粹是为了学生而不是其他外在的利益时，学生也就容易产生对教师发自内心的认同与感激。这种认同和感激将会是教师教育幸福的重要来源。

因此，从教育幸福获得的角度看，坚持育人为本，守住教育初心，对于每一位教师而言，就不再是一种外在的制度要求，而是变成了教师个人一种自觉的道德要求，是教师能够"配享幸福"的主观条件。当前，教师在教育工作中存在的诸多焦虑、不满，在很多时候源于教师过于看重教育的外在附加价值，而遗忘了教育之本——育人。回到育人为本的教育初心，不断修炼自我的道德情操，也许，我们就更能享受到教师独有的"得天下英才而教育之"的教育之乐。

三、道德情操是切实改善教师社会形象的根本保证

"国将兴，必贵师而重傅；国将衰，必贱师而轻傅。"教师的社会形象

关乎教师职业的社会声望，也关乎教师的职业和道德发展，更关乎教育在社会公众中的形象，以及公众对教育的信心。在很长一段时间里，教师有着崇高的社会形象。荀子曾经将教师与"天地君亲"并列，极大地凸显了教师社会形象的崇高性。《学记》认为："君子知至学之难易而知其美恶，然后能博喻；能博喻，然后能为师；能为师，然后能为长；能为长，然后能为君。故师也者，所以学为君也。"由此可见，《学记》也将教师的社会形象提得很高。教师之所以具有崇高的社会形象，与广大教师安贫乐道、兢兢业业、诲人不倦的道德人格有着非常密切的关系。在很大程度上，正是教师的道德人格，成就了教师的社会形象。

当前，教师的社会形象正受到个别极端师德现象的影响，进而影响了公众对教师队伍整体正面形象的认识，削弱了家长对教师的信任感，动摇了学生对教师榜样作用的积极认同。因此，必须高度重视教师社会形象的建设。在教师社会形象建设中，道德情操毫无疑问是重中之重。在很大程度上，"教师"这个概念充斥着事实与价值的纠结：作为事实而存在的教师，是一种现实的职业类型；作为价值而存在的教师，则更多地指向一种道德的期待和判断。因而，教师这个概念既是描述性的，同时又是规范性和表达性的。从后者来看，教师实质上已经具有了一种道德范型的意义，这就使得教师自身成为一种道德评价的标准。因此，教师个人的道德形象不仅关乎其个体的社会形象，更关乎整个教师群体的社会形象。没有高尚的道德情操做保证，教师的社会形象将很难得到切实提升。

由此可见，教师道德情操具有十分突出的个人价值和教育意义。基于此，本书从教师道德情操的概念分析、教师道德情操的历史演变、教师道德情操的国际比较、教师道德情操的实践形态和教师道德情操的养成路径五个方面，对教师道德情操的基本理论和实践问题进行了全面的梳理和系统的研究，力求能够使教师更好地认识道德情操的意义，掌握培养道德情操的途径和方法，从而不断提高自我的道德情操。

当前，世界正处于"百年未有之大变局"，这给整个教育的发展带来了前所未有的新挑战、新任务、新机遇。要努力回应社会发展对教育所提出的重大需求，就需要建设一支高素质的教师队伍。其中，道德情操是教师高素质的重要组成。为进一步提升教师道德情操建设的专业化水平，促进广大教师道德情操的不断提高，我们组织了国内有志于这一领域研究的中青年学者，就这一问题开展了系统的研究，最终形成了本书。各章节作者如下：

第一章　北京师范大学　　张姜坤

第二章　陕西师范大学　　龙宝新

第三章　苏州大学　　　　李西顺

第四章　北京师范大学　　班建武

第五章　华南师范大学　　刘华杰

在写作的过程中，我们得到了丛书主编顾明远先生的诸多指导，也得到了北京师范大学出版社的大力支持，在此表示衷心的感谢。同时，本书还获得了北京师范大学 2024 年师范专业建设质量提升专项"师范生教师专业道德养成的具身实践"的重要支持，是该项目的阶段成果之一。

我们深知教师道德情操是一个需要高度智慧投入的研究领域。虽然在写作过程中，各位作者都尽了最大的努力，但是，其中依然存在需要进一步完善的地方。期待各位读者能提出宝贵意见，以便我们在后续的研究中不断改进。

班建武

2024 年 4 月 9 日

图书在版编目（CIP）数据

道德情操是立德树人的重要条件：做有道德情操的好老师/班建武
等著. 北京：北京师范大学出版社，2025.1.（"四有"好老师系列丛书）.
—ISBN 978-7-303-30226-0

Ⅰ.G451.6

中国国家版本馆 CIP 数据核字第 2024KR6109 号

营 销 中 心 电 话 010-58805385
北 京 师 范 大 学 出 版 社
主题出版与重大项目策划部

DAODEQINGCAO SHI LIDESHUREN DE ZHONGYAO TIAOJIAN

出版发行：北京师范大学出版社　www.bnupg.com
　　　　　北京市西城区新街口外大街 12-3 号
　　　　　邮政编码：100088
印　　刷：北京盛通印刷股份有限公司
经　　销：全国新华书店
开　　本：730 mm×980 mm　1/16
印　　张：19
字　　数：305 千字
版　　次：2025 年 1 月第 1 版
印　　次：2025 年 1 月第 1 次印刷
定　　价：88.00 元

策划编辑：祁传华　　　　　责任编辑：钱君陶
美术编辑：王齐云　　　　　装帧设计：王齐云
责任校对：陈　民　　　　　责任印制：马　洁　赵　龙